ZDROWIE ZACZYNA SIĘ W BRZUCHU

JUSTIN SONNENBURG
ERICA SONNENBURG

ZDROWIE ZACZYNA SIĘ W BRZUCHU

Przekład:
dr n. med. Magdalena Golachowska

GALAKTYKA

Tytuł oryginalny:
The good gut.
Taking control of your weight, your mood,
And your long-term health

Galaktyka sp. z o.o.
90-562 Łódź, ul. Łąkowa 3/5
tel. +42 639 50 18, 639 50 19, tel./fax 639 50 17
e-mail: info@galaktyka.com.pl; sekretariat@galaktyka.com.pl
www.galaktyka.com.pl

ISBN: 978-83-7579-455-7

Fotografie:
s. 4 i 6: © *Justin Sonnenburg, Jaime Dant, Jeffrey Gordon*
s. 9: *Pascal Gagneux*
s. 64: © *Kristen Earle, Justin Sonnenburg*

Redakcja: *Bogumiła Widła*
Konsultacja: *dr Joanna Krześlak*
Redakcja techniczna: *Marta Sobczak*
Korekta: *Monika Ulatowska*
Redaktor prowadzący: *Marek Janiak*
Skład: *Garamond*
Projekt okładki: *Artur Nowakowski*
Ilustracja na okładce: *mamanamsai / Shutterstock*
Druk: *Drukarnia na Księżym Młynie*

Niniejsza książka zawiera porady oraz informacje dotyczące opieki zdrowotnej. Powinna być traktowana raczej jako uzupełnienie, niż zastępstwo konsultacji z lekarzem czy innym wykwalifikowanym pracownikiem służby zdrowia. Jeśli wiesz albo podejrzewasz, że doskwiera ci jakiś problem zdrowotny, wskazane jest, abyś zasięgnął porady lekarza, zanim rozpoczniesz jakikolwiek program leczenia na własną rękę. Dołożono wszelkich starań, aby informacje zawarte w tej książce były dokładne i aktualne w dniu publikacji. Wydawca ani autor nie ponoszą odpowiedzialności za jakiekolwiek medyczne konsekwencje stosowania metod zasugerowanych w tej książce.

Dla naszych córek, Claire i Camille, które
były inspiracją do napisania tej książki
oraz
dla mieszkających w nas
trylionów mikroorganizmów –
niech skrywane przez was tajemnice będą
dla nas nieustanną inspiracją do pracy

SPIS TREŚCI

PRZEDMOWA

Studiując medycynę w połowie lat 60. XX w., uczyłem się, że w jelicie grubym człowieka mieszka ogromna liczba bakterii niezbędnych do prawidłowego trawienia i wchłaniania substancji odżywczych oraz że nadmierne stosowanie antybiotyków może wywołać zaburzenia jelitowe, będące skutkiem przerostu niechcianych mikroorganizmów. W tamtych czasach ludzie, którzy jedli jogurty lub zażywali suplementy z bakteriami kwasu mlekowego w celach zdrowotnych, byli uważani za przewrażliwionych wariatów, a większość medycznych autorytetów nie wierzyła w to, że wpływ flory jelitowej wykracza poza przewód pokarmowy. Nie było jeszcze teorii dotyczącej ludzkiego mikrobiomu, na który składają się genomy wszystkich mikroorganizmów żyjących w nas, a których całościowy materiał genetyczny jest znacznie większy niż ludzki.

Dzisiaj badania nad ludzkim mikrobiomem są jednym z najgorętszych tematów z obszaru nauk medycznych, zwiastującym prawdziwą rewolucję w naszym rozumieniu fizjologii ludzkiego organizmu oraz zapowiadającym olbrzymie możliwości zoptymalizowania naszego zdrowia i radzenia sobie z chorobami w nowatorski sposób. Gatunki bakterii i grzybów kolonizujących jelita mogą zdeterminować nasze sposoby interakcji ze środowiskiem, dając ochronę przed alergiami czy chorobami autoimmunologicznymi lub predyspozycje do tych schorzeń. Mogą nas chronić przed rozwojem otyłości czy cukrzycy lub do nich predysponować. Mogą hamować lub zwiększać stan zapalny w organizmie; wchodzić w interakcje ze sztucznymi słodzikami, powodując u niektórych osób insulinooporność i przybieranie na masie; mogą nawet wpływać na nasze zdolności umysłowe i równowagę emocjonalną.

Po raz pierwszy usłyszałem o nowej idei mikrobiomu od jednego z autorów tej książki, Justina Sonnenburga. On i jego żona, Erica, są wybitnymi naukowcami w tej dziedzinie, kierującymi własnym laboratorium na Wydziale Mikrobiologii i Immunologii Szkoły Medycznej Uniwersytetu Stanforda. W 2013 roku zaprosiłem Justina, by wygłosił wykład o swoich odkryciach w czasie 10. Konferencji Żywienia i Zdrowia, organizowanej przez Centrum Medycyny Integracyjnej Uniwersytetu Arizony. Konferencja odbyła się w Seattle i gościła setki lekarzy, dietetyków oraz innych ekspertów z różnych dziedzin zdrowia. Według mnie wykład Justina był tam największą atrakcją. Zarażał entuzjazmem związanym z odkryciami w dziedzinie ludzkiego mikrobiomu i sugerował odpowiedzi na pewne zastanawiające pytania dotyczące schorzeń, które obecnie coraz częściej trapią ludzkość.

W Ameryce Północnej i wielu rozwiniętych krajach świata przypadki astmy, alergii oraz chorób autoimmunologicznych stają się coraz liczniejsze. Dlaczego liczba uczuleń na orzeszki ziemne jest teraz znacząco większa niż w latach 50. XX w., gdy dorastałem? I jakie jest wytłumaczenie dla niemal spektakularnego wzrostu nadwrażliwości na gluten?

To ostatnie pytanie nurtowało mnie najbardziej. Pomijając fakt, że nadwrażliwość na gluten jest częściej diagnozowana pod wpływem sugestii pacjenta, bo testy nie zawsze są w stanie obiektywnie ją wykryć, wciąż rośnie liczba osób, u których symptomy ustępują po wyeliminowaniu glutenu z diety, a pojawiają się znów, gdy gluten wróci do jadłospisu. Odrzucam pogląd, że zboża jako takie, a pszenica w szczególności, są z gruntu pokarmami niezdrowymi, i nie przekonuje mnie fakt, że przyczyną są dokonywane w ostatnich latach modyfikacje genetyczne pszenicy. Nadwrażliwość na gluten wyjątkowo często jest spotykana w populacji Ameryki Północnej. W Chinach, gdzie oczyszczony gluten (seitan) podaje się w większości restauracji, w takich potrawach jak gluten z sosem z czarnych fasolek czy gluten na słodko-kwaśno, nie spotyka się nadwrażliwości na to białko, podobnie jest też w Japonii. Czym więc można tłumaczyć to zjawisko występujące w Ameryce Północnej?

Justin Sonnenburg zasugerował mi, że odpowiedzialne za to mogą być zaburzenia dotyczące naszego mikrobiomu. W ciągu ostatnich dekad mikroflora jelitowa człowieka zmieniła się pod wpływem czterech głównych czynników. Są to: a) większa konsumpcja wysoko przetworzonej żywności, produkowanej przemysłowo, b) nadużywanie antybiotyków, c) alarmujący wzrost liczby cesarskich cięć, które obecnie w USA są wykonywane w jednym na trzy porody, d) obniżenie częstości karmienia piersią. Z niniejszej książki czytelnik dowie się, jak każdy z tych czynników wpływa na drastyczne zaburzenia ludzkiego mikrobiomu i w jaki sposób te zakłócenia mogą odpowiadać za rosnącą liczbę zachorowań na rozmaite choroby przewlekłe, łącznie z autyzmem, depresją i innymi zaburzeniami umysłowymi oraz emocjonalnymi.

Sonnenburgowie dyskutują także o możliwościach badania stanu mikroflory jako o nowym narzędziu diagnostycznym i zadają bardzo ważne pytanie, czy (i w jaki sposób) możemy modyfikować nasz mikrobiom w celu zredukowania ryzyka zachorowania i zoptymalizowania naszego zdrowia. Indywidualną sprawą jest sposób postępowania w tej mierze, a odpowiedź zmienia się wraz z wiekiem każdego człowieka. Czy powinieneś zażywać suplementy diety zawierające probiotyki? Czy one działają? Które są najbardziej efektywne? A co z żywnością fermentowaną, tak popularną w kuchni wschodnioazjatyckiej? (Wierzę, że powinniśmy wytwarzać i spożywać więcej takich produktów). Ta książka powie ci, jak podejść do wszystkich tych zagadnień.

Uważam, że *Zdrowie zaczyna się w brzuchu* jest niezwykle ważną pozycją, którą powinni przeczytać wszyscy profesjonaliści związani z obszarem zdrowia i każda osoba zainteresowana głębszym zrozumieniem zdrowia jako takiego i dobrostanu człowieka. Jestem pewien, że po lekturze tej książki poczujesz takie podekscytowanie, jak jej autorzy i ja, bo zdobędziesz wiedzę o nowych odkryciach dotyczących mikroorganizmów będących istotną częścią nas.

Andrew Weil, lekarz

WSTĘP

Wszyscy wiemy, że stan naszego zdrowia jest w dużej mierze zapisany w genach. Wiemy również, że możemy poprawić zdrowie, odpowiednio jedząc, ćwicząc i kontrolując stres. Jednak wciąż nie wiadomo dokładnie, jak to zrobić. Wiele programów zdrowotnych skupia się wyłącznie na utracie masy ciała albo na dbaniu o serce... A jeśli jest inna droga do uzyskania dobrego ogólnego stanu zdrowia? Jeśli istnieje inny zbiór genów, który mógłby wpływać na masę ciała, nasz nastrój i długoletnie zdrowie? I jeśli moglibyśmy oddziaływać na te geny przez określone (i często zaskakujące) zmiany w stylu życia? Cóż, ten drugi genom istnieje. Należy do bakterii, które zamieszkują nasze jelita i wywierają niezwykle duży wpływ na niezliczone aspekty ludzkiego zdrowia. Zasób wiedzy o tym, jak ściśle flora jelitowa, zwana mikroflorą, jest związana ze zdrowiem oraz chorobą, dynamicznie się poszerza i zmienia nasze podejście do kwestii, co to w ogóle znaczy być istotą ludzką.

Naukowcy, próbując rozwikłać przyczyny powszechności występowania tzw. chorób cywilizacyjnych trapiących zachodnie społeczeństwa, takich jak nowotwory, cukrzyca, alergie, astma, autyzm czy choroby zapalne jelit, właśnie odkrywają, jak ważną rolę odgrywają mikroorganizmy w rozwoju każdego z tych schorzeń, a także na wielu innych płaszczyznach. Bakteryjni lokatorzy w jakiś sposób, pośrednio lub bezpośrednio, mogą mieć wpływ na wszystkie aspekty funkcjonowania organizmu gospodarza.

Mieszkańcy naszych jelit ewoluują z nami od tysiącleci, ale dziś stoją w obliczu nowych wyzwań. Współczesny świat zmienił sposób odżywiania się ludzi (żywność wysoko przetworzona, o wysokiej gęstości kalorycznej, produkowana przemysłowo) i sposób życia (domy odkażane antybakteryjnymi środkami czyszczącymi, nadużywanie antybiotyków), a zmiany te stanowią realne zagrożenie dla stanu naszej mikroflory jelitowej.

Ludzki układ pokarmowy jest czymś znacznie więcej niż tylko zlepkiem komórek, które otaczają kilka ostatnio zjedzonych posiłków – zawiera także bardzo złożony zbiór bakterii i innych drobnoustrojów. Mimo że na całej powierzchni naszego ciała, we wszystkich otworach i wgłębieniach aż roi się od mikrobów, zdecydowana ich większość znajduje się w jelicie grubym. Oprócz wielu funkcji, jakie pełnią, bakterie jelitowe potrafią rozłożyć niestrawialny przez człowieka błonnik i przekształcić go w związki, które mogą zostać wchłonięte. Część z tych związków jest niezbędna dla utrzymania naszego zdrowia. To też nasza ostatnia szansa na odzyskanie jakichkolwiek składników odżywczych z niestrawnego błonnika. Pielęgnowanie bakterii jelitowych po to, by wytwarzały substancje potrzebne organizmowi człowieka, jest prawdopodobnie jedną z najważniejszych rzeczy, które możemy zrobić dla naszego zdrowia.

Mikroflora jelitowa bardziej, niż byśmy to kiedykolwiek podejrzewali, potrafi regulować układ odpornościowy. Układ ten stanowi centralny element absolutnie wszystkich obszarów naszego zdrowia. Gdy działa sprawnie, skutecznie walczymy z wszelkimi infekcjami i tłumimy w zarodku rozwijanie się nowotworów. Kiedy zaś układ immunologiczny nie działa sprawnie, możemy spodziewać się pojawienia wielu dolegliwości. Jeśli mikroflora jelitowa jest w dobrej kondycji, istnieje duże prawdopodobieństwo, że układ odpornościowy będzie działał dobrze. Jeżeli zaś mikroflora jest w gorszej kondycji, to możemy się znaleźć w grupie podwyższonego ryzyka rozwoju chorób autoimmunologicznych i nowotworów. Związki produkowane przez mikroflorę mogą wpływać na stopień stanu zapalnego – czyli na reakcję układu immunologicznego na zranienia lub potencjalne zagrożenia, objawiającą się obrzękiem, zaczerwienieniem i podrażnieniem, mogącym wystąpić tak w jelitach, jak i w całym organizmie. Stan zapalny może rzutować na wszelkiego rodzaju problemy zdrowotne.

Niektóre z substancji wytwarzanych przez mikroflorę mogą bezpośrednio oddziaływać nawet na nasz centralny układ nerwowy poprzez tzw. oś mózgowo-jelitową. Wciąż odkrywamy wiele aspektów wpływu mikroflory na nasz mózg. Oś mózgowo-jelitowa jest bardzo silnie związana z naszym dobrym samopoczuciem, a jej zadania znacznie wykraczają poza zwykłe informowanie, że już nadszedł czas na kolejny posiłek. Bakterie jelitowe mogą wpływać na nastrój i zachowanie, a także przyczynić się do pogłębienia niektórych schorzeń neurologicznych.

Sojusz człowieka z jego drobnoustrojami zaczyna się po urodzeniu. Płód w łonie matki jest sterylny, ale tuż po jego przyjściu na świat drobnoustroje szybko kolonizują to nowe dziewicze siedlisko. Źródłem pierwszych drobnoustrojów jest głównie matka, przyjaciele, członkowie rodziny, a także środowisko (zwierzęta, gleba, pokarm). Jak dosadnie stwierdził kiedyś sławny biolog, wykładający na Uniwersytecie Stanforda mikrobiologię i immunologię, prof. Stanley Falkow: „Świat jest pokryty warstwą fekaliów"[1]. Albo, jeśli wolisz, pokrywa go warstwa mikrobów. Co wcale nie jest takie złe. Następnym więc razem, gdy niemowlę wetknie sobie do ust jakiś nowy obiekt, który oczywiście nie będzie groził zadławieniem, zamiast w pośpiechu go wyciągać i czyścić środkiem odkażającym, pomyśl, że dziecko właśnie dostaje porcję cennych mikroorganizmów, które pomogą w tworzeniu i rozwoju jego mikroflory jelitowej. Twoja wspólnota mikroorganizmów jest kształtowana przez wiele czynników, np. przez to, czy urodziłeś się w sposób naturalny, czy przez cesarskie cięcie, czy byłeś karmiony mlekiem matki, czy mlekiem zmodyfikowanym, jak często stosujesz antybiotyki, czy masz w domu psa albo kota i co jesz.

Rosnąca liczba dowodów na to, że bakterie są tak ważne dla naszego zdrowia i dobrego samopoczucia, oznacza, iż podejmując decyzje dotyczące stylu życia, opieki zdrowotnej i żywienia, należy bardzo starannie rozwa-

---

[1] http://www.nytimes.com/2013/05/19/magazine/say-hello-to-the-100-trillion-bacteria-that-make-up-your-microbiome.html?pagewanted=all&_r=0 (dostęp 4.10.2015).

żyć, jakie będą one miały konsekwencje dla naszych mikrobów jelitowych. Dzięki nowoczesnej technologii sekwencjonowania DNA, która umożliwia szczegółowy wgląd w miliony genów bakteryjnych, zwanych mikrobiomem, pojawiło się kilka uderzających faktów. Po pierwsze, skład mikroflory każdego z nas, który wpływa na indywidualne predyspozycje do różnych chorób, jest tak niepowtarzalny jak odcisk palca. Po drugie, mikroflora może funkcjonować nieprawidłowo i przyczyniać się do rozwoju chorób i zaburzeń, takich jak otyłość, które do tej pory uważane były za zależne wyłącznie od stylu życia. I po trzecie, ze względu na zdolności mikroflory przystosowywania się do zmieniających się warunków[2], mamy możliwość wpływać poprzez nią na nasz ogólny stan zdrowia w ciągu całego życia.

Prawidłowa pielęgnacja i troska o mikroflorę są niezbędne, by zachować dobre zdrowie. Mając tę informację, można odpowiedzieć na następujące pytania: Jak wpływać na kształtowanie mikroflory przy narodzinach, aby dzieci już od początku miały jak największe szanse posiadania zdrowej mikroflory przez całe życie? W jaki sposób można zoptymalizować mikroflorę w wieku dojrzałym, by wzmacniać układ odpornościowy i zmniejszać ryzyko chorób autoimmunologicznych oraz alergii? Co konkretnie zmienić w swojej diecie, żeby właściwie pielęgnować mikroflorę? Kiedy należy poddać się kuracji antybiotykowej, i jak potem odtworzyć mikroflorę? Co robić, by minimalizować pogarszanie się kondycji mikroflory, które postępuje wraz ze starzeniem się? Jak znaleźć właściwą kombinację mikrobów, najkorzystniejszą dla każdego konkretnego człowieka?

Chociaż wciąż jest jeszcze wiele do odkrycia na temat mikroflory, w ostatniej dekadzie nastąpił ogromny skok, jeśli chodzi o naukowe rozumienie tej społeczności drobnoustrojów i jej wpływu na zdrowie człowieka. Dziesięć lat temu wiadomo było tylko, że mikroorganizmy stanowią ważny, choć słabo poznany element ludzkiego ciała. Duża liczba pytań pozostających bez odpowiedzi stała się żyznym gruntem dla naukowców rozpoczynających karierę w obrębie nauk biomedycznych i jest jasne, że ten temat będzie wiodący w wielu aspektach ludzkiego zdrowia.

---

[2] Chodzi np. o rodzaj diety, poziom stresu (przyp. tłum.).

Nasze jelita są siedliskiem dla ponad 100 trylionów bakterii. Gdybyś ustawił wszystkie swoje komórki bakteryjne w jednej linii – sięgnęłaby ona do Księżyca. Mikroby zasiedlają cały twój układ pokarmowy i – w zależności od gatunku – mogą żyć w twoim żołądku (choć jest ich tam niewiele z powodu niezbyt sprzyjającego kwaśnego środowiska) albo w jelicie cienkim, ale większość wybiera zamieszkanie w jelicie grubym. Setki gatunków bakterii, sumujące się w tryliony komórek, żyją w jelicie grubym w gęstości 500 miliardów komórek na łyżeczkę treści jelitowej.

Z pozoru wydaje się więc, że bakterii raczej nam nie brakuje, i przez to może być ciężko uwierzyć w stwierdzenie podane w następnym zdaniu. Bakterie zasiedlające nasze jelita są na liście gatunków zagrożonych wymarciem. W jelicie statystycznego dorosłego Amerykanina żyje ok. 1200 gatunków mikrobów. Wydaje się, że to dużo, dopóki nie porównasz tej liczby z 1600 gatunkami zasiedlającymi jelito Indian żyjących w wenezuelskiej Amazonii. To o jedną trzecią gatunków więcej! Inne populacje ludzi o stylu życia i diecie bardziej zbliżonej do naszych przodków także mają bardziej zróżnicowany skład mikroflory niż Amerykanie. Dlaczego tak się dzieje? Poważnym zagrożeniem dla zdrowia i stabilizacji naszych wewnętrznych lokatorów są popularne elementy zachodniego stylu życia: wysoko przetworzona żywność, nadużywanie antybiotyków i nadmiernie sterylne mieszkania.

Gdyby twoje bakterie jelitowe mogły pójść na zakupy do przeciętnego sklepu spożywczego, próbując znaleźć coś do jedzenia, napotkałyby takie same trudności, jak człowiek szukający jedzenia w sklepie z materiałami biurowymi. Półki ze słodyczami się nie liczą, bo, jak to trafnie określił Michael Pollan[3], to nie jest jedzenie, ale „substancja przypominająca jedzenie". Żywiąc się czymś takim, skazujesz swoje bakterie na głodowanie. Oliwy do ognia dolewa zażywanie, nawet kilka razy w ciągu roku, trutki na bakterie, powszechnie znanej jako antybiotyki. Na dodatek statystyczny Amerykanin rocznie wydaje prawie 700 dolarów na środki czystości, dzięki którym nasze domy są niemal tak sterylne jak sala operacyjna. No

[3] Pisarz, dziennikarz, autor bestsellera *W obronie jedzenia. Manifest wszystkożerców*, tłum. E.K. Suskiewicz, wyd. MiND, Warszawa 2010.

i nie zapominajmy o pojemnikach ze środkami do odkażania rąk, które w Ameryce znajdują się przy wejściu do każdego sklepu, biblioteki czy nawet są przypinane do szkolnych tornistrów[4].

Trudno jest dokładnie przewidzieć, dokąd doprowadzi nas taka droga. Może w najbliższej przyszłości będziemy mieć już tylko połowę liczby gatunków mikrobów w porównaniu z naszymi przodkami albo nawet mniej...? A jeśli tak się stanie, jaki to wywrze na nas wpływ? Otyłość, cukrzyca i choroby autoimmunologiczne już teraz są bardzo wyraźnymi efektami pogarszania naszego zdrowia związanego z tzw. zachodnim stylem życia. Schorzenia te rzadko występują w społecznościach o bogatszej mikroflorze. Czy wspomniane choroby staną się jeszcze powszechniejsze, będą pojawiały się u coraz młodszych osób i rozprzestrzenią się na cały świat, który przejmie zachodni, zabójczy dla mikrobów, styl życia? Możliwe, że niektóre gatunki bakterii, mające istotny wpływ na nasze zdrowie, po prostu wyginą albo staną się tak rzadko spotykane, że nasza flora w niczym nie będzie już przypominać mikroflory naszych przodków. A może tak już się dzieje?

Amerykanie (i nie tylko) stali się narodem uzależnionym od śmieciowego jedzenia, a co gorsza, przyzwyczajamy nasze dzieci do tego niesamowicie niebezpiecznego stylu życia. Dzieci stają się nieświadomymi ofiarami wyborów szkodzących drobnoustrojom, co powoduje, że już teraz chorują częściej i prawdopodobnie będą żyły krócej.

Jako naukowcy publikujemy wyniki wielu badań nad florą jelitową i jej obserwacji, ale te informacje są przekazywane w sposób trudny do zrozumienia dla większości ludzi. Mówiąc wprost – to żargon dla jajogłowych. Badacze świadomie pielęgnują w sobie wyjątkowy sceptycyzm, więc nie zamierzają nikomu proponować konkretnych zaleceń, dopóki wszelkie spostrzeżenia nie zostaną poddane rygorystycznym badaniom naukowym, randomizowanym, podwójnie ślepym i z kontrolną grupą placebo. Ale w oparciu o wyniki naszych badań i prac innych kolegów zajmujących się mikroflorą, sami już wprowadziliśmy zmiany żywieniowe i stylu życia

[4] W Polsce nie ma aż takiego strachu przed bakteriami ani mody na nadmierną higienizację otoczenia, ale wciąż popularny jest pogląd, że „im czyściej, tym zdrowiej" (przyp. tłum.).

we własnej rodzinie. Wraz z dorastaniem naszych córek i podczas rozmów z rodzicami innych małych dzieci, zaobserwowaliśmy, że rodzice zmagają się z wieloma przeszkodami, próbując dokonywać świadomych wyborów dotyczących pożywienia. Ale wybory te nigdy nie uwzględniały głównego elementu naszego zdrowia, czyli dbania o właściwy rozwój mikroflory w jelitach pociech. Jak rodzice mogli to robić, jeśli nie mieli dostępu do informacji? Jesteśmy świadomi, że mamy niesamowite szczęście, posiadając wgląd w biologię naszego układu pokarmowego i zasiedlającej go mikroflory, co pomogło nam podjąć decyzję, jak żywić siebie oraz nasze dzieci i jaki styl życia wybrać.

Zobowiązaliśmy się do napisania tej książki z nadzieją zebrania najważniejszych informacji potrzebnych nie-naukowcom do zrozumienia mnóstwa nowych wyników badań dotyczących mikroflory. Wykorzystaliśmy aktualne doniesienia naukowe, aby podać praktyczne porady i wskazówki dotyczące wyborów żywieniowych i stylu życia; chodzi o sposób poprawy stanu zdrowia z naciskiem na jego centralny aspekt – mikroflorę jelitową.

Książka jest pomyślana tak, aby zapoznać cię z najciekawszymi i najważniejszymi wynikami badań w interesującej nas dziedzinie, które pokazują, jaki wpływ ma flora na nasze życie. Dowiesz się, czym jest mikroflora i jak kolonizuje człowieka; jak możesz ją odżywiać; jak niesamowite ma właściwości; poznasz wielkie wyzwania dotyczące tej dziedziny; przeczytasz, jak mikroflora się starzeje i jak o nią dbać w ciągu całego swojego życia.

Po tym krótkim wprowadzeniu wyjaśnimy, jak kształtuje się mikroflora, począwszy od zasiedlania sterylnego (do momentu narodzin) jelita, poprzez okres niemowlęctwa i dzieciństwa. W tej sekcji zawarliśmy także sugestie, jak wykształcić w dzieciach zaczynających jeść pokarmy stałe prawidłowe nawyki żywieniowe, wspierające rozwój dobrej mikroflory. Z tymi informacjami powinni się także zapoznać przyszli rodzice, zawczasu myślący o tym, jak skierować rozwój dziecka na właściwe tory, prowadzące do długiego i zdrowego życia. W następnych rozdziałach zgłębiamy zależności łączące naszą mikroflorę z układem odpornościowym oraz metabolizmem. Zwracamy uwagę na to, że współczesne społeczeństwa popełniają liczne błędy w pielęgnacji flory jelitowej i omawiamy sposoby zmiany diety i stylu życia, które będą wsparciem dla drobnoustrojów, co z kolei przełoży się na poprawę naszego zdrowia i zapobiegnie rozwojowi chronicznych schorzeń. Poruszamy niezwykle fascynujące aspekty powiązania mikroflory jelitowej z naszym mózgiem, przedstawiamy też ostatnie doniesienia z tego dynamicznie rozwijającego się pola badań, wiążące mikroflorę z nastrojem i zachowaniem. W rozdziale 7 opisujemy przełomowe osiągnięcia dotyczące leczenia mikroflory w celu odzyskania zdrowia (m.in. przeprogramowanie chorej mikroflory za pomocą przeszczepu kału) i dyskutujemy nad szerokimi perspektywami roztaczającymi się dla tej nowej dyscypliny terapeutycznej. W rozdziale 8 przedstawiamy ostatnio odkryte procesy degeneracji mikrobów jelitowych, które postępują wraz z wiekiem. Podsuwamy propozycje sposobów zminimalizowania tej degeneracji w celu poprawy sprawności trawienia i ogólnego stanu zdrowia seniorów. W końcu zbieramy wszystkie praktyczne porady z całej książki w konkretny plan kierujący twoją mikroflorę na właściwe tory i utrzymujący ten stan, tak aby przynosił jak najwięcej korzyści w jak najdłuższym czasie. Ostatni rozdział zawiera przepisy i harmonogram posiłków, pomocne nawet dla najbardziej zapracowanych osób i rodzin, tak by łatwo i smacznie osiągnąć dobre zdrowie wspomagane przez nasze mikroby.

Musimy podkreślić, że dziedzina badań naukowych nad mikroflorą jest wciąż jeszcze w powijakach (no, może raczkuje), ale na pewno już teraz możemy czerpać z zasobów wiedzy o mikroflorze przy podejmowaniu decyzji w codziennym życiu. Uważamy, że mamy wystarczająco dużo solidnych informacji, aby przedstawić ogólne zalecenia. Bardzo ważne jest, żeby każdy z czytelników skonsultował się z lekarzem, zanim zacznie wprowadzać w życie zalecane zmiany, zwłaszcza jeśli ma jakieś poważniejsze problemy zdrowotne.

Pragniemy uzmysłowić fundamentalną rolę mikroflory w szeroko pojętym zdrowiu. Mamy nadzieję, że ta książka pomoże czytelnikom w interpretacji oraz zrozumieniu nowych doniesień i umożliwi wykorzystanie tych informacji w trakcie podejmowania decyzji o sposobie odżywiania i stylu życia. W przeciwieństwie do ludzkiego genomu, który, począwszy od urodzenia, pozostaje raczej niezmienny, mikrobiom może być modyfikowany przez całe życie za pomocą konkretnych wyborów, których dokonujemy my sami. Ta plastyczność mikrobiomu daje szerokie możliwości kształtowania go w sposób optymalizujący nasze zdrowie.

Jesteśmy organizmem złożonym, zawierającym zarówno komórki ludzkie, jak i mikroby. Musimy w końcu uznać, że ta współzależność jest bardzo ścisła i niezbędna. Mikroby są naszymi partnerami przez całe życie, i jeśli będziemy potrafili o nie dbać oraz właściwie je pielęgnować, one w zamian będą chronić nas – ludzkie ciała, które mogą nazywać swoim domem.

ROZDZIAŁ 1

Czym są drobnoustroje i dlaczego należy się nimi przejmować?

ŚWIAT MIKROORGANIZMÓW

Przyjemnie jest myśleć, że światem rządzi człowiek. Nasz gatunek stworzył złożone społeczeństwa, wzniósł rozbudowane miasta, wyprodukował niesamowite dzieła sztuki. Dowody działalności człowieka na tej planecie, na przykład autostrady, zapory czy podświetlone panoramy miast są widoczne nawet z kosmosu! Chociaż nasz wpływ na Ziemię jest niezaprzeczalny, w rzeczywistości jako gatunek jesteśmy dość nowym i liczebnie podrzędnym mieszkańcem planety. Tak naprawdę światem rządzą drobnoustroje, czyli mikroorganizmy. Cała Ziemia jest nimi pokryta, i tak było od miliardów lat. Drobnoustroje to mikroskopijne jednokomórkowe formy życia, takie jak bakterie i archeony[1]. Liczba drobnoustrojów na twojej dłoni jest większa niż liczba wszystkich ludzi na świecie. Gdyby zebrać w jedno miejsce wszelkie bakterie z całego świata (spróbuj sobie wyobrazić, jak by to wyglądało...), ich masa byłaby większa niż masa wszystkich roślin i zwierząt z całego globu razem wziętych. (Zatrzymaj w pamięci ten obraz, przyda się, gdy będziemy na dalszych stronach opisywać naszą antybiotykową wojnę z tymi mikroorganizmami). Liczbę bakterii na Ziemi szacuje się na pięć milionów bilionów bilionów, albo – mówiąc językiem jajogłowych

[1]Archeony dawniej zwane były archebakteriami (przyp. tłum.).

– pięć kwintylionów. Gdybyś chciał to zapisać cyframi, to napisz 5 i 30 zer.

Bakterie są wszędzie, począwszy od zimnych, ciemnych jezior umiejscowionych kilometr pod antarktycznym lodem, poprzez położone w głębinach oceanów gorące źródła o temperaturze sięgającej niemal 100 stopni Celsjusza, a skończywszy na twoim gardle, które właśnie nerwowo zaciskasz na samą myśl o takim mnóstwie bakterii. Jeśli kiedykolwiek znajdziemy formy życia pozaziemskiego, są duże szanse, że będą to właśnie mikroby. (Dlatego jednym z zadań łazików marsjańskich jest poszukiwanie śladów środowiska zdatnego do zasiedlenia przez drobnoustroje). Liczące sobie ponad 3,5 miliarda lat jednokomórkowce są najstarszą formą życia na Ziemi. Dla porównania – ludzie pojawili się zaledwie 200 000 lat temu. Gdyby przedstawić historię Ziemi w skali jednego 24-godzinnego dnia, ustawiając powstanie planety o północy, mikroby pojawiłyby się ciut po 4.00 nad ranem, a ludzie – zaledwie kilka sekund przed końcem doby. Bez mikroorganizmów nie mogliby istnieć, ale gdybyśmy to my zniknęli, mało które z nich w ogóle by to zauważyły.

Pomimo że sprawiają wrażenie form prymitywnych, współczesne mikroby stanowią efekt miliardów lat ewolucji. Są więc tak samo rozwinięte jak my – a nawet, biorąc pod uwagę ich dużo większą liczbę pokoleń (mikroby rozmnażają się w skali czasowej rzędu minut do godzin), mógłbyś stwierdzić, że to raczej one są lepiej przystosowane do obecnego środowiska. Jako przykład szybkiego przystosowania weźmy fakt, że w ciągu zaledwie kilkunastu lat w pobliżu miejsca katastrofy w Czarnobylu pojawiły się grzyby, które są w stanie czerpać energię do życia z promieniowania. Gdyby wydarzył się jakiś globalny kataklizm, niektóre mikroorganizmy umiałyby dość szybko dostosować się do nowego otoczenia, dalej żyć i się rozmnażać. Nasze ludzkie ciała nie dopasują się tak łatwo.

Każdy noworodek stanowi nowe środowisko do zasiedlenia przez mikroby. Ponieważ mikroorganizmy są tak liczne i mają niesamowitą zdolność do błyskawicznej aklimatyzacji, to natychmiast zajmują każdy obszar na naszej planecie – czy jest to człowiek, czy cokolwiek innego. Znajdują sobie dom na naszej skórze, w uszach, ustach, w każdym otworze i zagłębieniu ciała, włączając w to układ pokarmowy, gdzie bytuje większość z nich. Mimo że początkowo szukały w nas tylko źródła pokarmu i schronienia, w wyniku wspólnej ewolucji stały się nieodłączną częścią naszej natury.

RURA PEŁNA BAKTERII (CZYTAJ: CZŁOWIEK)

Ogólnie rzecz biorąc, ciało ludzkie to wysoce rozbudowana rura, która zaczyna się ustami, a kończy odbytem. Przewód pokarmowy, czyli jelita, to jej wewnętrzna przestrzeń. Jak stwierdziła Mary Roach w niezwykle pasjonującej książce *Gulp: Adventures on the Alimentary Canal* (Łyk – przygody na szlaku pokarmowym), gdy popatrzy się na człowieka w ten sposób, okazuje się, że niewiele go różni od byle dżdżownicy. Jedzenie wpada jednym końcem rury, jest trawione w czasie pasażu w dół i następnie wydalane jej drugim końcem jako odpady. Zanim poczujesz się rozczarowany tym, jak prostacko zbudowany jest nasz układ pokarmowy, weź pod uwagę, że ta rura o dwóch końcach stanowi osiągnięcie ewolucyjnie istotnie przewyższające rurę o jednym otworze. Hydra, maleńkie zwierzątko żyjące w stawach, ma tylko usta. Oznacza to, że zjadanie pokarmu i wydalanie jego niestrawionych resztek odbywa się tym samym otworem. W świetle tego nasza „rura" wydaje się już nieco mniej odpychająca, prawda?

W przeciwieństwie do robaków, nasza rura posiada niezwykle rozbudowany ekwipunek, który wyewoluował, żeby ją odżywiać i bardziej efektywnie ochraniać. Aby nakarmić tę rurę, wykształciły się nam ramiona oraz dłonie, które mogą sięgać po pożywienie i je łapać. Mamy nogi i stopy umożliwiające przemieszczanie w poszukiwaniu większej ilości jedzenia. Wszystkie z ludzkich zmysłów i wyjątkowo złożony mózg mogą stanowić po prostu bonus pozwalający zdobywać więcej pokarmu dla naszej rury, chronić ją przed zagrożeniami, a także rozmnażać się, czyli tworzyć nowe rury. A nowe rury dostarczają nowych siedlisk życia dla jeszcze większej liczby bakterii.

Mimo ogromnego wpływu mikrobów jelitowych na procesy trawienia, spożywane przez nas posiłki dość długo wędrują wzdłuż przewodu pokarmowego, zanim napotkają bandę tych mikroorganizmów. Jedzenie, które połykamy, wędruje w dół przez przełyk do żołądka, gdzie jest zanurzane w kwasie i enzymach trawiennych, rozpoczynających proces trawienia i ekstrakcji składników pokarmowych. Po mniej więcej godzinie. mechanicznego ubijania w tym nieprzyjemnym, kwaśnym środowisku, którego zadaniem jest także zabijanie mikroorganizmów, częściowo strawiony pokarm jest przesuwany do jelita cienkiego. W tym właśnie miejscu układ pokarmowy zaczyna naprawdę przypominać rurę. Ten elastyczny korytarz ma około siedmiu metrów długości, trzy centymetry średnicy i jest pozwijany w naszym brzuchu jak makaron spaghetti. Wnętrze jelita cienkiego pokryte jest palczastymi wypustkami, zwanymi kosmkami jelitowymi, przez które substancje odżywcze są wchłaniane do układu krwionośnego.

Jedzenie wędrujące wzdłuż jelita cienkiego jest zanurzone w enzymach produkowanych przez trzustkę i wątrobę, pomagających strawić białka, tłuszcze oraz węglowodany, które zjedliśmy. W jelicie cienkim

Zdjęcie z elektronowego mikroskopu skaningowego przedstawiające kosmki jelitowe w jelicie cienkim myszy; © Justin Sonnenburg, Jaime Dant, Jeffrey Gordon

liczba mikroorganizmów jest raczej niewielka, sięga zaledwie (!) mniej więcej 50 milionów bakterii w łyżeczce treści jelitowej.

Ostatnim przystankiem tej trwającej niemal 50 godzin podróży jest jelito grube, czyli okrężnica, gdzie jedzenie przesuwane jest w naprawdę żółwim tempie. Jelito grube jest krótsze od cienkiego (ma około 1,5 metra długości), a jego nazwa nawiązuje do większej średnicy, wynoszącej 5–8 centymetrów. Wnętrze jelita grubego pokryte jest cienką warstwą śliskiego śluzu. To właśnie tutaj pozostałości zjedzonego przez nas posiłku po raz pierwszy napotykają gęstą i żarłoczną masę mikroorganizmów, znanych jako mikroflora. (W jelicie grubym żyje około 10 000 razy więcej bakterii w łyżeczce treści pokarmowej niż w jelicie cienkim). Bakterie jelitowe żyją, i to całkiem luksusowo, żywiąc się resztkami składającymi się głównie z niestrawialnych dla człowieka roślinnych węglowodanów złożonych, czyli błonnika. Resztki, których bakterie nie są w stanie strawić, na przykład pestki czy łuski ziaren kukurydzy, zostają wydalone w ciągu 24–72 godzin od momentu trafienia pokarmu do przełyku. W masie kałowej jest także duża liczba samych bakterii, martwych i żywych, które zostały porwane razem z prądem. Niemal połowa masy stolca to właśnie bakterie, ale nie obawiaj się – w jelicie wciąż pozostanie wystarczająco dużo ich krewniaków, by utrzymać wysoką gęstość. W zależności od panujących warunków sanitarnych, niektóre wydalane z kałem żywe bakterie mogą przedostać się do pobliskich źródeł wody pitnej i znaleźć nowy dom w jelicie kogoś innego.

Ale jak w ogóle bakterie trafiły do układu pokarmowego człowieka? Zwykle myślimy o naszych wnętrznościach, że są – jak nazwa wskazuje – wewnątrz nas. Okazuje się jednak, że wnętrze jelita jest tak samo wystawione na kontakt ze środowiskiem zewnętrznym jak np. powierzchnia skóry. Poniekąd taka jest właśnie natura przewodu pokarmowego. Dzięki ciągłej styczności z mikroorganizmami obecnymi w naszym otoczeniu – na rękach, w jedzeniu, na zwierzętach domowych – jelita ludzkie są nieustannie wystawiane na kontakt z mikrobami. Niektóre z nich tylko przez nas przechodzą, a inne zostają w nas na kilka lat lub nawet na całe nasze życie.

Pomimo wszechobecności mikrobów w jelicie grubym, ich życie nie należy do łatwych. Po pierwsze, aby trafić do nowego domu, muszą przeżyć

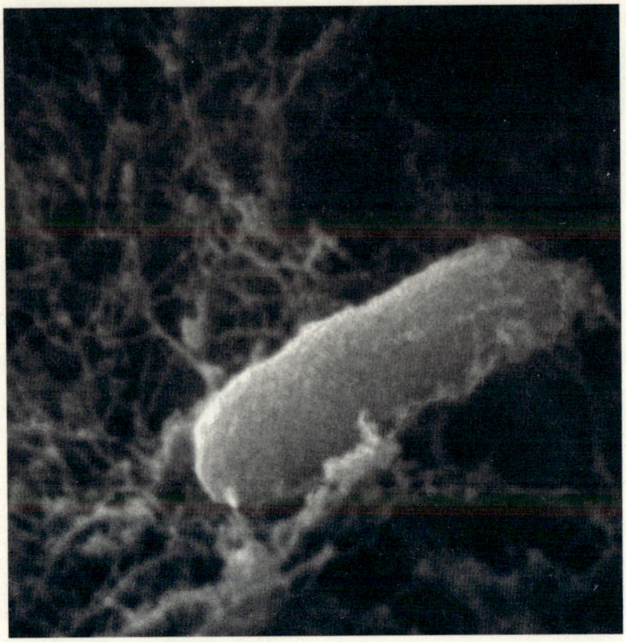

Zdjęcie z elektronowego mikroskopu skaningowego przedstawiające pałeczkowatą bakterię jelitową człowieka zakotwiczoną w warstwie śluzu; © Justin Sonnenburg, Jaime Dant, Jeffrey Gordon

kwaśną kąpiel w naszym żołądku, a potem wygospodarować sobie miejsce w ciemnej wilgotnej jamie jelita grubego, w którym bytuje już więcej niż tysiąc innych gatunków mikrobów. Ponieważ pokarm pojawia się w tej jamie tylko raz na jakiś czas, to walka o pożywienie wewnątrz jelit jest zażarta, a przetrwanie uzależnione od zdobycia czegokolwiek, zanim inne mikroby wbiją w to swoje zęby. Pomiędzy posiłkami niektóre mikroorganizmy są w stanie przetrwać, żywiąc się warstwą śluzu wyścielającego nasze jelita.

Prawdziwe problemy mikroorganizmów jelitowych zaczęły się jednak właśnie teraz, gdy stanęły oko w oko z naszą zachodnią cywilizacją.

SZCZĄTKI MIKROFLORY ZACHODU

Wyobraź sobie, że twoim pierwszym kontaktem z samolotem byłby widok jego porozrzucanych szczątków po katastrofie lotniczej. Nie mając pojęcia o lotnictwie, raczej nie byłbyś w stanie poukładać tych kawałków i odtworzyć samolotu sprzed katastrofy. Ta analogia jest bardzo trafna, jeśli chcemy opisać trudności, na jakie napotykają naukowcy próbujący zrozumieć funkcjonowanie ludzkiej mikroflory. Ogromna większość badań nad florą jelitową była przeprowadzana na ludziach żyjących w Stanach Zjednoczonych i w Europie – czyli na osobach najbardziej narażonych na rozwój chorób cywilizacyjnych. Gdy naukowcy porównują florę jelitową pacjentów cierpiących na choroby zapalne jelit (*inflammatory bowel diseases*, IBD) z florą innych osób, mają świadomość, że grupa niechorujących, także żyjąca w zachodniej kulturze, wcale nie jest idealnym wyznacznikiem zdrowej mikroflory. Jednym z zagrożeń, jakie niesie zachodni styl życia, jest właśnie zwiększone ryzyko występowania stanów zapalnych jelit. I mimo że dana osoba jeszcze nie choruje, jej mikroflora już może funkcjonować nieprawidłowo, doprowadzając w niedalekiej przyszłości do rozwoju pełnoobjawowej choroby. To jak porównywanie człowieka przeziębionego, który ma wszystkie objawy (gorączkę i kaszel), z kimś, kto już ma gorączkę, ale kaszleć jeszcze nie zaczął. W takim przypadku można spekulować, że gorączka to coś normalnego, skoro nawet „zdrowa" osoba ma podwyższoną temperaturę, a sam problem leży tylko w kaszlu. Ponieważ definicja zdrowej mikroflory powstała w oparciu o badania prowadzone na Amerykanach i Europejczykach, może się okazać, że nasze postrzeganie tego, co zdrowe, jest niezwykle zniekształcone.

Od narodzin ludzkości do około 12 000 lat temu (czyli przez jakieś 200 000 lat) człowiek pozyskiwał jedzenie wyłącznie dzięki zbieractwu i polowaniom. Dieta naszych prehistorycznych przodków składała się z kwaśnych, włóknistych, dzikich roślin oraz chudego żylastego mięsa dzikich zwierząt i ryb. Przejście od łowiectwa i zbieractwa do rolnictwa wywarło ogromny wpływ na sposób odżywiania się człowieka. Udomowione odmiany owoców i warzyw (selekcjonowane pod kątem zwiększenia zawartości cukru i miąższu, a zmniejszenia włóknistości), zwierzęta karmione paszą (a nie trawą), produkty pochodzenia zwierzęcego (np. nabiał), zboża uprawne (np. ryż czy pszenica) stały się popularnym pożywieniem naszego gatunku. W ciągu ostatnich 400 lat rewolucja przemysłowa przyniosła kolejną niebywale gwałtowną zmianę w diecie człowieka, która w coraz większym stopniu zaczynała bazować na masowo produkowanej żywności. „Zdobyczą" współczesnej technologii ostatnich 50 lat jest powstanie łatwo dostępnych sklepów spożywczych zaopatrywanych na bieżąco w żywność wysoko przetworzoną, przesłodzoną i zbyt gęstą energetycznie, pozbawioną błonnika oraz wyjałowioną, by dłużej mogła leżeć na półkach. Dieta bogata w te nowe produkty różni się całkowicie od tego, co jedliśmy przez większość czasu naszej ewolucji. Mikroflora jelitowa wiernie towarzyszyła nam w tych żywieniowych eskapadach, nieustannie przystosowując się do każdej zmiany wprowadzanej przez nowe technologie i wzorce żywieniowe. Niestety okazuje się, że obecnie mikroflora znajduje się na dość niebezpiecznym kursie.

Jedną z niezwykłych zdolności mikroflory jelitowej jest jej umiejętność błyskawicznej adaptacji do zmian w sposobie odżywiania się jej gospodarza. Bakterie żyjące w jelicie dzielą się niezwykle szybko, są w stanie podwajać swoją liczbę co każde 30–40 minut. Gatunki, które żywią się produktami najczęściej spożywanymi przez danego człowieka, w dość krótkim czasie stają się więc bardzo liczne. Gatunki, które potrzebują pożywienia nienależącego do codziennego jadłospisu gospodarza, stopniowo zmniejszają swoją liczebność, mogą zacząć nawet żywić się warstwą śluzową pokrywającą jelita (mucyna) albo – w najczarniejszym scenariuszu – wymierają. W biologii ta zdolność do dopasowywania się nazywa się adaptacją (plastycznością), a mikroflora jelitowa ma to wpisane w swoją naturę. Plastyczność bakterii gwarantowała, że gdy następowała zmiana sposobu żywienia naszych przodków zbieraczy i łowców, związana np. z cyklami pór roku, ich mikroflora mogła łatwo przystosować się i czerpać korzyści z nowych pokarmów. Ale plastyczność ta oznacza też, że dominujące dawniej gatunki, dobrze dopasowane do diety poszukiwaczy, obecnie giną na skutek współczesnej diety. I odwrotnie – mikroby świetnie radzące sobie z żywieniem się hamburgerami i frytkami stają się coraz liczniejszą grupą naszej mikroflory. Zachodnia flora jest czymś, co większość ludzi ma w swoich jelitach, nawet ci, którzy uważają się za zdrowych. Niestety obraz współczesnej mikroflory najprawdopodobniej przypomina roztrzaskany samolot, a nie ten w pełni sprawny.

Aby zobaczyć, jak może wyglądać w pełni sprawna, zdrowa mikroflora, spójrzmy na plemię Hadza – ostatnich „pełnoetatowych" łowców i zbieraczy żyjących w Afryce. Zamieszkują oni kolebkę ludzkości, tanzańskie Wielkie Rowy Afrykańskie, gdzie znajdowane są najstarsze szczątki naszych przodków sprzed milionów lat. Dzięki plemieniu Hadza możemy się wiele dowiedzieć o diecie i mikroflorze protoplastów współczesnego człowieka, żyjących w dobie poprzedzającej rozwój rolnictwa.

Plemię to żywi się mięsem upolowanych zwierząt, jagodami, owocami i nasionami baobabów, miodem i bulwami – podziemnymi organami zapasowymi roślin. Bulwy te są tak włókniste, że po każdym dokładnie przeżutym kęsie jedzący wypluwa kłębuszek najtwardszych włókien.

Naukowcy badający plemię Hadza szacują, że członkowie plemienia spożywają 100–150 gramów błonnika dziennie. Aby uzmysłowić sobie tę ilość, porównaj ją do 10–15 gramów błonnika konsumowanego dziennie przez statystycznego Amerykanina. Mikroflora Hadza zawiera znacznie większą różnorodność mikroorganizmów niż mikroflora osoby żyjącej na

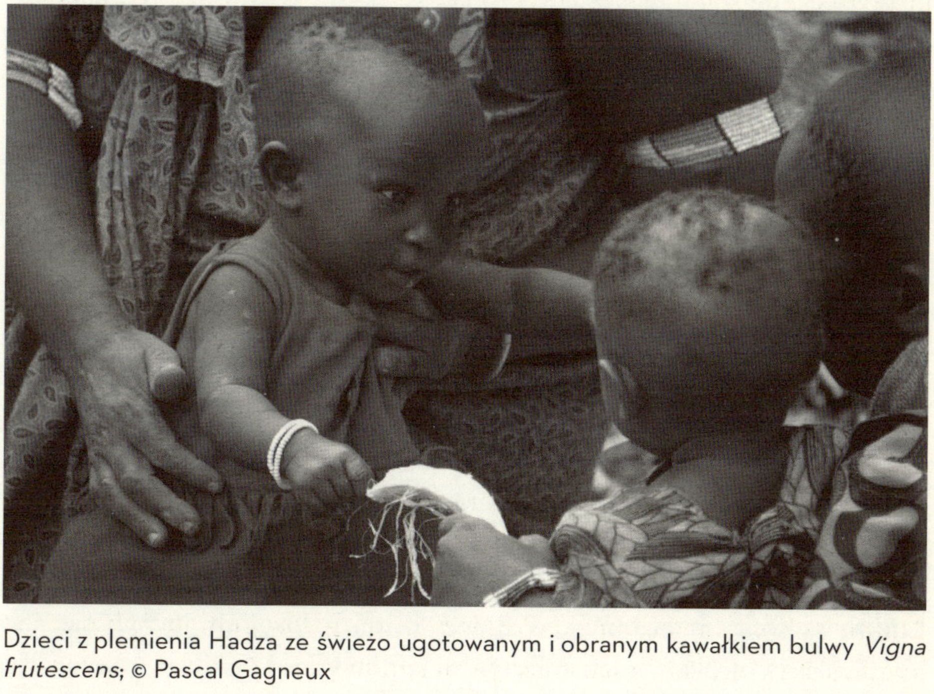

Dzieci z plemienia Hadza ze świeżo ugotowanym i obranym kawałkiem bulwy *Vigna frutescens*; © Pascal Gagneux

Zachodzie. Gdybyś wyobraził sobie mikroflorę jako słoik pełen żelków, a każdy smak odpowiadałby innemu gatunkowi bakterii, słoik zbieraczy i łowców byłby wypełniony mnóstwem kolorów oraz smaków, niektórych zupełnie niespotykanych. Słoik reprezentujący zachodnią florę miałby dużo mniej smaków i tworzyłby zdecydowanie bardziej jednolitą i ubogą mieszankę.

Mikroflora osób prowadzących tradycyjny rolniczy styl życia, podobny do stylu życia ludzi sprzed 10 000 lat, również zawiera zazwyczaj dużo bardziej zróżnicowaną kolekcję mikrobów niż ta u zachodnich obywateli. Różnice między zachodnim a tradycyjnym stylem życia nie dotyczą wyłącznie dorosłych. Dzieci żyjące w rolniczej wiosce w Burkina Faso i w slumsach Bangladeszu też mają zupełnie inną mikroflorę niż ich rówieśnicy w Europie czy Ameryce. Podobnie do tego, co zaobserwowano u dorosłych, zachodnie dzieci mają mniejszą różnorodność mikroorganizmów w jelitach w porównaniu z dziećmi prowadzącymi nie tak nowoczesny styl życia. Dowody potwierdzają więc, że zachodnia mikroflora jest mniej różnorodna niż flora ludzi spożywających niewiele (jeśli w ogóle) żywności przetworzonej, niedostających wielu dawek antybiotyków rocznie i nienoszących w torebkach ani tornistrach odkażaczy do rąk.

Różnorodność naprawdę ma znaczenie. W ekosystemie takim jak jelito stanowi ona pewnego rodzaju bufor, zapobiegający załamaniu całego systemu. Wyobraź sobie ekosystem, na który składa się ogromna liczba różnych insektów i ptaków. Jeśli jeden gatunek owada zniknie, ptaki wciąż będą miały całkiem szeroki (odrobinę tylko uszczuplony) wybór owadów, którymi mogą się żywić. Jeżeli natomiast gatunki owadów będą znikały jeden po drugim, w końcu ptaki zaczną głodować i ginąć, co doprowadzi do uszczuplenia całego ekosystemu. Jeśli różnorodność mikroflory Zachodu zmniejsza się, ekosystem ten staje w obliczu ryzyka zapaści, co z kolei może wpłynąć na pogorszenie się zdrowia gospodarza tego podupadającego świata.

WYMUSZONE PARTNERSTWO

Ludzie są efektem ewolucji, w czasie której nieustannie uczyli się, jak być życzliwym dla swoich mikrobów jelitowych. Ponieważ kolonizacja jelit przez mikroby jest tak czy inaczej nieunikniona, organizm człowieka musiał nauczyć się współpracować z nimi po dobroci. Brutalna prawda związana z selekcją naturalną jest taka, że bakterie i ludzie są na siebie nieodwołalnie skazani. Nie mamy innego wyjścia, niż żyć razem z nimi, tak więc, jeśli uczynimy ten związek pozytywnym, to korzyści odniosą zarówno ludzie, jak i bakterie.

Pomimo że niektóre gatunki, jak na przykład *Salmonella*, przecinkowiec cholery (*Vibrio cholerae*) czy *Clostridium difficile*, popularnie zwane patogenami (bakteriami chorobotwórczymi), wybrały ścieżkę pasożytnictwa, a nie współpracy, to są nadal nielicznymi wyjątkami pośród ogromnej masy przyjaznych mikroorganizmów, które w nas żyją. Niestety groźne choroby wywoływane przez patogeny spowodowały, że nadużywane antybiotyki zaczęły szkodzić także grzecznie zachowującym się mikrobom. Jeżeli będziemy wrogo nastawieni do wszystkich bakterii jelitowych lub okażemy podejście zbyt lekkomyślne – o czym świadczy nasza beztroska w stosowaniu antybiotyków – ryzykujemy wyrządzenie dużej szkody tej społeczności, co w konsekwencji zwróci się przeciwko nam samym.

Każdy gatunek mikrobów wchodzący w skład twojej mikroflory ma własną kolekcję genów, czyli genom. Kolekcję genów, należącą do ogółu mikrobów danego siedliska (np. twoich jelit), nazywa się mikrobiomem, tzw. drugim genomem człowieka. Tak jak twój genom jest unikatowy (z wyjątkiem bliźniąt jednojajowych), tak samo nie ma dwóch gatunków mikrobów o identycznym genomie. Dlatego twój mikrobiom, na który składają się miliony genomów różnych mikrobów, jest także unikatowy i w znacznym stopniu przyczynia się do twojej odrębności, odróżniając cię nawet od brata bliźniaka. Mikrobiom jest tak niepowtarzalny jak odcisk palca. Twój mikrobiom może na przykład kodować zdolność do degradacji pewnych rodzajów węglowodanów, których nie potrafi strawić mikroflora innego człowieka. Niektórzy Japończycy posiadają mogące żywić się wodorostami bakterie niewystępujące w mikroflorze mieszkańców Zachodu. Ponieważ wodorosty stanowią dość znaczną część diety Japończyków, ich mikroflora wyewoluowała tak, by wykorzystywać to wszechobecne źródło pożywienia. Miejmy nadzieję, że cechą zachodniej mikroflory nie jest zdolność do żywienia się hot dogami!

Mikroflora jest nam naprawdę potrzebna. Ze względu na to, że nie mamy innego wyjścia, niż gościć tę bogatą kolekcję bakterii, zrobiliśmy to, co czynił każdy gatunek, który osiągnął sukces ewolucyjny: weszliśmy w obustronnie korzystną symbiotyczną unię. Innymi słowy, zmusiliśmy mikroorganizmy do pracy w zamian za utrzymanie. Symbioza oznacza ścisły i mocny związek pomiędzy dwoma lub więcej organizmami. Niektóre związki symbiotyczne są pasożytnicze, co oznacza, że jeden organizm korzysta, a drugi traci – jak wtedy, gdy niechciany gość w twoim domu wyjada ci zawartość lodówki, zostawia bałagan i wydaje się nie rozumieć subtelnych aluzji, że już czas sobie pójść. Przykładem niechcianego gościa jest tasiemiec.

Komensalizm to drugi typ związku symbiotycznego, w którym jedna strona czerpie korzyści, a drugiej jest to prawie obojętne. Przykładem może być pies przeszukujący twoje śmieci, aby znaleźć jedzenie. Trzeci typ symbiotyczny to mutualizm – kiedy obie strony odnoszą korzyści. Czyli pies w zamian za możliwość żywienia się odpadkami będzie strzegł twojego domu przed szczurami roznoszącymi choroby. Ten ostatni przykład jest analogiczny do związku, który tworzymy z naszymi mikrobami jelitowymi.

Najbardziej oczywistą korzyścią, jaką odnosimy dzięki mikrobom, są produkowane przez nie w procesie fermentacji substancje, które my wchłaniamy. To pozwala nam uzyskiwać energię (kalorie) z pożywienia, które byłoby dla nas zupełnie nieużyteczne bez pomocy mikrobów – a to stanowiło najważniejszy warunek przetrwania naszych przodków, borykających się przecież z nieustannym niedoborem pożywienia. Chociaż w obecnych czasach uzyskiwanie większej ilości energii straciło na znaczeniu, to związki produkowane przez bakterie wciąż pełnią ważne biologiczne funkcje w organizmie człowieka: trenują układ odpornościowy, pomagają w usuwaniu bakterii chorobotwórczych i regulują metabolizm.

Bakterie jelitowe otrzymują od nas stałe dostawy pożywienia. Nie muszą się o to martwić ani wkładać wysiłku większego, niż wymaga cierpliwe oczekiwanie na kolejną porcję. Wymiana uprzejmości nie polega więc na zasadzie: „Ja cię podrapię po plecach, a potem ty podrapiesz mnie", ale raczej: „Ty spożyjesz pokarm niezbędny dla mnie, a ja pomogę ci strawić to do cząsteczek, których potrzebujesz". Dlaczego jednak w ludzkim genomie nie mogły być zakodowane enzymy, które potrafiłyby całkowicie strawić pokarm, dzięki czemu nie musielibyśmy w ogóle przejmować się tymi mikrobami? Nasz przewód pokarmowy mikroby zamieszkują m.in. dlatego, że utrzymanie go w stanie sterylnym jest niemal niemożliwe. Prowadzenie życia pozbawionego mikrobów w świecie po brzegi wypełnionym mikroorganizmami wymagałoby herkulesowej pracy naszego układu odpornościowego. Musiałby non stop pracować na wysokich obrotach, by zwalczać ogrom mikrobów, na które natykamy się na każdym kroku.

Nie pozbywamy się wszystkich mikrobów także z tej przyczyny, że ich geny służą jako rozszerzenie naszego własnego genomu. Każdy pojedynczy gen znajdujący się w ludzkim genomie niesie jakąś korzyść, ale utrzymanie go jest kosztowne energetycznie. Za każdym razem, gdy komórka się dzieli, zawarty w niej materiał genetyczny, obejmujący cały ludzki genom (ok. 25 000 genów), musi zostać powielony. A dzięki obecności mikrobów możemy nakłonić ich geny do sprawowania różnorodnych funkcji, których nasz genom pełnić nie potrafi. Na przykład genomy mikrobów dają zdolność do przekształcania pokarmów niestrawialnych przez człowieka w cząsteczki regulujące wiele aspektów naszej biologii – od stopnia stanu zapalnego w jelitach po efektywność przechowywania dodatkowych kalorii. Ten wypracowany w czasie ewolucji podział zadań jest tak efektywny, że organizmy wykorzystują go od wieków.

Tremblaya princeps to bakteria żyjąca w przewodzie pokarmowym szkodnika ogrodowego zwanego czerwcem mączystym (wełnowcowate). Mikrob ten jest dość wyjątkowy, ponieważ ma jeden z najmniejszych poznanych do tej pory genomów, czyli posiada najmniejszą liczbę genów niezbędnych do przetrwania. Naukowców szczególnie interesują małe genomy, bo są one dobrym punktem wyjścia do konstruowania organizmów od zera, mikrobów, które mogą wykonywać pewne pomocne nam prace, jak na przykład sprzątanie rozlanych na oceanie plam ropy czy przekształcanie kaczanów kukurydzy w paliwo. Po zsekwencjonowaniu genomu *Tremblaya princeps* okazało się, że tej bakterii brakuje kilku ważnych genów niezbędnych do kierowania najbardziej podstawowymi procesami w komórce. Jak więc bakteria ta w ogóle mogła funkcjonować? Owe brakujące geny znaleziono w innej bakterii, zwanej *Moranella endobia*, która żyje we wnętrzu tej pierwszej! *Tremblaya princeps* stosuje więc niezwykle sprytną strategię: zamiast samodzielnie utrzymywać wszystkie niezbędne jej do życia geny, wypożycza je sobie od innej bakterii – *Moranella endobia*. W efekcie umożliwia to przeżycie obu bakteriom, dając im obopólne korzyści.

Natura już dawno temu wpadła na rozwiązania, z którymi my wciąż się zmagamy: warunkiem sukcesu w wysoce konkurencyjnym środowisku jest podział zadań i współpraca!

Związek *Tremblaya princeps* i *Moranella endobia* jest analogiczny do naszej unii z mikrobami jelitowymi: daj bakteriom schronienie, przydziel im zadania do wykonania i zachowaj swój genom lżejszy i sprawniejszy. Aby taki układ działał sprawnie jest pewien haczyk: musisz dbać o te ważne bakterie, bo one przecież dla ciebie pracują, wypełniając niezbędne funkcje.

Korzystamy z genów mikrobiomu, aby zrekompensować braki we własnym genomie. Degradacja różnorodnych włókien spożywanych z pokarmem roślinnym wymaga szerokiego wachlarza genów, które mogą być dostarczane przez mikroflorę. Nasz trwający tyle co ewolucja człowieka symbiotyczny związek z tymi bakteriami sprawił, że staliśmy się zależni od sygnałów chemicznych wysyłanych przez nie do różnych systemów w naszym ciele, od urodzenia po śmierć. Sygnały te zapewniają, że układ pokarmowy rozwinie się poprawnie po narodzinach, że układ odpornościowy będzie walczył z chorobami wytrwale, ale nie nadgorliwie, a metabolizm pozostanie w równowadze. Ludzki genom korzysta z 3–5 milionów genów pochodzących z mikroflory bez konieczności płacenia za nie podatku od dochodu.

ZŁA REPUTACJA BAKTERII

Jeśli mikroflora jest tak ważna dla ludzkiego zdrowia, dlaczego słyszymy o tym dopiero teraz? Jeszcze do niedawna dziedzina nauki zwana mikrobiologią medyczną skupiała się wyłącznie na „złych" bakteriach, czyli patogenach. Te chorobotwórcze bakterie są przyczyną np. cholery, gruźlicy czy zapalenia opon mózgowo-rdzeniowych i były odpowiedzialne za śmierć niezliczonej rzeszy ludzi. Nic więc dziwnego, że badania medyczne koncentrowały się na ich poznaniu i zwalczaniu. W połowie XIX wieku Ludwik Pasteur, sławny mikrobiolog, zaczął eksperymenty bazujące na pomyśle, że to mikroorganizmy były przyczyną psucia się żywności i fermentacji – procesu, który zamienia mleko w jogurt, a sok winogronowy w wino. Przed Pasteurem uważano, że jakiś duch, spontanicznie pojawiający się w mleku, powodował jego psucie. Dzięki swoim doświadczeniom Pasteur udowodnił, że psucie się i fermentacja nie są rezultatem działania sił nieczystych, ale wynikiem czegoś, co występuje w środowisku. Tym czymś były mikroorganizmy.

Wnioski te stały się fundamentem dla teorii mikrobiologicznego podłoża większości chorób. Pasteur wierzył, że skoro to bakterie psują mleko, równie dobrze inwazja mikrobów może wywoływać choroby psujące ciało człowieka. Teoria mikrobiologicznego podłoża chorób była dość nowatorska w tamtych czasach, ponieważ ówczesne środowisko naukowe święcie wierzyło, że przyczyną chorób jest tzw. morowe powietrze – cuchnące, trujące opary unoszące się nad gnijącymi resztkami organicznymi. Wiara w chorobotwórcze działanie morowego powietrza miała i swoje dobre konsekwencje, bo stała się podwaliną rozwoju instalacji sanitarnych i higieny. Połowa XIX wieku to czas narodzin higieny osobistej w Londynie. Rewolucyjny wynalazek, jakim była spłukiwana wodą toaleta, upowszechnił się w gospodarstwach domowych, gdzie z ulgą zrezygnowano z niezbyt higienicznych nocników.

Ale pojawił się nowy problem – co zrobić ze ściekami? Londyn w tamtych czasach nie miał przecież systemu kanalizacyjnego, a zawartość nocników po prostu wylewano do rynsztoków płynących przez całe miasto. Spłukiwane toalety były projektowane tak, aby ich zawartość wpływała bezpośrednio do rynsztoków, jednak spora ilość wykorzystywanej do tego wody powodowała szybkie wypełnianie się kanałów i wpływanie ścieków do Tamizy, rzeki, z której większość mieszkańców Londynu czerpała wodę pitną. Do połowy XIX wieku śmiertelność z powodu cholery rosła prawie proporcjonalnie do zwiększającej się ilości ścieków w Tamizie.

Szczyt kryzysu nastąpił pewnego niezwykle upalnego lata 1858 roku. Wysokie temperatury i fermentujące ścieki w Tamizie były powodem unoszenia się w całym mieście okropnego odoru, co zapisało się na kartach historii jako Londyński Wielki Smród. Fetor był tak nieznośny, że większość ludzi nie opuszczała mieszkań, pozostając w swego rodzaju areszcie domowym nałożonym przez panoszące się wszędzie bakterie. Ponieważ wzmaganiu smrodu towarzyszył wzrost śmiertelności na cholerę, dość łatwo było wyciągnąć wniosek, że to unoszący się nad Tamizą fetor był przyczyną choroby. Cholerę wywołuje przecinkowiec cholery (*Vibrio cholerae*), chociaż wtedy jeszcze o tym nie wiedziano. Bakteria ta wyjątkowo sprawnie się rozprzestrzenia, ponieważ jeden z towarzyszących jej objawów (silna biegunka) skutecznie rozsiewa mikroby, zwłaszcza tam, gdzie ścieki mieszają się z wodą pitną. Mieszkańcy ówczesnego Londynu, którzy czerpali wodę pitną z dolnego odcinka rzeki, byli niemal czterokrotnie bardziej narażeni na zakażenie cholerą niż obywatele pijący wodę z jej górnych, czystszych odcinków. Fetor jest tylko objawem braku higieny, a nie – jak wówczas wierzono – przyczyną rozprzestrzeniania się choroby. Ale ponieważ szerzeniu się zakażenia towarzyszył nieznośny odór, łatwo było uznać go za głównego winowajcę.

Londyński Wielki Smród stał się tak uciążliwy, że w końcu zmusił ludzi do zajęcia się poprawą warunków sanitarnych wokół Tamizy. Oczyszczenie źródeł wody pitnej zmniejszyło liczbę *Vibrio cholerae*, przez co częstość występowania cholery również zmalała.

Ta londyńska historia stanowi streszczenie wielowiekowej walki ludzkości z niewidzialnym wrogiem, bakteryjnymi patogenami wywołującymi ból, cierpienie i śmierć. Ale dopiero w latach 80. XIX wieku Robert Koch, niemiecki naukowiec, udowodnił, że to bakterie są czynnikiem wywołującym choroby takie jak wąglik, cholera czy gruźlica. Jego przełomowe reguły diagnostyczne, zwane Postulatami Kocha, wciąż stanowią standard przy ustalaniu bakteryjnej przyczyny danej choroby. Odkrycia Kocha przyniosły mu Nagrodę Nobla, a także pozycję na Uniwersytecie w Berlinie, gdzie stanął na czele Instytutu Higieny – zwiastuna dwudziestowiecznej obsesji na punkcie czystości. Prace naukowe Kocha, w końcu położyły kres teorii morowego powietrza jako czynnika chorobotwórczego i stały się podwaliną narodzin mikrobiologii medycznej. Przez kolejne 150 lat mikrobiolodzy skupiali się wyłącznie na bakteriach patogennych.

Choroby zakaźne były bowiem największym zabójcą ludzi w historii. Rozwój antybiotyków stanowił bezpośredni rezultat wnioskowania, że zabicie bakterii zatrzyma rozwój wielu chorób zakaźnych i uratuje wiele istnień ludzkich. Nic więc dziwnego, że bakterie zostały uznane za samo zło, a społeczeństwa skupiały się na podwyższaniu poziomu czystości.

Dopiero na początku XX wieku naukowcy zaczęli zdawać sobie sprawę, że w naszych jelitach żyje wiele kolonii bakterii. Jednym z najbardziej niedocenionych odkryć XX wieku było stwierdzenie Arthura Kendalla opublikowane w czasopiśmie „Science", że „eksperymenty sugerują, iż w jelicie człowieka występuje populacja bakterii".

Mimo świadomości, że bakterie żyją wewnątrz nas, nikt nie wiedział, po co one tam dokładnie są ani jak i czy wpływają na nasze zdrowie. Bakterie chorobotwórcze dość szybko wywołują ostre objawy choroby, podczas gdy bakterie jelitowe mają dużo subtelniejszy i rozciągnięty w czasie wpływ na organizm człowieka. W rezultacie finansowane były wyłącznie badania nad „złymi" bakteriami. Dopiero niedawno naukowcy zaczęli pojmować ogrom wpływu mikroorganizmów na każdy element naszej biologii. Modyfikując stwierdzenie Arthura Kendalla, można stwierdzić, że człowiek nie tylko ma populację bakterii w jelitach, ale też że człowiek jest wytworem tej populacji bakterii.

NADEJŚCIE ERY MIKROFLORY

W latach 60. i 70. XX wieku grupa wizjonerskich mikrobiologów, łącznie z Abigail Salyers, zaczęła badać bakterie bytujące w ludzkim jelicie. Wieczną zagadką pozostanie powód, który skłonił naukowców do przyjrzenia się tym cichym i potulnym rezydentom jelit, zamiast krzykliwym i brutalnym bakteriom chorobotwórczym, ale na szczęście dla nas bakterie jelitowe jakoś zdołały przykuć ich uwagę. Salyers skupiła się na szczególnym rodzaju bakterii jelitowych zwanych bakteroidami (*Bacteroides*) na długo przed tym, jak badania pokazały, że właśnie te bakterie są pod wieloma względami powiązane z ludzkim zdrowiem. W 2005 roku odwiedziliśmy ją w laboratorium na Uniwersytecie Ilinois w miejscowości Urbana-Champaign.

Abigail Salyers łączyła w sobie cechy nieustraszonego pioniera badań nad mikroflorą i pragmatycznego eksperymentatora. Gdy przyjechaliśmy, oprowadziła nas po swoim laboratorium i korytarzach pełnych artefaktów z jej pierwszych eksperymentów na florze jelitowej. W końcu rozgościliśmy się w salce spotkań. Siedząc przy stole, zapytaliśmy ją, dlaczego wybrała właśnie *Bacteroides* do swoich badań. Liczyliśmy na jakąś niesamowitą historię o jej przeczuciach związanych z tym wyborem. Odpowiedziała, że zaczęła właśnie od nich z bardzo prozaicznego powodu – były najłatwiejsze w hodowli, gdyż mogły przeżyć w warunkach tlenowych. (Wiele innych ważnych mikrobów jelitowych szybko obumiera poza beztlenowym środowiskiem naszych jelit). Jedno z jej najważniejszych odkryć polegało na udowodnieniu, że ta grupa mikroorganizmów rosła szczególnie efektywnie, żywiąc się błonnikiem pokarmowym. Fakt, że bakterie spożywają fragmenty roślin, których ludzie sami nie są w stanie strawić, stał się fundamentem, który Salyers i jej współcześni położyli pod nasze zrozumienie, dlaczego tak wiele gatunków bakterii żyje w jelitach. Badania naukowe w tamtych czasach były ograniczone możliwościami dostępnej aparatury i trudnościami w hodowli w warunkach laboratoryjnych. Ten dział nauki czekał więc na rozwój technologii, który pchnąłby go naprzód.

Trampoliną do tego skoku był rozpoczęty w latach 80. ubiegłego wieku Projekt Poznania Genomu Ludzkiego (Human Genome Project, HGP). Te międzynarodowe wysiłki, służące zsekwencjonowaniu wszystkich genów ludzkiego genomu, były niewyobrażalnie wielkim przedsięwzięciem. Prace nad nim zajęły 13 lat i kosztowały około miliarda dolarów. W rezultacie otrzymaliśmy około terabajta informacji, które są analizowane przez naukowców do tej pory. Udział owego genetycznego skoku w stymulacji odkryć naukowych jest niepodważalny, ale wielu uważa, że efekty badania nie przyniosły tylu wymiernych korzyści dla zdrowia ludzi w krótkim czasie, jak się spodziewano, zwłaszcza jeśli wziąć pod uwagę jego koszty. Większość zgodzi się, że znajomość ludzkiego genomu przyczynia się do rozwoju nowych terapii i pogłębia zrozumienie mechanizmów trapiących nas chorób, ale wielka obietnica „spersonalizowanej medycyny" – terapii dopasowanej pod kątem indywidualnego genomu pacjenta – spełnia się zdecydowanie wolniej, niż to wcześniej donośnie obiecywano.

Wraz ze stopniowym wzrostem korzyści wynikających z opisanego przedsięwzięcia, jednym z niespodziewanych i ogromnie istotnych rezultatów były innowacje w technologii sekwencjonowania DNA. Gdyby użyć obecnych metod sekwencjonowania (powstałych dzięki Projektowi Poznania Genomu Ludzkiego), dzisiaj całe to wieloletnie i drogie przedsięwzięcie można byłoby ukończyć w tydzień za niecałe 5000 dolarów. W najbliższej przyszłości każdy z nas będzie mógł zsekwencjonować cały swój genom w jeden dzień za niecałe 1000 dolarów właśnie dzięki niesamowitemu postępowi w technologii, wywołanemu przez HGP.

Następstwem zsekwencjonowania ludzkiego genomu, będącego niewątpliwie ogromnym naukowym i medycznym kamieniem milowym, była rosnąca świadomość, że człowiek jest czymś znacznie więcej niż tylko wytworem swoich genów. Ale aby zdobyć pełne pojęcie na temat materiału genetycznego, który w sobie nosimy, konieczne stało się także poznanie genomów naszych bakteryjnych osiedleńców, włączając w to bakterie żyjące w jelicie, na skórze, w nozdrzach i jamie ustnej oraz w układzie moczowo-płciowym. Po zakończeniu Projektu Poznania Genomu Ludzkiego, w 2008 roku. Narodowe Instytuty Zdrowia (National Institutes of Health, NIH) rozpoczęły realizację Projektu Poznania Mikrobiomu Ludzkiego (Human Microbiome Project, HMP). Jego celem było wykorzystanie technologii stworzonej na potrzeby HGP do opisania bakteryjnego życia związanego z organizmem człowieka. W oparciu o aktualne szacunki ilości materiału genetycznego znajdującego się w bakteriach ludzkiego jelita, przeszliśmy zaledwie jedną setną drogi prowadzącej do zsekwencjonowania wszystkich towarzyszących nam genów. Obecnie, mniej więcej siedem lat od rozpoczęcia tego przedsięwzięcia, naukowcy dużo lepiej poznali mikroby znajdujące schronienie w naszych ciałach, co staje się podwaliną dla nowej, kompletnej wizji spersonalizowanej medycyny.

Wraz z rozwojem technologii, indywidualny mikrobiom, mimo że niemal stukrotnie większy niż genom ludzki, dostarczy nam mnóstwa informacji o mikrobowym światku w naszym wnętrzu. Teraz jesteśmy w stanie stawiać pytania w rodzaju: Jak zmienia się mikroflora u osób cierpiących na dane schorzenie? Jak różne czynniki, od posiadania psa po jedzenie wodorostów, wpływają na mikroflorę? Jak szybko zmieni się mikroflora po zmianie diety?

Obecnie badania nad mikroflorą przechodzą przez fazę podobną do HGP, a laboratoria rozsiane po całym świecie używają nowoczesnych technik do sporządzenia powszechnego spisu naszych jelitowych mieszkańców. Wiele instytutów wykorzystuje najnowocześniejsze metody, aby rozszerzyć naszą wiedzę jeszcze bardziej, poza samą znajomość sekwencji DNA. Pozwoli to zbadać różnorodność biologii mikroflory i charakter całego morza związków chemicznych produkowanych przez nie w naszym ciele. W następnej dekadzie osiągniemy taki poziom zrozumienia naszego związku z mikroflorą, że z pewnością wpłynie on na sposoby zapobiegania wielu chorobom i ich leczenia.

Podczas gdy naukowcy pionierzy zdobywają nowe szczyty, wzrasta świadomość błędów popełnianych w zbyt optymistycznych prognozach wielkiej rewolucji w medycynie, którą obiecywał HGP. Nietrudno wyobrazić sobie narastającą niechęć, gdyby oczekiwania znów okazały się na wyrost. W przypadku tak złożonego systemu, jakim jest mikroflora, przekuwanie wiedzy naukowej w konkretne terapie medyczne może trochę potrwać. Ale też usilne tłumienie nadziei na oczekiwane korzyści wynikające z prozdrowotnych zdolności mikroflory (ten temat porusza zarówno naukowców, jak i nie-naukowców) przypomina trochę podarowanie dziecku na 18. urodziny nowiutkiego ferrari i jednoczesne poproszenie go o wstrzymanie się od używania auta jeszcze przez kilka lat. Wyobraź sobie naukowca mówiącego rodzicom autystycznego dziecka: „Tak, znaleźliśmy zależność między chorobą twojego dziecka a mikroflorą jelitową, ale badamy to bardzo ostrożnie i odezwiemy się za kilka lub kilkanaście lat".

ZAPOMNIANY ORGAN

Niecałe 10 lat temu, kiedy dopiero zaczynaliśmy poznawać mikroby jelitowe, odnosiliśmy wrażenie, jakbyśmy badali nowy organ ludzkiego ciała. W rzeczy samej, mikroflora dość często jest nazywana zapomnianym organem. Z jednej strony mieliśmy tak niewiele informacji o tym, jak funkcjonuje mikroflora, jakie typy bakterii są w niej obecne i jak ten organ wpływa na nasze zdrowie. Z drugiej strony towarzyszyła nam nadzieja, że mikroflora mogłaby pomóc w łagodzeniu niektórych chorób.

W każdej nowej dziedzinie nauki musi pojawić się czas „zbierania znaczków". Naukowcy więc spędzili kilka ostatnich lat na katalogowaniu rodzajów bakterii żyjących w naszych jelitach. Projekt Poznania Mikrobiomu Ludzkiego, wraz z innymi wysiłkami na całym świecie, odegrał znaczącą rolę w tej fazie opisowej i położył mocny fundament pod rozleglejsze badania naukowe.

Najłatwiejszym sposobem uzyskania tego spisu jest pobranie od kogoś próbki kału. W ludzkich odchodach około 60 procent suchej masy stanowią bakterie. Wystarczy zwykła ekstrakcja DNA z niecałej łyżeczki masy kału, następnie sekwencjonowanie DNA i już możemy powiedzieć, jakie bakterie żyją w naszych jelitach. Jeśli porównać bakterie fekalne z bakteriami pobranymi bezpośrednio z jelita grubego (np. w czasie kolonoskopii), obie próbki będą całkiem do siebie podobne. Ale proszenie kogoś o próbkę kału może być nieco niezręczne, zwłaszcza że naukowcy raczej nie są znani ze swojej przebojowości. Z tego powodu do pierwszych spisów bakterii posłużyły próbki pochodzące od samych badaczy. Oznacza to, że nieraz wracaliśmy do domu z plastikowym pojemniczkiem, a następnego dnia przynosiliśmy do pracy nasz „wkład" w rozwój nauki. Może z czasem zawstydzenie zmalało albo naukowcy zyskali większą śmiałość, a może paląca ciekawość dotycząca życia w naszych jelitach obaliła to tabu – dość, że dzisiaj w zamian za 99 dolarów (i małą próbkę kału) każdy może otrzymać listę bakterii składających się na jego mikroflorę jelitową w ramach Programu „Amerykańskie Jelita" (American Gut Project). Tysiące uczestników, którzy do tej pory wzięli w nim udział, ilustruje, jak długą drogę już przeszliśmy.

Jako dodatek do technik sekwencjonowania nowej generacji, jednym z wielkich narzędzi dostępnych do badania mikroflory jest gnotobiotyczna mysz. Gnotobiotyczny znaczy tyle co „znający życie". Myszy te mają mikroflorę, która jest dokładnie zdefiniowana i pozostaje pod kontrolą naukowców, w związku z czym życie wewnątrz tych zwierząt jest dobrze znane. Gnotobiotyczne myszy można skolonizować mikroflorą pochodzącą od człowieka – tworząc tzw. zhumanizowane myszy. Ludzcy dawcy mogą być wybierani spośród pacjentów chorych na chorobę Leśniowskiego-Crohna, cukrzycę, zapalenie jelit czy otyłość. Niektóre gnotobiotyczne myszy są całkowicie sterylne, co oznacza, że w ich jelitach nie ma ani jednej bakterii. Dzięki badaniu tych sterylnych myszy wszystkie funkcje mikroflory zdobywają rosnące uznanie naukowców. Niektóre z tych zadań, np. wspomaganie trawienia, równoważenie układu odpornościowego, nie były zbytnią nowością. Inne, takie jak wpływ na samopoczucie i zachowanie, stanowiły kompletne zaskoczenie.

Sterylne myszy otrzymuje się poprzez krzyżowanie sterylnych mysich rodziców, ale przecież kiedyś w jakiś sposób ktoś musiał wyprodukować pierwszą sterylną mysz. Aby to uzyskać, ciężarną mysz poddano cesarskiemu cięciu, a łożysko z młodymi umieszczono w delikatnym roztworze wybielającym, by pozbyć się jakichkolwiek bakterii. Maluchy te nigdy nie miały kontaktu ze swoją matką, żeby nie zarazić się bakteriami, więc każdy z nich musiał być ręcznie karmiony przez naukowców, używających sterylnych pojemników ze sterylnym mlekiem. Badacze ci mieli niecodzienną okazję przetestować swoje umiejętności, odgrywając rolę „mysiej rodziny zastępczej".

Sterylne myszy dostają do jedzenia wyłącznie pokarm uprzednio wysterylizowany w wysokiej temperaturze i nadciśnieniu, piją wysterylizowaną wodę, śpią na wysterylizowanych wiórkach i żyją wewnątrz sterylnego balona, który nie przepuszcza nawet jednej bakterii. Te sterylne balony czy jak je nazywają naukowcy – izolatki – tworzą zupełnie odseparowane środowisko. Nawet powietrze docierające do izolatki przechodzi przez liczne filtry zapobiegające jakiemukolwiek zakażeniu. W przeciwieństwie do ludzi cierpiących na ciężki złożony niedobór odporności (*severe combined immunodeficiency*, SCID), zwany potocznie chorobą balonowego chłopca (*bubble boy disease*)[2], gnotobiotyczne myszy nie mają niedoborów odpornoś-

[2] Nazwa pochodzi od przypadku urodzonego w 1971 r. Davida Phillipa Vettera, u którego zdiagnozowano SCID (ciężkie złożone niedobory odporności). Podjęto decyzję o umieszczeniu dziecka w sterylnym pomieszczeniu w formie plastikowego „balonu", do którego prawie nikt nie miał wstępu. Po trzech latach skonstruowano drugi taki „kokon" – w domu chłopca, potem zaś trzeci (na potrzeby transportu). W historię Davida zaangażowała się też NASA; jej inżynierowie stworzyli dla chłopca specjalny kombinezon, w którym mógł się oddalić od „balonu" na mniej więcej 2,5 m. W wyniku komplikacji po przeprowadzonym przeszczepie szpiku kostnego David zmarł w 1984 r. w wieku 13 lat (przyp. red.).

ci, chociaż brak mikroflory wywiera wpływ na ich układ immunologiczny, na skutek czego nie można go nazwać zupełnie „normalnym" (więcej o tym w rozdziale 3). Co jakiś czas sterylność myszy jest potwierdzana, głównie poprzez badanie próbki kału na obecność bakterii. Jak słusznie przypuszczasz, trzymanie myszy w takich warunkach nie jest ani proste, ani tanie. Najmniejsza pomyłka, na przykład podanie niesterylnej wody albo dziurka w systemie napowietrzającym infekuje i niszczy całą kolonię myszy, marnuje miesiące badań i tysiące dolarów. Ale dzięki temu wysiłkowi naukowcy poznają tajemnice dotyczące mikroflory, których w żaden inny sposób nie można byłoby zgłębić.

MIKROFLORA STAJE NA ŚRODKU SCENY

Naszym mentorem był dr Jeffrey Gordon, z wykształcenia gastroenterolog, ale z powołania naukowiec i wizjoner w dziedzinie mikroflory. Jego laboratorium wypełnione jest rzędami plastikowych izolatek poustawianych na metalowych wózeczkach. W każdej mieści się grupka gnotobiotycznych myszy. Niektóre z nich nie mają żadnych bakterii (są sterylne; *germ-free*), inne mają właściwą sobie mikroflorę (standardowe), a jeszcze inne posiadają mikroflorę człowieka (humanizowane). Pomimo otaczania ich ogromną troską, naukowcy szybko dostrzegli, że myszy pozbawione mikroflory, chociaż jadały dużo więcej niż ich rówieśnicy o standardowej (normalnej) mikroflorze, to zazwyczaj ważyły dużo mniej. Ponadto zauważyli, że otyłe myszy posiadają inny zbiór bakterii niż myszy szczupłe. Obserwacje te po raz pierwszy wskazywały na to, iż bakterie jelitowe i przybieranie na wadze są ze sobą powiązane – ale w jaki sposób? Czy to otyłość powodowała zmianę w składzie mikroflory, czy może sama mikroflora była odpowiedzialna za wywołanie otyłości?

Ten klasyczny dylemat „jajko czy kura" bardzo często pojawia się w badaniach naukowych i czasem wcale niełatwo jest go rozstrzygnąć. Zazwyczaj możemy zaledwie powiedzieć, że dwa czynniki (w naszym przypadku mikroflora i otyłość) są skorelowane lub zbieżne, ale wcale nie muszą być powiązane przyczynowo. To właśnie tutaj zaczynamy doceniać potencjał myszy gnotobiotycznych. Zespół badawczy Jeffa przeszczepił mikroflorę z otyłych myszy do myszy szczupłych sterylnych. Nagle okazało się, że szczupłe myszy z „otyłą" mikroflorą zaczynały tyć, nawet gdy nie wprowadzano żadnych zmian w ich diecie czy w aktywności fizycznej. Naukowcy wykazali – co dla wielu jest zaskoczeniem – że sama mikroflora stanowi wystarczający czynnik zwiększania masy ciała u nawet zdrowych, szczupłych myszy. Odkrycia te wymusiły w środowisku naukowym zmianę myślenia na temat mikrobów jelitowych. Okazało się, że mikroflora nie jest tylko przypadkową zbieraniną bakterii obijających się w naszych jelitach. Bakterie te są zdolne do wywoływania ogromnych zmian w biologii swojego gospodarza i mogą być głównym czynnikiem przyczyniającym się do problemów zdrowotnych w świecie Zachodu.

Najnowsze badania pokazują, że powiązanie mikroflora–otyłość jest zaledwie wierzchołkiem góry lodowej. Dysbiozę, czyli nierównowagę mikrobiologiczną, obserwuje się u ludzi z przeróżnymi chorobami, takimi jak choroba Leśniowskiego-Crohna, syndrom metaboliczny, nowotwór jelita grubego czy nawet autyzm. W rzeczywistości coraz trudniej znaleźć stan zdrowotny, który n i e j e s t powiązany z zaburzeniami dotyczącymi mikroflory. Mimo że w wielu z tych przypadków wciąż jeszcze nie wiemy, w jakim stopniu mikroby wpływają na te choroby, stało się jasne, iż musimy przyjąć zupełnie nowy sposób myślenia o nas samych. Kolekcja bakterii żyjących w naszych jelitach jest ściśle powiązana z naszym zdrowiem w sposób, który dopiero zaczynamy rozumieć. Wraz z postępem badań naukowych nad mikroflorą, można przewidywać, że ci mikroskopijni mieszkańcy będą mieli swój udział w każdym aspekcie naszej biologii, od zdrowia układu sercowo-naczyniowego po sprawność umysłową.

POMÓŻ MIKROFLORZE KWITNĄĆ

Chociaż do pełnego poznania tajników funkcjonowania mikroflory wciąż potrzeba wielu badań, to uważamy, że istnieje już wystarczająco dużo naukowych dowodów, aby zacząć wprowadzać zmiany w naszej diecie i stylu życia. Zmiany, których celem będzie zoptymalizowanie funkcjonowania naszej mikroflory, a przez to naszego ogólnego stanu zdrowia. Wiedzę o mikroflorze jelitowej wykorzystaliśmy we własnej rodzinie, do wprowadzenia zmian w sposobie życia. Lekcje wyniesione z laboratorium i nauki czerpane od innych mikrobiologów z całego świata zmieniły nasz sposób jedzenia, to, co pakujemy dzieciom do szkoły na drugie śniadanie, jak czyścimy nasze domy i jak spędzamy wolny czas. Istnieje już wystarczająco dużo informacji na temat zmian w mikroflorze, zachodzących w różnych fazach życia człowieka, od narodzin po złotą jesień. Uświadomiwszy sobie, w jaki sposób po raz pierwszy nabywamy mikroflorę, jak i co ona spożywa, jak oddziałuje na nasz układ odpornościowy i na każdy inny aspekt biologii człowieka, jak wpływają na nią antybiotyki, możemy zacząć dokonywać świadomych wyborów, które zoptymalizują zdrowie i żywotność tej najważniejszej dla nas mikrospołeczności.

ROZDZIAŁ 2

Pierwsze etapy formowania się mikroflory jelitowej

Przed narodzinami organizm człowieka jest całkowicie sterylny, pozbawiony jakichkolwiek drobnoustrojów. Właściwie to jedyny okres w życiu, kiedy składasz się wyłącznie z ludzkich komórek. Ale w mgnieniu oka, gdy tylko opuścisz zaciszne łono matki, wchodzisz w trwały związek z mikroorganizmami. Od momentu przejścia przez kanał rodny natychmiast zaczynasz rozwijać swoją bardziej złożoną tożsamość, a zbiór wyłącznie ludzkich komórek zamienia się w ludzko-mikrobowy superorganizm, którym będziesz do końca życia. Podobnie jak wyłonienie się nowej wyspy na oceanie stwarza nowy ląd, który z czasem zostaje zasiedlony przez faunę i florę, noworodek aż prosi się o zasiedlenie przez mikroorganizmy – i trzeba przyznać, że odbywa się zażarty wyścig, kto będzie pierwszy na tym pustym terytorium.

NASI PIERWSI MIKROBOWI MIESZKAŃCY

Nowo narodzone dziecko jest niedojrzałe pod wieloma względami. Niektórzy mówią, że pierwsze trzy miesiące życia odpowiadają czwartemu trymestrowi ciąży, wtedy owija się ciasno dziecko i gra mu jak najwięcej dźwięków tzw. białego szumu, aby odtworzyć warunki zbliżone do panujących w łożysku. Każdy, kto spędził trochę czasu z noworodkiem, może zaświadczyć, że nie wydaje się on wtedy zbyt dobrze przygotowany do życia poza ciałem matki. Jego układ trawienny jest jeszcze niedojrzały, a śliska warstwa mucyny (śluzu), która pokrywa i chroni ścianę jelita, jest cienka i nieregularna, pozostawiając jelita wrażliwe na atak nikczemnych mikroorganizmów. Myszy pozbawione mikroflory mają niezwykle cienką warstwę mucyny, która dość szybko się rozrasta, gdy tylko pojawią się bakterie. Podobnie jak u tych zwierząt, gdy bakterie znajdą się w jelitach noworodka, zaczyna rozbrzmiewać symfonia ekspresji ludzkich genów. Powstające zmiany obejmują także formowanie warstwy śluzu, który w pełni pokrywa wnętrze jelit, ma odpowiednią gęstość i grubość, aby zapewnić ochronę jelita na całe życie. Pomyśl o tej warstwie jako o lepkiej wewnętrznej zbroi, trzymającej bakterie na bezpieczną odległość od komórek jelitowych i minimalizującej ryzyko, że jakiś bakteryjny rzezimieszek przeniknie ścianę jelita, dostanie się do krwiobiegu i wywoła ogólnoustrojowe zakażenie. Tworzenie takiej bariery jest gigantycznym przedsięwzięciem. Ponieważ nasze jelita mogą mieć nawet do 10 metrów długości, powierzchnia, która musi zostać pokryta śluzem (zwiększona przez kosmki i mikrokosmki jelitowe), mogłaby zająć całą podłogę niemal 200-metrowego domu – swoją drogą odkurzanie go byłoby koszmarem. Spotkanie z pierwszymi bakteryjnymi osiedleńcami ma wpływ na funkcjonalność tej warstwy mucyny, a także na to, jak układ odpornościowy noworodka zareaguje nie tylko na „dobre" bakterie, lecz także na chorobotwórcze patogenne bakterie, wirusy, pasożyty, a nawet alergeny. Jeśli warstwa śluzu jest uformowana nieprawidłowo, rezultatem będzie uszkodzona bariera, umożliwiająca przenikanie bakterii czy toksyn.

W przeciwieństwie do jelit dorosłej osoby, w jelitach noworodka wciąż obecna jest niewielka ilość tlenu, pozostającego tam jeszcze z czasów życia płodowego. Ważnym zadaniem pierwszych bakterii (tolerujących obecność tlenu) kolonizujących jelito noworodka jest zużycie pozostającego tlenu, tak aby ostatecznie wytworzyć środowisko beztlenowe. Można powiedzieć, że rolą tych pierwszych bakterii jest zaoranie podłoża i przygotowanie go pod zasiew nowych anaerobowych (beztlenowych) mikroorganizmów, które zamieszkają w nas już na zawsze. Ale to, które bakterie będą formowały wstępną mikroflorę, zależy od sposobu, w jaki dziecko przychodzi na świat.

Noworodek przechodzący przez kanał rodny kobiety jest zasiedlany przez bakterie żyjące w pochwie i odbycie matki. W pochwie żyje zwykle dużo bakterii z rodzaju *Lactobacillus*, beztlenowców, tolerujących tlen. Dzieci rodzone siłami natury zazwyczaj mają w jelitach właśnie tę grupę bakterii. Przeciśnięcie się przez kanał rodny usiany mikroorganizmami, w typowym ułożeniu główką naprzód, w połączeniu z silnymi skurczami okrężnicy w czasie porodu (lepiej pomyśl teraz o wyciskaniu tubki pasty do zębów), sprzyja kontaktowi dziecka twarzą w twarz z mikroflorą mamusi.

Chociaż cały proces może się wydawać mało higieniczny, prawdopodobnie nie jest żadnym ewolucyjnym przypadkiem, że naszemu debiutowi w świecie mikrobów towarzyszy otrzymanie solidnej dawki bakterii zaaprobowanych wcześniej przez matkę. Twoja mama pewnie nie będzie miała możliwości wybrania ci przyjaciół ani małżonka, ale okazuje się, że ma bardzo wiele do powiedzenia, jeśli chodzi o dobranie twoich bakteryjnych kompanów towarzyszących ci przez całe życie. Bakterie fekalne pochodzące z jelit matki już udowodniły, że potrafią współżyć z człowiekiem, doprowadzając go przynajmniej do wieku rozrodczego. W sumie ma więc sens, że właśnie te „sprawdzone" już mikroby dostaną pierwszeństwo w zasiedlaniu nowego lądu. Biorąc pod uwagę, że mikroby noworodka są podobne do mikrobów pochwowych biologicznej matki, a nie jakiejś innej kobiety, wygląda na to, iż od matki dostajemy nie tylko połowę genów, lecz także jej mikroflorę.

Dzieci rodzone przez cesarskie cięcie napotykają na pierwsze bakterie w zupełnie inny sposób. Najpierw mają kontakt z bakteriami żyjącymi na skórze – czyli niezupełnie tymi, na których zależało naturze. Co więcej, w przeciwieństwie do porodu pochwowego, dostarczającego dziecku mikrobów specyficznych dla jego matki, dzieci rodzone przez cesarskie cięcie nie otrzymują bakterii żyjących na skórze ich mam. Ich pierwsi bakteryjni osadnicy nie podlegają „dziedziczeniu" tak jak mikroflora pochwowa, z którą stykają się dzieci rodzone siłami natury. Naukowcy nie do końca jeszcze rozumieją, dlaczego tak się dzieje. Prawdopodobnie noworodka kolonizują bakterie bytujące na szpitalnym sprzęcie czy pochodzące ze skóry pracowników medycznych, co pomniejsza udział mikroflory matki. W porównaniu z dziećmi rodzonymi naturalnie mikroflora jelitowa dzieci urodzonych przez cesarskie cięcie zawiera więcej bakterii z rodzaju *Proteobacteria*, a mniej *Bifidobacteria* – a to już nie taka idealna proporcja, o czym dowiesz się z dalszej części tego rozdziału. Obecnie w USA więcej niż jeden na trzy porody odbywa się przez cesarkę, dlatego też teraz – jak nigdy wcześniej – ważne jest zrozumienie, jak pierwsze spotkanie z bakteriami wpływa na naszą mikroflorę i nasze zdrowie w dłuższej perspektywie.

Ostatnio publikowane wyniki badań wskazują, że dzieci urodzone przez cesarskie cięcie są w grupie zwiększonego ryzyka rozwoju niektórych chorób, poczynając od otyłości do alergii, astmy, celiakii, a nawet próchnicy. To niestety złe wieści dla maleństw, które przegapiły kontakt z bakteriami związanymi z naturalnym porodem. W wielu przypadkach cesarskie cięcie jest oczywiście absolutnie konieczne, aby dziecko urodziło się zdrowe i aby chronić życie matki. Ale teraz, gdy już wiemy, jaką rolę odgrywa naturalny poród w utworzeniu mikroflory dziecka, możemy rozważyć działania gwarantujące, że pierwszy kontakt malucha z bakteriami będzie dla niego jak najkorzystniejszy.

Rob Knight jest profesorem na Uniwersytecie Kalifornijskim w San Diego i ekspertem w określaniu, gdzie żyją jakie bakterie. Pomaga w prowadzeniu Projektu Poznania Ziemskiego Mikrobiomu (Earth Microbiome Project) – przedsięwzięcia poświęconego opisaniu kolonii mikrobowych żyjących na całym świecie, od głębin oceanów po najsuchsze pustynie. Projekt świetnie się sprawdza w identyfikowaniu bakterii bytujących we wszystkich zakamarkach ludzkiego ciała; a poprzez program „Amerykańskie Jelita" oferuje dane każdemu, kto tylko chce wiedzieć więcej o swoim wewnętrznym życiu.

Dzięki spisowi wszystkich bakterii występujących u człowieka naukowcy mogą stworzyć bazę określającą, które mikroby są zazwyczaj znajdowane w jakim miejscu oraz w jakich okolicznościach, i używać tej bazy do stwierdzania, czy obecność pewnych rodzajów mikrobów ma związek z chorobą.

Knightowi i jego żonie niedawno urodziło się dziecko za pomocą cesarskiego cięcia. Będąc świadomym różnic pomiędzy mikroflorą dzieci urodzonych naturalnie i przez cesarkę, Rob wziął sprawy w swoje ręce. Wacikami zwilżonymi śluzem z pochwy matki przetarli córkę w kilku miejscach na ciele, aby upewnić się, że będzie wystawiona na spotkanie tych samych bakterii, na które natrafiłaby w kanale rodnym. Mimo że takie działanie wydaje się małym oszustwem, prawdopodobnie jest to druga – po porodzie naturalnym – najlepsza rzecz, jaką można zrobić dla dobra przyszłej mikroflory. Choć nie jest to metoda konwencjonalna, nietrudno wyobrazić sobie, iż już w najbliższej przyszłości takie działania mogą towarzyszyć wszystkim porodom przez cesarskie cięcie. Ale zanim zaczniesz tak robić samodzielnie, skonsultuj się ze swoim lekarzem.

Obie nasze córki urodziły przez cesarskie cięcie, gdy jeszcze nie mieliśmy pojęcia, jak naturalny poród wpływa na pierwszą mikroflorę. Gdybyśmy o tym wiedzieli, wzięlibyśmy pod uwagę zaszczepianie mikroflory wacikiem. Co gorsza, nasze pierwsze dziecko zaledwie w ciągu kilku godzin po porodzie dostało antybiotyki. Pomyśl o tych dwóch silnych ciosach, jeden po drugim, które trafiły w rozwijającą się mikroflorę. Wspominamy o tym, aby pokazać, że nawet jeśli masz najlepsze intencje i wiedzę, w pewnych okolicznościach możesz dokonywać nie najkorzystniejszych dla twojej mikroflory wyborów. Jedyną informacją, którą wtedy dysponowaliśmy, były wyniki badań dotyczące suplementowania bakterii probiotycznych dla przedwcześnie urodzonych dzieci.

PRZEDWCZESNY PORÓD: ZABURZONA KOLONIZACJA MIKROFLORY

Wcześniaki zazwyczaj zmagają się z wieloma problemami zdrowotnymi. W zależności od tego, na ile przed terminem odbył się poród, mogą mieć problemy neurologiczne, niedojrzałe płuca i zwiększoną podatność na infekcje. Również ich układ pokarmowy nie jest jeszcze gotowy na funkcjonowanie w świecie mikrobów. Z powodu niedojrzałości jelit istnieje zagrożenie wystąpienia martwiczego zapalenia jelit (łac. *enterocolitis necroticans neonatotum*), groźnej choroby, w której układ odpornościowy rozpoczyna masywną reakcję zapalną w jelitach, prowadzącą do obumierania fragmentów tkanki jelitowej noworodka. Gdy proces nekrozy już się rozpoczął, często jest już bardzo trudno uratować życie dziecka. Około 20–30 procent wcześniaków, u których rozwija się martwicze zapalenie jelit, umiera. Wciąż nie wiadomo, jakie czynniki wpływają na rozwój tej choroby, ale okazuje się, że cierpiące na nią przedwcześnie urodzone dzieci mają inny skład mikroflory jelitowej niż wcześniaki, które nie chorują. A wszystkie przedwcześnie urodzone dzieci mają inną, mniej zróżnicowaną mikroflorę w porównaniu z dziećmi urodzonymi z ciąż donoszonych. Wcześniaki cierpiące na martwicze zapalenie jelit, w porównaniu z niechorującymi, mają ogólnie mniej rodzajów bakterii tworzących mikroflorę oraz więcej bakterii nienależących do zdrowej flory jelitowej. Ta zaburzona mikroflora wcześniaków z martwicą była dostrzegalna już na trzy tygodnie przed wystąpieniem pierwszych objawów choroby. Naukowcy zaczęli się zastanawiać, czy mała różnorodność gatunków wraz z rozrostem niekorzystnych mikrobów miała wpływ na rozwój nekrozy, a jeśli tak, czy suplementacja „dobrymi" bakteriami mogłaby uchronić niemowlęta przed rozwojem tego śmiertelnego powikłania przedwczesnego porodu.

Okazuje się, że u wcześniaków, które dostają korzystne bakterie należące do rodziny *Lactobacillus*, istnieje mniejsze ryzyko rozwoju martwiczego zapalenia jelit niż u noworodków, które nie są poddane takiej bakterioterapii. Wciąż jeszcze dokładnie nie wiadomo, w jaki sposób bakterie te mogą powstrzymać rozwój choroby, ale istnieją już pewne wskazówki dotyczące ich roli. Wygląda na to, że do prawidłowego rozwoju układu pokarmowego oraz do właściwej edukacji układu immunologicznego potrzebne są sygnały pochodzące od bakterii. Jest to ważne także dla donoszonych noworodków. Ale u wcześniaków, u których oba te systemy są jeszcze bardzo niedojrzałe, jelita mają prawdopodobnie dużo więcej trudności w zdobyciu i utrzymaniu dobrych bakterii jak np. *Lactobacillus*. Bakterie tego typu wysyłają sygnały niezbędne dla właściwego rozwoju jelit i układu odpornościowego, odstraszają szkodliwe bakterie i utrzymują stan zapalny w ryzach. Ponadto korzystne bakterie szczelnie pokrywają powierzchnię jelita, dzięki czemu inne chorobotwórcze mikroby nie mają gdzie się zakotwiczyć. Posiadanie dobrej kolekcji „startowych" bakterii w pierwszych momentach życia może więc mieć ogromny wpływ na zdrowie.

Nasza córeczka urodziła się o czasie, ale wiedza o tym, jak ważna jest wczesna mikroflora jelitowa, zaszczepiła nam myśl, że suplementacja bakteriami probiotycznymi może nieco zrekompensować jej niekoniecznie idealny sposób przyjścia na świat przez cesarskie cięcie i stosowanie kuracji antybiotykowej. Przez pierwsze dwa tygodnie jej pobytu w domu wsypywaliśmy zawartość dostępnych na rynku kapsułek z bakteriami *Lactobacillus GG* do jej ust. Oczywiście nie było to rygorystycznie prowadzone badanie naukowe z kontrolną grupą placebo, nie mamy więc żadnych możliwości udowodnienia, jaki efekt wywarły te działania na jej mikroflorę czy zdrowie. Ale faktem jest, że nasz maluch nie złapał grzybiczej infekcji jamy ustnej (pleśniawki), na którą w podobnych warunkach zapada większość dzieci.

Grzyby nie są bakteriami i dlatego też nie są bezpośrednio wrażliwe na działanie antybiotyków. Ale nasi bakteryjni towarzysze mogą pomagać nam w kontrolowaniu populacji grzybów zarówno na powierzchni naszego ciała, jak i w jego wnętrzu, przez chociażby zajmowanie im przestrzeni do życia. Dla porównania wyobraź sobie sklep ze sprzętem komputerowym o poranku, w pierwszym dniu rozpoczęcia gigantycznych wyprzedaży. W momencie otwarcia drzwi fala ludzi, z których większość czekała niecierpliwie całą noc, wlewa się do środka, z jazgotem rzucając się na upatrzony wcześniej produkt. Po chwili cały sklep jest po brzegi wypełniony ludźmi i w środku nie zmieści się już ani jedna osoba więcej. Przestrzeń, którą zajmują mikroby w naszym ciele, jest ograniczona, tak samo jak powierzchnia sklepu. Jeśli korzystne bakterie będą pierwsze i zajmą całe miejsce lub jego większość, to nie wystarczy go już na złe bakterie czy drożdżaki. Podobnie jak w badaniu przedwcześnie urodzonych dzieci suplementowanych probiotykami, możliwe jest, że wypełnienie tego miejsca od razu korzystnymi bakteriami wyklucza lub ogranicza ryzyko osiedlenia się bakterii chorobotwórczych, co z kolei zmniejsza ryzyko rozwoju martwiczego zapalenia jelit. Dawanie dobrym bakteriom pierwszeństwa w dostępie do rezerwuaru w jelitach może być efektywną strategią utrzymywania niechcianych mikrobów z daleka. W przypadku naszej córki jej wczesny kontakt z antybiotykami mógł przeszkodzić dobrym bakteriom w pierwszych pionierskich próbach kolonizowania jej układu pokarmowego, co z kolei mogło dać szansę grupie nieżyczliwych mikrobów, które uzyskałyby potem przewagę liczebną w jelitach. Uważamy, że dzięki suplementacji dobrymi bakteriami w czasie tworzenia się mikroflory córeczki, zdecydowanie zadziałaliśmy na jej korzyść.

CIĄŻA – CZAS ZMIAN W MIKROFLORZE MATKI

Jeśli kiedykolwiek miałeś okazję obserwować w praktyce efekty działania instynktu „wicia gniazda" u kobiety spodziewającej się dziecka: obsesyjne malowanie i dekorowanie pokoju dla dziecka, perfekcyjne układanie stosów ubranek, spędzanie morderczo długich godzin w sklepach w poszukiwaniu całego arsenału niezbędnych nosidełek, wózeczków czy bujaków, możesz uzmysłowić sobie ogrom zmian zachodzących w zachowaniu ciężarnej kobiety. W jej ciele także zachodzą liczne zmiany: na przykład poluzowanie stawów miednicy, aby dziecko łatwiej mogło przyjść na świat czy przygotowanie do produkcji siary (*colostrum* – pierwsze mleko) zapewniającej, że pierwszy odżywczy posiłek będzie gotowy od razu po porodzie. Ale jest też i inny element organizmu, który przygotowuje się na zbliżające się narodziny – mikroflora.

Po raz pierwszy spotkaliśmy Ruth Ley, gdy – podobnie jak my – odbywała po doktoracie staż w laboratorium Jeffa Gordona w St. Louis. Ruth nigdy nie odstręczało założenie wielkich kaloszy i wskakiwanie do bagnistych stojących meksykańskich wód, aby się więcej dowiedzieć o występującym tam skomplikowanym mikrobiologicznym ekosystemie. Obecnie, jako adiunkt na Uniwersytecie Cornella skupiona na mikroflorze, Ruth (wraz ze swoją grupą badawczą) postanowiła zainteresować się tym, jak złożony ekosystem w jelitach reaguje na ciążę, jedną z największych fizjologicznych zmian, których kobieta może doświadczyć.

W czasie ciąży ciało kobiety staje się inkubatorem (czymś w rodzaju izolatki dla gnobiotycznych myszy), który ma odżywiać i chronić rozwijające się nowe życie. Dla Ruth logiczne było, że i mikroflora może się dopasowywać do tego stanu. Zespół badawczy Ruth przyglądał się mikroflorze jelitowej 91 różnych ciężarnych kobiet przez całe dziewięć miesięcy. Zebrali informacje o tym, co kobiety jadły, czy chorowały na cukrzycę ciężarnych, a nawet śledzili rozwój mikroflory u ich dzieci przez cztery lata od urodzenia. Odkryli, że – podobnie jak wiele innych aspektów w biologii kobiety – w czasie ciąży mikroflora także przechodzi ogromne zmiany, począwszy od pierwszego trymestru aż do rozwiązania. Okazuje się, że pod koniec ciąży mikroflora ma mniej rodzajów bakterii niż na jej początku. Mówiąc inaczej, skład mikroflory ulegał uproszczeniu, stając się wraz z postępem ciąży coraz mniej zróżnicowany. Co więcej, w ostatnim trymestrze skład mikroflory przypominał ten występujący u osoby z otyłością.

Aby sprawdzić, jak wpływa ta „trzeciotrymestrowa" mikroflora jelitowa na swojego gospodarza, Ruth przeszczepiła ją do zdrowych niециężarnych myszy. Okazało się, że zwierzęta przybrały na wadze dużo więcej niż myszy posiadające florę „pierwszotrymestrową", mimo że obie grupy dostawały tyle samo pożywienia i nie były w ciąży. Zestaw bakterii występujący w charakterystycznej dla trzeciego trymestru mikroflorze był w stanie z takiej samej ilości pożywienia wyizolować więcej kalorii, które gospodarz mógł przechowywać w postaci dodatkowych kilogramów. Patrząc z punktu widzenia ewolucji, zdolność do maksymalizacji liczby kalorii zdobywanych z pożywienia jest dla ciężarnej wyjątkowo korzystna. Pozyskiwanie większej liczby kalorii z takiej samej porcji jedzenia jest dużym ułatwieniem dla matki, u której – wraz z rozwojem ciąży i po porodzie – zapotrzebowanie na kalorie rośnie w związku z koniecznością wykarmienia coraz większego płodu, a potem rosnącego niemowlęcia.

Zespół Ruth odkrył także, że tzw. mikroflora trzeciego trymestru, oprócz zwiększania masy ciała, może się przyczyniać do stanu zapalnego – raczej mało korzystnego objawu. Kobiety w czasie trzeciego trymestru mają więcej *Proteobacteria* (rodzaj bakterii występujących licznie w jelitach pacjentów z dysbiozą i stanami zapalnymi jelit), a mniej *Faecalibacterium* (rodzaj bakterii pomagających hamować stany zapalne). To przesunięcie pod koniec ciąży w kierunku mikroflory wywołującej zapalenie wydaje się sprzeczne z logiką, zwłaszcza jeśli właśnie ta mikroflora będzie pierwszym kolonizatorem jelit noworodka. Dlaczego organizm matki chciałby, aby dziecko było początkowo wystawione na kontakt z bakteriami wywołującymi stany zapalne?

Ku swojemu zaskoczeniu, grupa Ruth, badając mikroflorę jelitową noworodków, odkryła, że jest ona zbliżona do mikroflory charakterystycznej dla pierwszego trymestru, a nie prozapalnej „trzeciotrymestrowej". Nie wiadomo, jak i dlaczego tak się dzieje. Może bakterie „zapalne", dobrze rozwijające się w czasie ostatniego trymestru ciąży, nie są najlepiej przystosowane do jelit noworodka, więc nawet jeśli trafiają do jego układu pokarmowego, nie mogą się w nim utrzymać? Bakterie z pierwszego trymestru, mimo że mniej liczne, są obecne w mikroflorze kobiety do końca ciąży. Te mikroby zdają się najlepiej przystosowane do zasiedlenia jelit dziecka. Wydaje się, że w czasie porodu układ pokarmowy noworodka funkcjonuje jak selektor: wybiera rodzaje bakterii, które sobie zachowa, inne zaś odrzuca. Te zdolności do selekcji z pewnością są rezultatem działania czynników genetycznych, ale istnieje wiele danych naukowych mówiących, że równie ważną rolę w decydowaniu, które rodzaje bakterii będą bytować w okresie niemowlęctwa, pełnią także czynniki środowiskowe.

MLEKO MATKI: PRZEWODNIK DLA MIKROFLORY NIEMOWLĘCIA

W ciągu kilku pierwszych miesięcy życia dziecka w składzie jego mikroflory dokonują się ciągłe zmiany. W pewnych okresach jeden rodzaj bakterii dominuje, by potem z niewyjaśnionych przyczyn nagle się ulotnić, a zaczyna dominować inny rodzaj. W 2007 roku na Uniwersytecie Stanforda badano rozwijającą się mikroflorę 14 dzieci od momentu ich narodzin do ukończenia pierwszego roku życia. Kolejność, zgodnie z którą w czasie rozwoju danego ekosystemu pojawiają się i znikają różne gatunki, jest nazywana w ekologii sukcesją gatunków i kierują nią pewne reguły. Naukowcy mieli nadzieję na odkrycie tych zasad, swoistego harmonogramu, który opisuje sposób, w jaki noworodek zmierza od bycia „bezbakteryjnym" do posiadania kompletnej i złożonej mikroflory. Doszli jednak do wniosku, że budowanie mikroflory to wyjątkowo chaotyczny, niestabilny proces, zachodzący w sposób unikatowy u każdego z 14 dzieci. Tylko dwoje z nich wykazywało w miarę podobny profil mikrobiologiczny w ciągu roku trwania badania – były to jedyne bliźnięta w tym przedsięwzięciu.

Bliźnięta dwujajowe mają sporo podobnych genów, dzielą także to samo środowisko, trudno jest więc powiedzieć, czy o podobieństwie ich mikroflory zadecydowały geny, czy środowisko.

Pierwszy rok tego dość nieuporządkowanego na pierwszy rzut oka rozwoju mikroflory dowodzi, że wciąż nie do końca rozumiemy złożoność interakcji między różnymi bakteriami, które starają się utworzyć stabilny ekosystem od podstaw. Przypuszczalnie w ciągu nadchodzących lat, wraz z postępem badań nad mikroflorą, pojawi się więcej uniwersalnych reguł tłumaczących, jak bakterie tworzą tak złożoną społeczność na dziewiczym terytorium. Z pewnością wciąż niewiele jeszcze wiemy o tym, jak ludzie kolekcjonują i utrzymują swoich wewnętrznych sprzymierzeńców.

Chociaż wydaje się, że we wczesnych etapach tworzenia się mikroflory nie brakuje przypadkowości, to pewne jest, że natura nie zostawiła tego procesu zupełnie bez kontroli. Pierwszym pokarmem, jaki spożywa większość noworodków na całym świecie, jest oczywiście mleko matki. Zostało ono zaprojektowane przez siły ewolucji tak, aby maksymalnie zwiększyć szanse noworodka na przetrwanie. Organizm matki przeznacza ogromne ilości zasobów na produkcję mleka. Dzienny koszt wytworzenia wystarczającej ilości mleka dla jednego niemowlęcia to ponad 500 dodatkowych kilokalorii. Sama ciąża na przykład wymaga zaledwie około 300 dodatkowych kilokalorii dziennie. Lista składników mleka matki przypomina spis najbardziej luksusowych związków odżywczych. Jest ono bogate w tłuszcz, białko i węglowodany, i stanowi idealny pokarm dla dziecka. Jest naszpikowane szytymi na miarę przeciwciałami i innymi składnikami układu immunologicznego, które dają noworodkowi tzw. odporność bierną, niezbędną w czasie, gdy jego własny system odpornościowy dopiero się rozwija. Mleko zawiera także specjalne składniki zwane oligosacharydami ludzkiego mleka (*human milk oligosaccharides*, HMO).

HMO to zbiór węglowodanów złożonych, które są na trzecim miejscu pod względem ilości występowania w mleku, po tłuszczu i laktozie. Ich struktura chemiczna jest aż tak złożona, że człowiek nie jest w stanie sam ich strawić. Naprawdę! Jeden z głównych składników mleka matki jest niestrawialny dla niemowlęcia, które je pije. Dlaczego matka poświęca tyle cennej energii na wyprodukowanie czegoś, czego nie może spożytkować jej dziecko? Odpowiedź brzmi: HMO nie są przeznaczone do żywienia dziecka, ale do żywienia jego mikroflory. Mikroflora jelitowa, ze swoimi 25 milionami genów, da sobie radę ze strawieniem i wyciągnięciem kalorii z HMO. Tak więc kobieta w okresie laktacji nie tylko żywi swoje dziecko, lecz także przygotowuje jedzonko dla miliardów bakterii mieszkających w jego brzuszku. A na dodatek jeszcze musi po nich sprzątać, co chwila zmieniając pieluchę.

Nieprzypadkowo najsprawniej trawiącymi HMO z mleka matki są bakterie, na przykład z rodziny *Bifidobakterii*, które najczęściej bytują w mikroflorze zdrowych dzieci. Ale HMO robią znacznie więcej niż tylko odżywianie korzystnych bakterii potrzebnych dziecku na tym etapie rozwoju – pomagają osiedlić się innym typom dobrych bakterii, takim jak *Bacteroides*, które badała Abigail Salyers i inni. *Bacteroides* mają niezwykłą zdolność do funkcjonowania na pożywieniu roślinnym. Związki HMO, pomagając tym bakteriom w rozwoju, przygotowują już malucha do żywienia się pokarmem stałym. Matka zawsze stara się jak może pokierować rozwojem dziecka tak, aby potrafiło podejmować najlepsze decyzje dotyczące każdego aspektu życia w świecie, w którym tak wiele sytuacji jest poza jej kontrolą. Związki HMO ilustrują, na poziomie molekularnym, jak matka steruje jeszcze jednym procesem życiowym swojego potomka, zależnym od warunków środowiskowych – rozwojem jego mikroflory jelitowej.

Co ciekawe, w mleku matki, oprócz substancji odżywczych, znajdują się także żywe kultury bakterii, chociaż wciąż jeszcze nie wiadomo, skąd te bakterie pochodzą. Czy żyją wewnątrz gruczołów mlecznych piersi, gdzie mleko jest produkowane, i tworzą odrębną społeczność mlecznej mikroflory? A może pochodzą z innych części ciała, na przykład przedostają się do piersi z jelit matki? Jakie rodzaje bakterii są przekazywane i jaki jest ich wpływ na zdrowie dziecka? Na te pytania nauka jeszcze nie potrafi odpowiedzieć. Pewne jest natomiast, że mleko matki kształtuje rozwój mikroflory dziecka, aby zagwarantować utworzenie jak najlepszej mikroflory zasiedlającej jego jelita.

Doniesienia te boleśnie uzmysłowiły producentom sztucznych odżywek dla dzieci, jak niedoskonałe są ich wytwory, zwłaszcza jeśli chodzi o żywienie niemowlęcej mikroflory. Mając na uwadze zdrowie bakterii, niektóre firmy zaczęły wprowadzać nowe dodatki do swoich produktów premium, próbując naśladować skład mleka matki. Jednym z takich dodatków jest galaktooligosacharyd (*galacto-oligosaccharide*, GOS), który jednak wciąż znacznie odbiega od HMO zarówno pod kątem budowy chemicznej, jak i wpływu na mikroflorę. Niektóre odżywki zawierają nawet żywe bakterie probiotyczne. Obecnie jednak niewiele mamy doniesień potwierdzających, czy rzeczywiście pomagają one odżywkom lepiej naśladować mleko matki, jeśli chodzi o wpływ na dziecko i jego mikroflorę. Jak słusznie przypuszczasz, te wyjątkowe mleka mają także wyjątkową cenę. Z definicji, HMO są specyficzne wyłącznie dla człowieka, więc żadne inne zwierzę nie jest w stanie wyprodukować identycznej mieszanki związków węglowodanów. A z powodu złożonej struktury HMO jego przemysłowe wytwarzanie jest wyjątkowo kosztowne i czasochłonne. Z kolei dodawanie do odżywek różnych rodzajów bakterii probiotycznych odbywa się na razie tylko intuicyjnie, bo wciąż nie wiadomo, jaka dokładnie kompozycja bakterii jest dla dzieci najefektywniejsza. Ciągłe próby ulepszania odżywek pod kątem karmienia mikroflory na pewno przyniosą korzyści w porównaniu z wcześniejszymi produktami, ale pamiętajmy, że są one wynikiem pracy naukowców i technologów żywności od zaledwie mniej więcej 50 lat. A skład mleka matki jest rezultatem tysięcy lat ewolucji człowieka, i choć ludzie też są wyśmienitymi inżynierami, wciąż daleko im do sił ewolucji, które stworzyły odżywkę dla dzieci najlepszą z możliwych.

Amerykańska Akademia Pediatrii (*The American Academy of Pediatrics*) zaleca karmienie wyłącznie piersią przez pierwsze sześć miesięcy życia oraz kontynuację karmienia przez kolejne sześć miesięcy w połączeniu z wprowadzaniem pokarmów stałych. Światowa Organizacja Zdrowia (World Health Organization, WHO) zaleca podawanie dziecku mleka matki przez dwa lata lub dłużej. A jeśli jest to nierealne, zachęca się kobiety, aby dostarczały tyle mleka, ile to tylko możliwe. Nawet mniejsze ilości HMO i bakterii mlecznych (nie wspominając o innych licznych korzyściach zdrowotnych) pomogą w kształtowaniu mikroflory dziecka w ciągu jej pierwszego, burzliwego roku rozwoju. Skoro wiemy o istnieniu dużej niestabilności mikroflory jelitowej przed ukończeniem pierwszego roku życia, rozsądny wydaje się pogląd, że żywienie mlekiem matki w tym czasie będzie bardzo korzystne. My wybraliśmy karmienie piersią dla obojga naszych dzieci i doskonale wiemy, jak trudne może być to wyzwanie. Nasze drugie dziecko tego nie lubiło i Erica przechodziła naprawdę ciężkie chwile, próbując uczyć je picia mleka z piersi. Wiedząc, jak ważne jest to dla zdrowia malucha, zaczęliśmy aktywnie szukać pomocy u wielu specjalistów od laktacji – były to działania, których nasze ubezpieczenie zdrowotne nie pokrywało, chociaż mogły oszczędzić ubezpieczalni mnóstwa pieniędzy wydanych na późniejsze wizyty u lekarza!

Niestety w naszym społeczeństwie nie przykłada się wystarczająco dużo wagi do promocji karmienia piersią. Pamiętaj więc, że każda, nawet najmniejsza ilość twojego mleka, którą podasz dziecku, pomoże jego mikroflorze wskoczyć na właściwe tory rozwoju.

MIKROFLORA A KOLKI

Większość rodziców nie posiada się z radości, gdy urodzi im się dziecko. Zwłaszcza oczekując pierwszego potomka, często mamy w głowie romantyczny obraz pięknego życia z niemowlęciem. Po jakimś czasie – umęczeni zmienianiem dziesiątek pieluch i nocnym karmieniem – mamy nadzieję, że świetna zabawa, chichoty i śmiechy pojawią się, gdy zaczną się spokojne spacery z wózkiem i częste drzemki malucha. Ale niemal jedna czwarta wszystkich niemowląt przejawia radość krótko i rzadko, a przez większość czasu nieustannie płacze – cierpiąc z powodu kolki.

Dla rodzica kolka u dziecka jest frustrująca i rodzi poczucie bezradności. Żadne metody uspokajania nie wydają się działać. Na rynku są setki książek o kolce i wymienia się mnóstwo „sposobów” na nią: od podawania homeopatycznej wody koperkowej do umieszczania w odbycie specjalnego cewnika Windi, który ma uwolnić zbierające się gazy. Takie niestandardowe procedury są dowodem na bezsilność i desperację rodziców dziecka męczonego przez kolki.

Istnieje wiele dowodów naukowych na to, że mikroflora jelitowa może odgrywać ważną rolę w rozwoju i stopniu nasilenia dziecięcej kolki. Grupa naukowców z Holandii, na czele których stoi Willem de Vos, przyglądała się mikroflorze w ciągu pierwszych 100 dni życia 24 noworodków, z których połowa cierpiała na kolki. Odkryli, że mikroflora niemowląt z kolką była znacznie mniej zróżnicowana niż u dzieci bez kolek. Co uderzające, te z kolką miały więcej bakterii z rodzaju *Proteobacteria*, a mniej *Bifidobacteria* i *Lactobacillus*, co przypominało mikroflorę dzieci urodzonych przez cesarskie cięcie i karmionych odżywką dla niemowląt.

Nasza córka, urodzona przez cesarskie cięcie i poddana kuracji antybiotykowej, również miała kolki. Nie znaliśmy składu jej mikroflory, ale biorąc pod uwagę okoliczności, możemy podejrzewać, że była mało zróżnicowana, zawierała za dużo *Proteobacteria*, a za mało *Bifidobacteria* i *Lactobacillus*. Gdybyśmy wtedy wiedzieli o zależności między mikroflorą a kolkami, na pewno podawalibyśmy jej probiotyki z *Lactobacillus* nie tylko przez pierwsze dwa tygodnie, ale przez kolejnych kilka miesięcy, by ulżyć jej cierpieniom. Gdyby probiotyki z *Lactobacillus* nie pomagały, próbowalibyśmy podawać inne rodzaje bakterii, aż trafilibyśmy na te, które przyniosłyby dziecku ulgę. Dzisiaj mamy do wyboru całą gamę różnych probiotyków dla dzieci, jeśli więc twój maluszek cierpi na kolki, może warto porozmawiać z pediatrą na temat takiego rozwiązania. Dostarczanie HMO z mleka matki jest kolejnym stymulatorem dla rozwoju bakterii *Lactobacillus* i *Bifidobacteria*, co także może złagodzić objawy kolki.

PIERWSZE STAŁE POKARMY: SZANSA NA DŁUGOTRWAŁE ZDROWIE MIKROFLORY

Niemowlęta zaczynają jeść stały pokarm w wieku około sześciu miesięcy. Każdy, kto miał okazję zmieniać pieluchy w tym okresie, może zaświadczyć, że wywołuje on dość dużą rewolucję w układzie pokarmowym dziecka. Skład mikroflory zmienia się wtedy diametralnie i zaczyna przypominać skład mikroflory jelitowej dorosłego człowieka. Dokumentuje to naukowy opis przypadku (*case study*) – w którym śledzono rozwój mikroflory jednego dziecka od momentu narodzin do osiągnięcia 2,5 roku życia, pokazując rozwój mikroflory od noworodkowej do bardziej stabilnej, przypominającej tę dorosłego człowieka. W ciągu badania zebrano od niemowlęcia ponad 60 próbek kału oraz szczegółowo odnotowywano wszelkie zmiany w odżywianiu i jego ewentualne problemy zdrowotne. Największą zmianę w składzie mikroflory zaobserwowano w momencie wprowadzenia pierwszego stałego pokarmu, w tym przypadku groszku. Owa przygoda dziecka z pokarmem roślinnym wywołała eksplozję różnorodności mikroflory, z nagłym rozkwitem rozmaitych rodzajów bakterii wewnątrz jelit dziecka. Na chłopski rozum ta zmiana w mikroflorze ma sens. Nowe rodzaje pożywienia dostarczają nowych źródeł energii dla nowych rodzajów bakterii, co otwiera im furtkę do rozwoju. Ale najbardziej niezwykła była szybkość tej zmiany – nowe bakterie pojawiły się już w jeden dzień po zjedzeniu groszku! Wyglądało to jak magiczna sztuczka – jakby mikroflora była od dawna przygotowana na nadejście groszku, zanim cokolwiek zielonego wylądowało w jelicie.

Próbki pobrane przed wprowadzeniem pokarmu stałego wykazały, że mikroflora niemowlęcia już zawierała, choć w małej ilości, bakterie preferujące takie pożywienia pomimo karmienia wyłącznie mlekiem matki. Jak to jest możliwe? Rozwijająca się mikroflora jelitowa ma swojego informatora w postaci HMO, czyli specjalnych składników mleka matki przeznaczonych dla mikroflory. HMO dostarczają odpowiednią ilość pożywienia, aby podtrzymać przy życiu bakterie trawiące rośliny, w czasie gdy dziecko jeszcze dostaje do jedzenia wyłącznie mleko matki. Tak więc kiedy tylko pojawi się pierwsze roślinne pożywienie, bakterie już są gotowe i zaczynają szybko rozkwitać.

Wprowadzanie pokarmów stałych jest okresem najbardziej spektakularnych zmian w mikroflorze w czasie ludzkiego życia. Ponieważ ta rewolta wynika ze zmiany żywienia, logiczne wydaje się, aby podawać wtedy niemowlętom pokarm najlepszy dla rozwoju ich mikroflory. Nasze pierwsze dziecko odżywialiśmy zgodnie z ówczesnymi trendami, czyli zaczęliśmy od warzyw, takich jak groszek, marchewka, brokuły (oczywiście wszystko zmiksowane), potem wprowadzaliśmy owoce. Podawanie najpierw warzyw, a później owoców było tłumaczone tym, że jeśli dziecko dostanie wcześniej owoce, nie będzie już chciało jeść mniej słodkich warzyw. Oprócz tego karmiliśmy córkę płatkami ryżowymi, owsianymi i innymi zbożami, nabiałem oraz mięsem. Wraz z wiekiem zaczęliśmy jej podawać porcje naszego własnego jedzenia, zamiast kupować gotowe produkty dla dzieci i zawsze unikaliśmy wszelkich potraw z dziecięcej karty dań. Naszym celem było wykształcenie w niej smaku i apetytu na „prawdziwe" jedzenie, a nie na hamburgery czy nuggetsy. W wielu kulturach na całym świecie niemowlętom podaje się dokładnie to samo, co jedzą dorośli, tylko w wersji zmiksowanej. Od ryżu i strączków z przyprawami w Indiach do hummusu na Bliskim Wschodzie, a nawet tłuszczu z fok na kole podbiegunowym. Dzięki temu dzieci od małego wykształcają swój smak do rodzaju pokarmów, który będą spożywały jako dorośli.

Plan, aby żywić córkę odmianą naszej własnej diety, napotkał przeszkodę, kiedy w wieku trzech lat zaczęła mieć problemy z zaparciami. Kłopot stał się na tyle poważny, że większość wycieczek do toalety kończyła się płaczem wywołanym bolesnymi skurczami jelit. Jej cierpienie zmusiło nas, by zastanowić się nad tym, czym ją żywiliśmy, czyli właściwie nad tym, co jedliśmy sami. Gruntownie przejrzeliśmy rodzaje i typy spożywanego codziennie jedzenia – z pilnością godną naukowców, którzy przecież specjalizują się w zakresie mikroflory i zdrowia układu pokarmowego. Wydawało się nam, że kto jak kto, ale właśnie my – fachowcy – nie powinniśmy mieć dziecka z kłopotami gastrycznymi.

Ku naszemu zaskoczeniu, okazało się, że nasza dieta była raczej dość jednorodna i bardzo uboga w błonnik pokarmowy. Prowadzenie szczegółowego dzienniczka żywieniowego otworzyło nam oczy, bo wcześniej myśleliśmy, że w jadłospisie mamy mnóstwo warzyw, owoców i pełnych ziaren. A tymczasem funkcjonowaliśmy na autopilocie, wybierając w sklepie znane już produkty zawierające oczyszczoną mąkę, ser i niewielką ilość warzyw. Gdy byliśmy w szale twórczym młodych rodziców, spędzając większość dni na pracy, a w nocy niedosypiając, mieliśmy naprawdę niewiele czasu dla naszego dziecka. Przygotowywanie takiej kolacji, aby była okazją do spędzenia miłych chwil, śmiechu i nie wywoływała grymaszenia, stanowiło naprawdę atrakcyjne wyjście. Czuliśmy ogromną radość, obserwując naszego dwuletniego brzdąca pałaszującego obiad z uśmiechem na ustach, nawet jeśli do jedzenia był jasny makaron zapiekany w sosie serowym czy roztopiona mozzarella w tortilli z białej mąki. Uderzyło nas, że nasze wybory żywieniowe były raczej niewyszukane (szybkie i niedrogie), i zazwyczaj kierowaliśmy się oznakami głodu oraz zmęczenia: co można postawić na stół w krótkim czasie i będzie smakowało nawet wybrednemu maluchowi?

Zdecydowaliśmy, że musimy dokładnie zweryfikować nasz sposób odżywiania się. Skrupulatnie sprawdziliśmy ilość i rodzaj błonnika pokarmowego, który spożywaliśmy. Torebki białego ryżu, biała mąka, jasny makaron i całe mnóstwo rzeczy w bajecznie kolorowych opakowaniach (w które zazwyczaj pakuje się żywność niskiej jakości) bez skrupułów wyrzuciliśmy ze spiżarni. Puste półki wypełniliśmy pierwotnymi zbożami, takimi jak komosa ryżowa (*quinoa*), proso, dziki ryż, i całą gamą nasion roślin strączkowych. Nasze spożycie warzyw wzrosło do takiej ilości, że po zrobieniu zakupów na cały tydzień nie mogliśmy ich pomieścić w lodówce. Nie wyeliminowaliśmy mięsa całkowicie, ale częstszym źródłem białka stały się produkty strączkowe, jak fasolka czy soczewica. Po zaledwie kilku dniach takiej diety, zawierającej zdecydowanie więcej błonnika roślinnego, zaparcia u córki zniknęły i nigdy już nie powróciły. Nasza druga córka, urodzona już po kuchennej rewolucji, nigdy nie miała kłopotów z motoryką jelit. To doświadczenie dało nam cenną lekcję: karmienie dzieci tym, co sam jesz, ma sens tylko wtedy, kiedy sam odżywiasz się zdrowo. Zdrowe jedzenie, sprzyjające utrzymaniu silnej mikroflory, powinno więc dotyczyć całej rodziny.

Wierzyliśmy, że urodzenie naszej pierwszej córki przez cesarskie cięcie było powodem zasiania niewłaściwych mikrobów, pochodzących głównie ze skóry, które dodatkowo zostały dobite kuracją antybiotykową. Czynniki te, w połączeniu z naszą daleką od idealnej dietą, mogły być powodem utrzymujących się zaparć. Bez zmiany diety problemy te mogłyby się pogłębić i wraz z wiekiem dziecka doprowadzić do rozwoju znacznie poważniejszych schorzeń, jak zespół jelita drażliwego (*irritable bowel syndrome*, IBS) czy stany zapalne jelit. Ponieważ tak bardzo przejmowaliśmy się faktem, że nieprawidłowa mikroflora będzie powodem kłopotów ze zdrowiem ciągnących się przez całe życie córki, stwierdziliśmy, że wprowadzimy do naszego domu dietę opartą na produktach roślinnych. Zanim zmieniliśmy swój sposób żywienia, nakłanianie dziecka do zjadania gotowanych warzyw i walki przy stole było tak wyczerpujące, że chcieliśmy się poddać. Jednak dość szybko zauważyliśmy, iż początkowa ciężka praca i wykorzystywanie czasu posiłku na edukację dzieci, jeśli chodzi o korzyści płynące ze zdrowego jedzenia, zaczęły przynosić efekty.

Co więcej, postawiliśmy sobie wyzwanie, że jednym z elementów edukacji i wychowania naszych córek będzie nauczenie ich prawidłowego odżywiania. Teraz rzadko już są zniechęcone, widząc ugotowane brokuły, a podczas posiłku rozmawiamy o tym, jak ważne jest bycie dużym, silnym i zdrowym, mówimy też o unikaniu chorób. Opowiadamy o mikroorganizmach żyjących w ich jelitach, dzięki którym są zdrowe, i że w zamian bakterie te liczą na to, iż będą karmione warzywkami. W ciągu pięciu lat tego przedsięwzięcia czasami dawaliśmy się namówić na małe odstępstwa, pozwalając córkom zostawić na talerzu jakieś wyjątkowo nielubiane warzywo, ale działo się tak naprawdę rzadko. Owszem, wymaga to trudu, lecz nauczyliśmy się kilku sztuczek, które bardzo ułatwiają cały proces. Zdrowy deser, jak na przykład kawałek gorzkiej czekolady, naprawdę daje dużą motywację do spałaszowania talerza zupy z soczewicy. Tak jak przy każdej innej „indoktrynacji" dzieci, dotyczącej np. religii, wartości kulturowych czy norm społecznych, stosowaliśmy u naszych córek pewnego rodzaju „pranie mózgu", dając do zrozumienia, że jedzenie zdrowych posiłków jest ich absolutnie jedynym wyborem. W naszej kulturze istnieje wiele silnie zakorzenionych tradycji, np. ucztuje się z całą rodziną w ostatni czwartek listopada każdego roku[1], stoi na baczność, gdy grają hymn amerykański podczas rozpoczęcia sezonu baseballowego, a kiedy dziecku wypada mleczny ząb, umieszcza się go pod poduszką, czekając na podarek od Wróżki Zębuszki. Do tych i innych powszechnie akceptowanych zwyczajów nasza rodzina dołączyła prawidłowe odżywianie się, wspomagające zdrowie flory jelitowej. Śmieciowe jedzenie nie ma prawa wstępu do naszego domu. A ponieważ jemy to samo, co nasze dzieci, na bieżąco kształtujemy własne dobre nawyki żywieniowe.

Dzisiaj nasze dzieci mają sześć i dziewięć lat. Kiedy pytamy je, dlaczego jedzą warzywa, odpowiadają: „bo są pyszne". Udało nam się w pełni

[1] Święto Dziękczynienia – okazja do spotkania się w rodzinnym gronie i wspólnego posiłku (elementem stałym jest pieczony, nadziewany indyk i sos z żurawin, oprócz tego – zależnie od lokalnych zwyczajów – ciasto dyniowe z bitą śmietaną, różnego rodzaju puddingi, torty i inne smakołyki (przyp. red.).

zaszczepić w nich tę „religię" zdrowego jedzenia i teraz nawet nie mrugną okiem, widząc na talerzu sałatkę z jarmużem.

Jeśli martwisz się więc, że twoje dziecko jest zbyt kapryśne, a wprowadzenie większej ilości produktów roślinnych nigdy się nie uda, pomyśl, że na świecie są maluchy żywiące się owadami, wnętrznościami zwierząt czy niezliczonymi innymi dziwnymi rzeczami, które dla ludzi Zachodu są obrzydliwe i niejadalne. Jedzą to, gdyż te produkty są częścią ich kultury, nie mają więc innego wyjścia. Gdybyśmy zapytali, jak mogą wkładać coś takiego do ust, odpowiedziałyby: „bo to jest pyszne".

ATAK NA ROZWIJAJĄCĄ SIĘ SPOŁECZNOŚĆ

Podawanie antybiotyków w świecie Zachodu jest już pewnego rodzaju rytuałem dla każdego dziecka. I chociaż liczba wypisywanych recept na antybiotyki dla dzieci spada, wielu uważa, że jest wciąż zdecydowanie zbyt wysoka. Antybiotyki zabijają bakterie, także te korzystne. Flora jelitowa otrzymuje więc ogromny cios z każdą serią tych leków. To niezamierzone mordowanie naszych dobrych mikrobów, niczym bratobójcza walka, ma fatalne konsekwencje dla zdrowia w krótkiej i długiej perspektywie.

Opisane wyżej badanie nad mikroflorą niemowlęcia pokazało, jak wprowadzanie stałych pokarmów wywołało rozkwit różnorodności gatunków mikrobów. Po pierwszej kuracji antybiotykowej, którą dziecku zalecono, różnorodność ta znacznie zmalała. Nie było to szczególnie zaskakujące. Większość antybiotyków ma przecież szerokie spektrum działania, co oznacza, że zostały zaprojektowane do zabijania bardzo wielu rodzajów bakterii. Czyli atakują nie tylko bakterie chorobotwórcze, ale także te „dobre", tworzące naszą mikroflorę. Gdy kilka tygodni później przy następnej infekcji obserwowane dziecko dostało kolejną serię tego samego antybiotyku, różnorodność mikroflory już nie spadła aż tak drastycznie. Prawdopodobnie bakterie mikroflory jelitowej chorego malucha umiały się zaadaptować i wytrzymać drugi atak.

Badanie to pokazało dwa ważne sposoby działania antybiotyków na naszą mikroflorę. Po pierwsze, powodują one natychmiastowy i ogromny spadek różnorodności mikroflory. Po drugie, mimo że mikroby odbudowują się po skończonym leczeniu, mikroflora jako społeczność, czy jako ekosystem, prawdopodobnie nigdy już nie będzie taka sama. Już po pierwszej kuracji antybiotykowej mikroflora jelitowa umie się dostosować. W przypadku tego niemowlęcia stała się odporna na atak, gdy użyto tego samego antybiotyku. Nie wiadomo, czy owa adaptacja była tylko chwilowa, czy utrwaliła się na całe życie dziecka. Aktualne doniesienia naukowe mówią jednak, że mikroflora nie regeneruje się w pełni. Ponieważ bakterie jelitowe są ściśle powiązane z układem odpornościowym (więcej na ten temat w następnym rozdziale), zmiany w owej społeczności mogą mieć wpływ na powstawanie poważniejszych problemów. Stosowanie antybiotyków u dzieci jest powiązane ze zwiększonym ryzykiem rozwoju wielu chorób, takich jak astma, egzema czy nawet otyłość. Wciąż nie wiadomo dokładnie, jak antybiotykoterapie i ich konsekwencje mogą wpływać na pojawianie się tych schorzeń. Wydaje się jednak, że zaburzenia mikroflory silnie oddziałują na kłopoty zdrowotne pozornie zupełnie niezwiązane z jelitami.

PRZYTŁACZANIE MIKROFLORY

Hodowcy już od dekad wiedzą, że podawanie niskich dawek antybiotyków żywemu inwentarzowi, takiemu jak bydło, owce, kurczaki czy świnie, powoduje wzrost masy zwierząt o 15 procent. Ponieważ mięso jest sprzedawane na kilogramy, przynosi to hodowcom większe zyski. Im wcześniej zwierzęciu poda się antybiotyki, tym więcej masy mu przybędzie. Statystycznie w Ameryce każde dziecko przechodzi przynajmniej jedną kurację antybiotykową w ciągu roku. Fakty te skłoniły naukowców do zastanowienia się, czy jest możliwe, aby częsty kontakt dzieci z antybiotykami prowadził do rozwoju otyłości. Czy wraz z każdym przepisanym antybiotykiem tuczymy nasze pociechy, nieświadomie używając tych samych metod, które stosują hodowcy, tucząc zwierzęta?

U myszy laboratoryjnych, którym od wczesnego etapu życia podawano niskie dawki antybiotyków (czyli podobnie jak zwierzętom hodowlanym), wzrosła procentowa zawartość tkanki tłuszczowej. Co więcej, okazało się, że mikroflora gryzoni zaczęła przypominać składem mikroflorę osoby otyłej, różniącą się od tej u osoby szczupłej. Myszom traktowanym antybiotykami dostarczano taką samą liczbę kalorii jak myszom kontrolnym, ale potrafiły uzyskać więcej energii i przechowywać je w postaci nadprogramowych kilogramów. Ta zdolność do pozyskiwania większej ilości energii w zależności od składu mikroflory może tłumaczyć, dlaczego zwierzęta hodowlane przybierają na wadze, a także dlaczego wzrost użycia antybiotyków u dzieci towarzyszy rozwojowi otyłości.

Porównanie ponad 11 000 brytyjskich dzieci, które dostawały antybiotyki lub ich nie zażywały, pokazuje uderzające różnice w masie ich ciała. Dzieci przyjmujące wcześnie (przed ukończeniem szóstego miesiąca) antybiotyki ważyły średnio więcej niż dzieci w tym samym wieku, które antybiotyków nie dostawały. Ta różnica w masie ciała była widoczna jeszcze do trzeciego roku życia. Dzieci, którym przepisano antybiotyki po ukończeniu szóstego miesiąca życia, także ważyły więcej niż dzieci nieleczone, chociaż różnica ta nie była aż tak znamienna, jak w przypadku dzieci, które przyjmowały antybiotyki wcześniej. Dzieci poddawane kuracjom antybiotykowym między pierwszym a drugim rokiem życia ważyły zdecydowanie więcej niż ich rówieśnicy, a różnica ta utrzymywała się jeszcze przez kolejne aż 5–6 lat po leczeniu. Badania te dowodzą, że stosowanie antybiotyków na wczesnym etapie życia może mieć bezpośredni wpływ na skład mikroflory, a przez to – co bardzo niepokojące – także na tendencję do tycia, utrzymującą się długie lata po ataku dokonanym przez te leki.

LEKCJE O MIKROFLORZE Z WCZESNYCH LAT ŻYCIA

Myśląc o mikroflorze rozwijającej się w pierwszych latach życia, miejmy na uwadze pięć lekcji, które pomogą nam zapewnić tej społeczności najlepszy z możliwych startów. Po pierwsze, jak wspomniano wcześniej – dużą rolę odgrywa typ porodu. Poród naturalny dostarcza noworodkowi tych rodzajów bakterii, które przeznaczyła mu natura. Jeśli jednak nie ma na niego szans, jak było w przypadku naszych obu córek, przedyskutuj z lekarzem możliwość posmarowania dziecka wacikiem zwilżonym śluzem z pochwy jego matki. Po drugie, dostarczanie probiotyków może ratować sytuację w takich przypadkach jak przedwczesny poród, gdy mikroflora dziecka jest daleka od idealnej. Na rynku dostępnych jest wiele probiotyków przeznaczonych dla maluchów. Mogą one także pomóc, gdy twoje dziecko cierpi na kolki albo zażywa antybiotyki. Ale zanim zaczniesz podawać mu jakiekolwiek probiotyki, skonsultuj się z lekarzem pediatrą, aby ustalić, czy będą one potrzebne, a jeśli tak, to jaki szczep będzie najlepszy. Niestety, ze względu na unikatowość mikroflory każdego człowieka, częstym sposobem określenia właściwego rodzaju szczepu jest metoda prób i błędów. Powiemy o tym dokładniej w kolejnych rozdziałach.

Trzecim aspektem stymulacji rozwoju mikroflory dziecka jest karmienie piersią. Niezależnie od rodzaju porodu, naturalne karmienie daje niezwykłą szansę dostarczenia niemowlakowi probiotyków i prebiotyków „zatwierdzonych przez matkę". W przypadku naszego drugiego dziecka, urodzonego także przez cesarskie cięcie, ale nieotrzymującego antybiotyków, czuliśmy, że karmienie piersią będzie wystarczającą pomocą w rozwoju jego nieco słabszej początkowej mikroflory. Jeśli karmienie wyłącznie piersią jest niemożliwe, porozmawiaj z pediatrą o użyciu odżywki zawierającej odpowiednie pro- i prebiotyki. Ale zawsze weź pod uwagę fakt, że jakakolwiek, nawet najmniejsza ilość twojego mleka podawana choćby raz na dobę będzie dla twojego dziecka niezwykle korzystna. Mleko matki i zawarte w nim HMO pozwolą „wyhodować" zdrową mikroflorę u niemowlęcia.

W życiu malucha bywają sytuacje, kiedy nie da się uniknąć antybiotyków. Aby wyciągnąć wnioski z czwartej lekcji na temat mikroflory, powinieneś sobie uświadomić, jak szkodliwie antybiotyki oddziałują na mikroflorę. Nasze nowe podejście do wpływu antybiotyków na zdrowie mikroflory jelitowej, a przez to na zdrowie dzieci wskazuje, jak ważne jest minimalizowanie skutków tych szkód. Jednym ze sposobów łagodzenia efektów działania antybiotyków u niemowląt jest podawanie mleka matki. Dostarczanie mikrobom pożywki, jaką jest HMO, a także samych bakterii obecnych w mleku matki umożliwi im ponowne skolonizowanie jelita po ustaniu antybiotykowego sztormu. W przypadku braku mleka matki podanie odżywki dla dzieci zawierającej pre- i probiotyki może stymulować zdrowienie jelit. Jeśli dziecko musi dostać antybiotyki, ale spożywa już stały pokarm, przedyskutuj z lekarzem możliwość jednoczesnego podawania suplementów z probiotykami, jogurtu czy innych fermentowanych produktów. Jeszcze dokładnie nie wiadomo, czy stosowanie probiotyków zmniejsza długofalowe skutki działania antybiotyków, jednak probiotyki mogą chronić niemowlęta przed wywołaną patogenami biegunką, która jest częstym skutkiem ubocznym zażywania antybiotyków.

W końcu, piąta lekcja, pod wieloma względami najważniejsza, mówi, że wprowadzanie pokarmów stałych jest świetną okazją do wpajania dziecku takich nawyków żywieniowych, które utrzymają w zdrowiu jelitową społeczność i będą przynosić mu korzyści przez całe życie. Uczenie dzieci prawidłowego jedzenia może być trudne i burzliwe jak wojenne starcie. Ale bądź stanowczy w podawaniu maluchowi zdrowej żywności, nawet jeśli grymasi i odmawia skosztowania. Zwykle potrzeba kilku prób, zanim będzie chciał poznać coś nowego, a jeszcze więcej, zanim zacznie mu to smakować. Najistotniejsze jest niepoddawanie się i nieuleganie niezdrowym zachciankom. W naszej rodzinie sprawdziło się podejście polegające na tłumaczeniu dzieciom, że to one są opiekunami maleńkich form życia, które mają w sobie: mikroflory wymagającej od nich stałej troski. Wyjaśnialiśmy, że bakterie w jelitach też bywają głodne, i część jedzenia, które spożywamy, jest przeznaczona dla nas, ale inna jego część powinna być podarowana mikrobom. Takie przekonywanie powoduje, że nasze dzieci znacznie chętniej zjadają wszystkie warzywa z talerzy – czują się, jakby opiekowały się swoimi własnymi wewnętrznymi zwierzątkami.

W ostatnim rozdziale omówimy szczegółowo, jakie rodzaje produktów są najlepsze dla mikroflory, a jednocześnie smaczne dla dzieci. Pielęgnacja mikroflory zaczyna się od dnia narodzin, a im lepszy start, tym łatwiej będzie twojemu dziecku utrzymać ją w zdrowiu, a dzięki temu zachować i swoje zdrowie w dobrym stanie przez całe życie.

ROZDZIAŁ 3

Regulowanie układu odpornościowego

CZYSTOŚĆ – CO ZA DUŻO, TO NIEZDROWO

W ciągu ostatniego półwiecza w zachodnim świecie doszło do gwałtownego wzrostu liczby zachorowań na alergie i choroby autoimmunologiczne. Większość z nas, żyjących w uprzemysłowionych społeczeństwach, doświadczyła tego na własnej skórze albo ma kogoś w rodzinie, kto choruje na przykład na którąś z tych chorób: katar sienny, egzema, zapalenie skóry (*dermatitis*), choroba Leśniowskiego-Crohna, wrzodziejące zapalenie jelit, stwardnienie rozsiane.

Dlaczego obserwujemy taki wzrost zapadalności na choroby związane z układem odpornościowym? Teorii jest wiele. Niektóre winią większą ilość toksycznych chemikaliów i zanieczyszczeń w naszym otoczeniu albo przewlekły stres i depresję, które obecnie trapią nas nieustannie, w przeciwieństwie do chwilowych tylko stresów dotykających naszych przodków. Niewątpliwie każda z wymienionych wyżej chorób jest złożona i wiele czynników środowiskowych składa się na jej etiologię, nawet w przypadkach pojedynczych pacjentów. Jednak pojawia się coraz więcej dowodów na to, że główną przyczyną może być wzajemne oddziaływanie mikroflory i układu odpornościowego.

MISJA JELITA – KONTROLA UKŁADU ODPORNOŚCIOWEGO

Mikroorganizmy bytują w wielu miejscach na zewnątrz i wewnątrz naszego ciała, np. na skórze czy w jamie ustnej, ale to właśnie mikroby żyjące w jelitach tworzą wyjątkowy związek z naszym układem odpornościowym. Mikroby jelitowe znajdują się w stałym kontakcie z częścią układu immunologicznego znajdującego się w jelitach. Dialog między mikrobami a układem odpornościowym pomaga organizmowi odróżniać niegroźne ciała obce, na przykład składniki pokarmu, od groźnych, na przykład salmonelli. Logiczne jest, że twój system odpornościowy musi reagować inaczej w zależności od tego, czy zjadłeś orzeszka, czy kawałek zakażonego kurczaka. I to właśnie mikroflora pomaga wyedukować układ odpornościowy pod tym względem. Ale wpływ mikroflory na ten układ nie zawęża się tylko do jelit. Nasz ogólnoustrojowy układ odpornościowy – czyli elementy układu immunologicznego, krążące w całym organizmie – także jest instruowany dzięki komunikacji z mikroflorą.

Ponieważ na wnętrze jelita oddziałują czynniki zewnętrzne (wszak jesteśmy tylko opakowaniem dla rury pokarmowej), jest ono wyjątkowo narażone na atak najeźdźców. Wiele patogenów wykorzystuje jelita jako furtkę, przez którą przechodzą do układu krwionośnego, a stamtąd do innych organów. Ale tę „słabość" jelita i ciągłe wystawianie na otoczenie organizm potrafi obrócić na swoją korzyść.

Poszczególne elementy układu immunologicznego są wyjątkowo mobilne. Komórki odpornościowe żyjące w jelicie i „rozmawiające" z mikrobami jelitowymi mogą nagle poderwać się, opuścić jelita, wniknąć do krwiobiegu i przedostać się do dowolnego miejsca w organizmie. Komórka T, należąca do jednej z głównych klas komórek odpornościowych w ciele ludzkim, znajdująca się teraz w twoim jelicie, już jutro może pojawić się w płucach albo płynie mózgowo-rdzeniowym. I może ona pamiętać swoje kontakty z mikroflorą jelitową. Chociaż ta ruchliwość wydaje się dziwna, to jest zupełnie logiczna z punktu widzenia przetrwania organizmu. Powiedzmy, że konkretna komórka T, spędzając czas w jelitach, napotyka na atakujący patogen. Komórka ta ulega wielokrotnym podziałom, a ta grupa szybko rozsiewa się po całym organizmie, informując inne tkanki o potencjalnym zagrożeniu. Jeśli patogen przedostanie się do płuc, spotka tam czekającą już komórkę T, która od razu go rozpozna i zaatakuje. Rezydujące w jelitach komórki układu odpornościowego odgrywają więc role ważnych wartowników, bijących na alarm, gdy tylko zjawi się jakiś patogen, a następnie koordynujących sięgające od jelit po całe ciało przygotowania do potencjalnej bitwy.

Możesz wyobrazić sobie, że mikroflora jelitowa pełni funkcję kierownika ustanawiającego limity dla wrażliwości czy wielkości odpowiedzi całego układu odpornościowego. To od mikroorganizmów bytujących w jelitach zależy, czy reakcja immunologiczna będzie rozgrywać się lokalnie, tylko w obrębie jelit, jak na przykład „biegunka podróżnych", czy może obejmie cały organizm, jak reakcja dziecka na szczepionkę albo jak katar sienny.

Sprawowanie przez mikroflorę jelitową takiej centralnej funkcji we właściwym mobilizowaniu sił obronnych może niestety też oznaczać, że czasem zdarzą się pomyłki. Jeśli interakcje między mikroflorą jelitową a układem odpornościowym będą dalekie od idealnych, może na tym ucierpieć zdrowie całego organizmu. Jeżeli informacje w czasie wizji lokalnej zostaną źle zinterpretowane, układ odpornościowy może zareagować zbyt szybko i zbyt brutalnie. Biorąc pod uwagę, że układ immunologiczny da się łatwo pobudzić, w niektórych przypadkach odpowiedź może przerodzić się w autoagresję, czyli stan, gdy komórki T i inne komórki układu odpornościowego rozpoczynają walkę z zupełnie niewinnymi tkankami organizmu.

Ważnym przykładem na to, jak mikroby wpływają na rozwój chorób autoagresywnych, są badania przeprowadzone w 2011 roku przez laboratorium Kalifornijskiego Instytutu Technologii (Caltech) w Pasadenie. Sarkis Mazmanian stał na czele grupy interesującej się tym, jak mikroby żyjące w jelicie mogą wpływać na stwardnienie rozsiane, chorobę centralnego układu nerwowego, która na pierwszy rzut oka wydaje się nie mieć żadnego związku z jelitami. Mazmanian wraz z ekipą wykazał podczas eksperymentów z myszami, że siła autoagresywnego ataku na własny układ nerwowy była powiązana z różną kompozycją bakterii jelitowych.

Badanie Caltech jest jednym z wielu dowodzących, że mikroflora może kontrolować stopień i sposób odpowiedzi immunologicznej na potencjalne zagrożenia, odpowiedzi dotykającej całego organizmu. Immunolodzy, którzy do niedawna postrzegali mikroflorę jelitową tylko jako element towarzyszący przemianie jedzenia w odchody, obecnie zaczynają coraz uważniej przyglądać się mikroflorze i zdają sobie sprawę z tego, że niemożliwe jest badanie i zrozumienie większości aspektów dotyczących reakcji odpornościowych w organizmie bez wzięcia pod uwagę sposobów, w jakie mieszkańcy jelit włączają i wyłączają guziczki regulujące nasz układ immunologiczny.

UKŁAD ODPORNOŚCIOWY TAŃCZY, JAK MU ZAGRA MIKROFLORA

Często funkcje układu immunologicznego opisuje się, używając słownictwa jak z pola bitwy. Kiedy zakaźny bakcyl zaatakuje organizm, armia komórek odpornościowych i innych substancji jest mobilizowana do walki z przeciwnikiem i zdominowania go. Na przykład jeśli zjesz zainfekowany salmonellą kawałek niedopieczonego kurczaka, bakterie te będą przemieszczały się wzdłuż twojego układu pokarmowego, aż wnikną do komórek wyściełających jelita. Zakażone komórki zaczynają wydzielać morze związków zwanych cytokinami, które stanowią swego rodzaju sygnał SOS wysyłany do układu odpornościowego. Jego komórki natychmiast reagują na to wezwanie o pomoc, gromadząc się w miejscu inwazji, by skonfrontować się z wrogiem. Ostatecznie komórki B i T, piechota układu immunologicznego, rozpoczynają współpracę z innymi licznymi komórkami wyspecjalizowanymi w takich walkach w celu pozbycia się intruza.

W tym czasie gospodarz, w którym dochodzi do tej wewnętrznej utarczki, zaczyna mieć gorączkę i bóle oraz – jak to zwykle bywa przy zakażeniach salmonellą – musi często biegać do toalety. Taki opis ułatwi ci wyobrażenie sobie zażartych walk, które organizm stacza za każdym razem, gdy napotka złego mikroba. Atakowanie najeźdźców jest niewątpliwie jednym z najważniejszych zadań twojego układu odpornościowego. Właśnie taki obraz układu immunologicznego – jako armii uzbrojonej po zęby w ciężki sprzęt wojenny – towarzyszył w poprzednich dekadach rozwojowi nauki w obrębie immunologii.

Ale ostatnie przełomowe doniesienia, ułatwiające zrozumienie funkcjonowania mikroflory, położyły kres temu uproszczonemu modelowi. Wraz z coraz lepszym poznawaniem miliardów mikrobów rezydujących w naszym organizmie, immunologowie zaczęli doceniać znacznie liczniejsze, a właściwie nieustanne kontakty układu odpornościowego z mikroflorą. Układ immunologiczny nie jest tylko i wyłącznie armią gotową do walki na pierwszy sygnał obecności intruza, ale posiada też dobrze zorganizowane ministerstwo współpracy z zagranicą. Jeśli symbolicznie przedstawić odpowiedź organizmu na infekcję jako gotowość obywateli kraju do podjęcia działań wojennych, to związki z symbiotycznymi mikrobami odpowiadałyby uspokajającym wysiłkom dyplomatycznym rządu. Podobnie jak w światowej polityce, wynikiem codziennej pracy dyplomatów jest utrzymanie pokojowego nastawienia układu odpornościowego, a w czasach kryzysu – minimalizowanie liczby zbrojnych starć.

Nasz układ immunologiczny jest zaangażowany w codzienne negocjacje z mikrobami jelitowymi, dotyczące wspólnie zajmowanego terytorium, czyli... nas. Układ odpornościowy chce utrzymać bezpieczny dystans pomiędzy komórkami człowieka a komórkami mikrobów. Mikroby zaś pragną mieć bezpieczny dostęp do swojego terytorium (jelita) i nie chcą być z niego wyrzucane. Siła tych nieustannych utarczek, owego napierania i odpychania zależy od pożywienia, które zjadasz, od tego, czy spożyłeś inne bakterie pochodzące z zepsutej żywności i od wielu innych czynników. Jeśli napierające bakterie zaczną dominować w jelicie, system odpornościowy może być postawiony w stan podwyższonej czujności. Zazwyczaj napięcie rozładowuje się, a ludzkie i mikrobowe komórki osiągają coś w rodzaju rozejmu. Jednak gdy te relacje są napięte, zdenerwowany układ odpornościowy może zareagować zupełnie inaczej w jelitach lub w innym miejscu ciała, gdy zostanie sprowokowany przez prawdziwego wroga. Niczym rajdowiec wciskający pedał gazu, układ odpornościowy jest gotowy do wskoczenia na tor i natychmiastowego zareagowania. Jeśli rozejm nie zostanie zawarty, układ immunologiczny może przestawić się na jeszcze wyższe obroty (dodać gazu) i zacząć reagować nadmiernie na zagrożenia, które są ledwie zasygnalizowane. Rezultatami takich przesadnych reakcji mogą być objawy od niewielkiej alergii po bolesne wrzody okrężnicy.

Ponieważ jelito jest w stałym kontakcie z układem odpornościowym całego ciała, mikroby jelitowe oddziałują na kształtowanie odpowiedzi immunologicznej w globalnym sensie. Z kolei podejmowane pod wpływem mikrobów decyzje układu odpornościowego wpływają na sposób jego reakcji na infekcję patogenów wewnątrz jelita czy w jakimkolwiek innym miejscu, na powstanie i rozwój reakcji autoagresywnych, ale także na to, które mikroby zostaną zniszczone, a które pozostaną w jelicie jako sprzymierzona mikroflora. Część osób uważa, że układ odpornościowy powinien mieć inną nazwę, która lepiej odpowiadałaby jego prawdziwym funkcjom, na przykład „układ interakcji z mikrobami" lub „układ mikrobiologiczny". Jego oczywistą rolą jest chronienie nas przed chorobotwórczymi mikrobami, ale zdecydowanie częściej staje się on negocjatorem w sprawach dotyczących mikrobów, z którymi mamy do czynienia na co dzień. Co się stanie, jeśli te rozmowy będą rzadsze? Biorąc pod uwagę, że liczba chorób autoagresywnych we współczesnym świecie rośnie z każdym rokiem, pojawia się kusząca teoria mogąca tłumaczyć tę dysfunkcję układu odpornościowego: jesteśmy zbyt czyści.

ROZWÓJ HIPOTEZY NADMIERNEJ CZYSTOŚCI

W 1989 roku David Strachan, obecnie profesor epidemiologii na Uniwersytecie św. Jerzego w Londynie, pierwszy raz przedstawił swoją hipotezę nadmiernej czystości, która zakładała, że wzrost przypadków kataru siennego i atopowego zapalenia skóry w świecie uprzemysłowionym jest wynikiem zmniejszenia ekspozycji na czynniki patogenne. Sugerował, że ludzki system odpornościowy ewoluował w środowisku, w którym musiał każdego dnia walczyć z mnóstwem chorobotwórczych mikroorganizmów obecnych w żywności, wodzie i ogólnie w środowisku. Setki lat temu, ale także i dzisiaj w mniej rozwiniętych (tradycyjnych) społecznościach, układ odpornościowy człowieka był zatrudniony na pełen etat do ciągłego patrolowania i odpierania nigdy niekończącego się najazdu chorobotwórczych mikrobów. Ale obecnie, dzięki antybiotykom, oczyszczonej wodzie pitnej i sterylizowanemu jedzeniu, napotykamy znacznie mniej mikrobów, co powoduje redukcję zaangażowania układu immunologicznego do pracy na pół etatu. Opierając się na oryginalnych obserwacjach, że alergie występują znacznie rzadziej u dzieci, które mają liczne rodzeństwo, hipoteza nadmiernej czystości sugerowała, iż dzieci z dużych rodzin były narażone na większą liczbę chorób w swoich domach, dzięki czemu ich układ odpornościowy nieustannie zajmował się walką z infekcjami i po prostu nie miał czasu na przesadne reagowanie na pyłki czy gluten, i powodowanie przez to problemów.

Hipoteza nadmiernej czystości rozwinęła się także w oparciu o doniesienia, że dzieci wychowywane na wsi rzadziej cierpiały na alergie niż te żyjące w bardzo czystych, zamożnych domach. Nie tylko ekspozycja na mikroby chorobotwórcze, ale także na wszelkie mikroorganizmy, jak te obecne na zwierzętach wiejskich czy w kurzu, daje pożyteczne zajęcie układowi odpornościowemu. Pomimo że wciąż trwa dysputa dotycząca złożoności wzajemnego oddziaływania czynników oraz mechanizmów stojących za hipotezą czystości, jasne jest, że powszechność występowania chorób autoimmunologicznych w populacji jest ściśle związana z tym, jak bardzo owa populacja redukuje kontakty z mikroorganizmami. Odkażanie otoczenia i niszczenie mikrobów za pomocą antybiotyków są działaniami niezwykle skutecznymi w zmniejszaniu częstości występowania chorób zakaźnych w społeczeństwie. Niestety, ten nieukierunkowany masowy atak na chorobotwórcze mikroby uderzył także w „cywilów" – atakując nasze dobre mikroby, które znalazły się na linii ognia.

Czy oznacza to, że powinniśmy częściej chorować, by nasz system odpornościowy miał cały czas zajęcie i nie reagował przesadnie? Odpowiedź brzmi: nie. Wzrost występowania chorób autoimmunologicznych wydaje się ściśle związany ze wzrostem naszej czystości, a nie ze zmniejszeniem liczby infekcji. Zdecydowana większość mikrobów, na które się natykamy: lądujące na naszej skórze, przechodzące przez nas czy żyjące wewnątrz nas, nie jest chorobotwórcza. Mimo to mogą one dawać małe pstryczki w nos układowi odpornościowemu, co zmusza go do ciągłego naciskania na gaz, ale w niemal niezauważalny sposób. Te łagodne minireakcje immunologiczne zależą od regularnej interakcji z mikrobami i są niezbędne do utrzymywania układu odpornościowego w zdrowiu.

Wraz ze zwiększeniem czystości środowiska i żywności tracimy wiele okazji do natykania się na mikroby potrzebne do zajęcia czymś układu odpornościowego. Mydła antybakteryjne i odkażacze z alkoholem wydają się szerzyć szybciej, niż mikroby potrafią atakować. Dzieciaki noszą takie odkażacze jako naklejki i breloczki z wizerunkami postaci z kreskówek, przytroczone do plecaków oraz torebek na śniadanie. Sklepy spożywcze umieszczają je na drzwiach wejściowych niczym straż przeciwbakteryjną. I gdyby mało było przyklejania podkładek antybakteryjnych na każdej możliwej powierzchni, substancje antybakteryjne, takie jak triclosan, impregnują większość elementów sprzętu kuchennego, a nawet wózki sklepowe i szczoteczki do zębów. Jest też specjalna antybakteryjna łyżeczka do lodów, która każe się zastanowić nad tym, na jakie ryzyko zakażenia wystawiamy się, używając zwykłej łyżeczki! Kontakt z triclosanem jest ostatnio łączony z reakcjami alergicznymi, a jego powszechna obecność to dobry probierz wielkości obsesji społeczeństwa amerykańskiego na punkcie dezynfekowania wszystkich dziedzin życia.

Ponadto zachodni styl życia separuje nas od kontaktu z mikrobami żyjącymi w glebie, na które kiedyś napotykaliśmy często podczas uprawy roślin czy buszowania w poszukiwaniu jedzenia. Co jeszcze gorsze, obecność antybiotyków i związków bakteriobójczych nie tylko ogranicza nasz kontakt z nieszkodliwymi bakteriami, lecz także zwiększa ryzyko, że powstaną mikroby odporne na te związki. A narażenie na naprawdę niebezpieczne supermikroby, jak te obecne w szpitalach albo w zakładach przetwórstwa mięsa, nakręca spiralę, która tylko pogłębia problem. Każda pojawiająca się w mediach historia opisująca choroby wywołane zepsutym melonem, zakażoną sałatką czy hamburgerem potęguje parcie na pozbywanie się absolutnie wszystkich mikrobów, przez co sami lejemy wodę na młyn rozwoju chorób zależnych od układu odpornościowego. Unikanie ekspozycji na mikroorganizmy chorobotwórcze jest oczywiste i konieczne, ale czy istnieje sposób na odzyskanie możliwości kontaktu z korzystnymi mikroorganizmami bytującymi w środowisku bez ryzyka poważnych chorób zakaźnych?

JAK TRACIMY NAJBLIŻSZYCH PRZYJACIÓŁ

Istnieją dwa główne sposoby codziennego kontaktowania się naszego ciała z mikrobami: poprzez rezydujące w nas mikroby jelitowe oraz poprzez mikroby, na które natykamy się przejściowo, pochodzące, dajmy na to, z klawiatury komputera albo z czyjejś dłoni, którą uścisnęliśmy. Wiele dowodów sugeruje, że spadek liczby kontaktów z mikrobami, związany ze zmniejszeniem różnorodności mikroflory bądź z przebywaniem w zbyt czystym otoczeniu, prędzej czy później może przełożyć się na problemy z odpornością. Na przykład używanie antybiotyków u dzieci (co redukuje różnorodność ich mikroflory) ma związek z podwyższonym ryzykiem rozwoju astmy, rosnącym z podaniem każdej kolejnej dawki leku. Ale w domach, gdzie jest pies, ryzyko to spada. Zgodnie z tym, co mówi hipoteza nadmiernej czystości, obecność psa zwiększa ekspozycję dziecka na mikroby z otoczenia, rekompensując utratę mikrobów związaną z użyciem antybiotyku.

Należy zaznaczyć, że badania te nie wskazywały na antybiotyki jako na winowajców chorób autoimmunologicznych, co powoduje, że wracamy do wspomnianego wcześniej dylematu „co było pierwsze: jajko czy kura". Stosowanie antybiotyków u ludzi jest związane z rosnącą liczbą problemów autoimmunologicznych, ale nie wiadomo, czy przyczynę stanowi zabijanie naszych bakteryjnych osiedleńców antybiotykami. Badania prowadzone są przecież na dużych populacjach ludzi, gdzie może istnieć wiele nieuchwytnych, mylących, niekontrolowalnych czynników, bardzo trudno jest więc ustalić prawdziwe źródło tych problemów. Na przykład ludzie zażywający antybiotyki są zazwyczaj bardziej chorowici, mają więcej kłopotów z układem odpornościowym i wykazują wiele innych różnic zdrowotnych w porównaniu z osobami, które po antybiotyki sięgają rzadko. Niezależnie od przyczyny istnieją dowody wskazujące, że mikroflora może chronić przed chorobami autoimmunologicznymi. U sterylnych myszy hodowanych w ekstremalnych, kompletnie sterylnych warunkach w obecności alergenu rozwijają się ostre reakcje układu oddechowego porównywalne do astmy. Natomiast myszy skolonizowane przez kompletną mikroflorę są przed tym chronione.

Oprócz niezamierzonych szkód w mikroflorze wywołanych stosowaniem antybiotyków, mikroorganizmy doświadczają jeszcze drugiego rodzaju uszczerbku na ich różnorodności. Podane doustnie antybiotyki dość szybko wywołują spadek różnorodności mikroflory, i chociaż z czasem bakterie jelitowe potrafią się odbudować, to wcale nie jest pewne, czy dochodzi do pełnej regeneracji. W trakcie ewolucji pojawiły się pewne rodzaje mikroorganizmów, które są bardzo powszechnie spotykane u wszystkich ludzi, np. specyficzne szczepy bakterii czy pasożytów (tęgoryjec, owsiki). Ludzie żyli z nimi od wieków, dlatego gatunki te można nazwać naszymi starymi kompanami. Niektórzy z tych towarzyszy mogą wywołać chorobę, ale z uwagi na tak długotrwałą przyjaźń nasz układ odpornościowy nauczył się funkcjonować prawidłowo właśnie dzięki nim. Wraz z rozwojem cywilizacji wiele z tych gatunków jest eliminowanych, co pozbawia nasz układ immunologiczny starych znajomych, z którymi kiedyś konwersował. Wciąż są oni obecni w otoczeniu ludzi z krajów mniej rozwiniętych, ale – wraz z szerzeniem się kultury Zachodu – nadmierna higiena, antybiotyki, kiepska dieta i wiele innych czynników doprowadzają do ich wykorzeniania. Mimo że większość ludzi uważa, iż jest nam lepiej bez bakcyli i pasożytów, a zaledwie niewielu zdaje sobie sprawę ze strat ważnych bakterii, możliwe, iż nieobecność tych dawnych kumpli wywołuje większą podatność układu odpornościowego na alergie i choroby autoagresyjne.

JAK ZRÓWNOWAŻYĆ UKŁAD ODPORNOŚCIOWY

Szwadron komórek odpornościowych, żyjących w tkance wyścielającej jelita, nieustannie patroluje swój rewir, będąc w pełnej gotowości do bicia na alarm, jeśli zajdzie potrzeba. Komórki te należą do tzw. śluzówkowego układu odpornościowego, którego rolą jest strzec nas przed złymi bakteriami chcącymi przeniknąć przez jelita i wywołać infekcję. System śluzówkowy jest podsystemem ogólnego układu odpornościowego, który monitoruje interakcje z mikrobami na powierzchniach całego organizmu, narażonych na kontakt z patogenami. To ramię układu immunologicznego chroni tkanki płuc, nosa, oczu, ust, gardła i oczywiście układu pokarmowego, czyli wszystkiego, co ma na co dzień styczność ze środowiskiem zewnętrznym. Śluzówkowy układ odpornościowy nieustannie czatuje na patogenne mikroby zamierzające przedostać się do naszego organizmu. W jelitach ma on dwojakie zadanie: chronić przed przypadkowo spożytymi patogenami oraz komunikować się z rezydującymi w nas mikroorganizmami i kontrolować je.

Śluzówkowy układ odpornościowy ma dwie odnogi: jedna dość agresywnie reaguje na zagrożenia (część prozapalna), a druga wycisza impulsywną odpowiedź, gdy zagrożenie mija (część przeciwzapalna). Właściwa reakcja na mikroby jelitowe polega na nieustannym równoważeniu tych dwóch odnóg, na podobieństwo dwuosobowej huśtawki, która znajdzie się w równowadze, gdy ciężar na obu końcach będzie podobny. Jeśli huśtawka jest idealnie wyważona, zostaje osiągnięta pełna harmonia immunologiczna. Śluzówkowy układ odpornościowy nie pozwala mikrobom na zbliżenie się do ściany jelita, ale także powstrzymuje ścianę jelita przed nadmierną reakcją zapalną na te drobnoustroje. W takich warunkach mikroby jelitowe i ludzkie komórki tkanki jelitowej żyją w pokoju. Ale jeśli szala prozapalna przeważy szalę przeciwzapalną, wytrącony z równowagi układ odpornościowy wywoła nadgorliwy atak na rezydujące mikroby, co może przekształcić się w chorobę. Niestety, gdy huśtawka jest przechylona, bardzo trudno ją przywrócić do właściwej pozycji.

Choroba Leśniowskiego-Crohna i wrzodziejące zapalenie jelit są dwiema chorobami należącymi do szerokiej kategorii chorób zapalnych jelit (*inflammatory bowel diseases*, IBD), przy których pacjenci cierpią z powodu stanów zapalnych toczących się w niższych częściach układu pokarmowego. Mimo że wciąż niewiele wiadomo o przyczynach tych schorzeń, oczywiste jest, iż uczestniczą w nich zarówno czynniki genetyczne, jak i środowiskowe. Rozwój IBD wiąże się z licznymi mutacjami genetycznymi. U myszy laboratoryjnych można było wywołać objawy podobne do IBD za pomocą wprowadzania różnych mutacji genetycznych, ale choroba rozwijała się często pod jednym warunkiem – myszy te musiały mieć mikroflorę jelitową. W wielu przypadkach u hodowanych w sterylnych warunkach myszy, które nie miały w sobie mikrobów jelitowych, nie można było w ten sposób wywołać symptomów choroby. Genetyka ma wpływ na rozwój IBD niczym podkładka, na której stawia się piłkę do golfa, ale kij trzymają mikroby i dopiero one są w stanie posłać piłkę na odległe pole.

Terapia w chorobach IBD zwykle zakłada próbę przywrócenia równowagi w układzie odpornościowym, który jest mocno przechylony na stronę prozapalną. Leki immunosupresyjne mają za zadanie wyciszyć stan zapalny, a antybiotyki przetrzebić mikroflorę, by zmniejszyć czynnik podrażniający. Ale jeśli reakcja zapalna przeciwko własnym mikrobom już się rozpoczęła, niełatwo jest ją przystopować, dlatego właśnie leczenie IBD jest takie trudne. Najczęściej jedynym wyjściem jest chirurgiczne usunięcie fragmentu jelita objętego stanem zapalnym. Problemy w leczeniu tych chorób pokazują, jak delikatną sprawą jest utrzymanie stanu idealnej równowagi, jeśli chodzi o odporność. Gdy odpowiedź zapalna jest zbyt mała, mikroby mogą zaatakować tkankę jelita. Zbyt wielkie zapalenie przełącza układ odpornościowy na tryb zażartej walki podtrzymywanej ciągłą obecnością mikroorganizmów. Pacjenci z obniżoną odpornością, np. poddawani chemioterapii albo chorzy na HIV, są dobrym przykładem zagrożeń związanych z niewystarczającą kontrolą przeprowadzaną przez układ odpornościowy. Występuje u nich znacznie podwyższone ryzyko inwazji mikrobów atakujących poprzez tkankę jelitową, bo ich niewydolny układ odpornościowy nie potrafi wyegzekwować postawionego na ścianie jelita zakazu „mikrobom wstęp wzbroniony!". Z drugiej strony, osoby, u których występują hiperagresywne reakcje odpornościowe, mogą wykazywać nadmierne podrażnienie w kontaktach ze zwykłymi drobnoustrojami. Pewne rodzaje immunoterapii stosowane w leczeniu nowotworów mogą wywoływać ten stan prozapalnej nadaktywności poprzez usuwanie strażników czy hamulców, które zazwyczaj nie pozwalają na nadmierne reakcje odpornościowe. Ten typ leczenia bazuje na założeniu, że dzięki faworyzowaniu szali prozapalnej agresywnie nastawiony układ odpornościowy zaatakuje komórki rakowe. Niebezpieczeństwo z tym związane polega na tym, że nasze przyjazne bakterie jelitowe także staną się celem ataków, co doprowadzi do rozwoju stanów zapalnych jelit, jak IBD. Te kliniczne przypadki dowodzą, jak krucha jest równowaga immunologiczna i jak trudno jest kontrolować naszych jelitowych rezydentów.

Niestety nie tylko osoby z obniżoną odpornością albo te poddane immunoterapii muszą się martwić o zachowanie równowagi układu odpornościowego. Okazuje się, że zachodni styl życia także ma wpływ na przechylanie tej metaforycznej huśtawki – zagrażając delikatnej równowadze utrzymującej oba ramiona układu odpornościowego, pro- i przeciwzapalnego, w pokojowej egzystencji z naszymi mikroorganizmami. Coraz więcej badań sugeruje, że mikroflora jelitowa nie jest tylko biernym obserwatorem balansowania układu odpornościowego. Odgrywa ona jak najbardziej aktywną rolę, nadając ton sposobowi, w jaki układ immunologiczny zareaguje zarówno na nią samą, jak i na obce patogenne mikroby.

MIKROFLORA JAKO PRZEDŁUŻENIE ŚLUZÓWKOWEGO UKŁADU ODPORNOŚCIOWEGO

Ściana jelita jest wyścielona ochronną lepką warstwą mucyny (śluzu), tworzącą fizyczną barierę, która nie pozwala mikrobom jelitowym podchodzić zbyt blisko do ludzkich tkanek. Ta warstwa śluzu nie tylko trzyma mikroby na bezpieczną odległość, lecz także stanowi bogate źródło węglowodanów, którymi pewne mikroby mogą się odżywiać. Produkując tę wydzielinę, jelito dostarcza pożywki niektórym przyjaznym członkom jelitowej mikrospołeczności. Mikroby te w zamian pomagają nam w obronie jelita przed inwazją patogenów i w równoważeniu układu odpornościowego.

Patogenne *E. coli* ze zjedzonego niedosmażonego hamburgera pojawiają się w twoim układzie pokarmowym z nadzieją na szybkie i łatwe przejście przez ścianę jelita. Ale kiedy patogen ten próbuje przebić się przez wewnętrzne powierzchnie ciała, zanim w ogóle zacznie przedzierać się przez warstwę mucyny, najpierw musi skonfrontować się ze szwadronem rezydujących tam mikroorganizmów.

Bakterie jelitowe stanowią pierwszą linię obrony przed tymi najeźdźcami, tworząc barierę zarówno fizyczną, jak i biochemiczną. Mikroflora jest jak najemnik układu odpornościowego, opłacany (lepką mucyną do jedzenia) za pomoc w usuwaniu niechcianych gości, ale któremu nie ufa się aż tak, by spuścić go z oka.

Rolą mikroflory jelitowej jest nie tylko tworzenie dodatkowej bariery przeciwko patogenom, reguluje ona także poziom i czas trwania reakcji odpornościowej, tak jak lalkarz pociąga za sznurki marionetki. Gdy na przykład najeźdźcy są obecni, ale układ odpornościowy zareaguje zbyt wolno i ślamazarnie, patogeny zyskają przewagę. I odwrotnie, jeśli układ odpornościowy zareagowałby zbyt gwałtownie, mogłoby dojść do nadmiernego zapalenia, niepotrzebnego uszkodzenia tkanki lub rozwoju choroby autoimmunologicznej. Rezydujące mikroby w naprawdę wielu aspektach pociągają za sznurki układu odpornościowego, pomagając mu ustalić właściwą siłę i tempo reakcji. Mikroflora nastraja nasz układ immunologiczny w czasie jego rozwoju rozwoju w dzieciństwie i zmian zachodzących przez

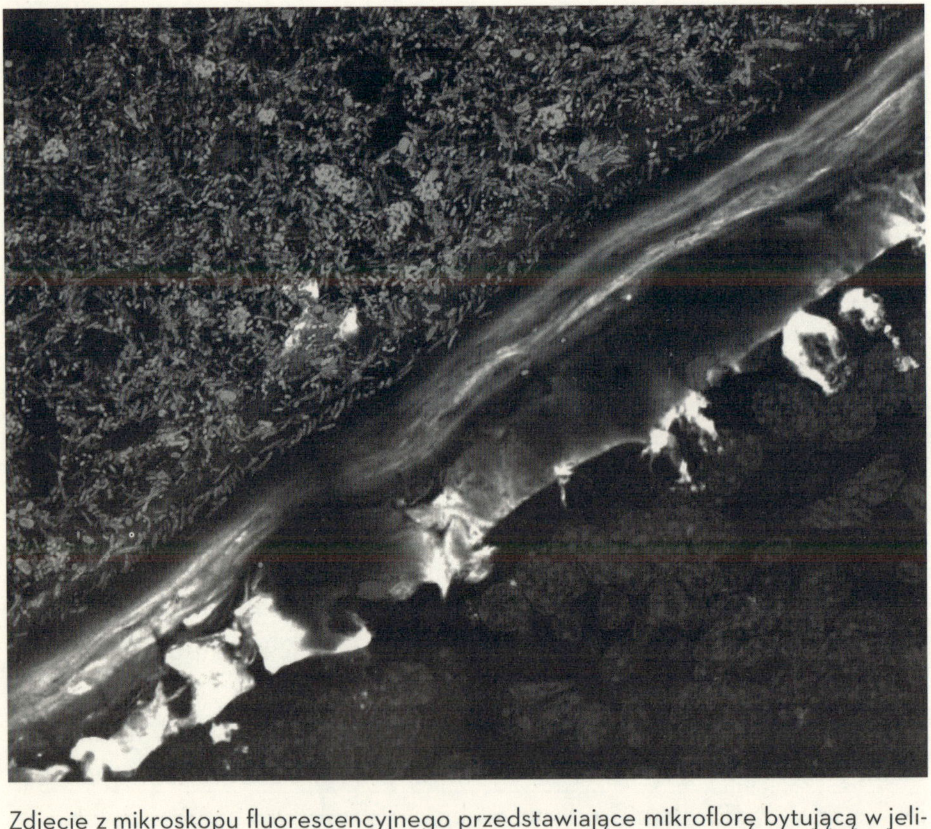

Zdjęcie z mikroskopu fluorescencyjnego przedstawiające mikroflorę bytującą w jelicie. Malutkie pałeczki w górnej lewej części obrazu to rezydujące mikroby. Warstwa mucyny to gruba smuga biegnąca ukośnie i rozdzielająca obraz. W prawym dolnym rogu znajdują się komórki jelitowe; © Kristen Earle i Justin Sonnenburg

całe życie. Dojrzewanie owego układu jest najbardziej burzliwe i widoczne w ciągu pierwszych kilku lat życia, gdy sterylny, szczelnie chroniony w łożysku płód staje się kolonizowanym noworodkiem, czy kiedy raczkujące dziecko natyka się na miliardy mikrobów. Wychodzi na to, że wystawienie się na mikroby, te malutkie żyjątka nieustannie kontrolowane przez układ odpornościowy, jest bardzo istotne dla jego prawidłowego, zwłaszcza początkowego, rozwoju.

W rozdziale 2 pisaliśmy, że myszy pozbawione mikroflory mają bardzo cienką i nieregularną warstwę mucyny wyścielającą jelita w porównaniu z myszami z tradycyjną mikroflorą. Usuń mikroorganizmy, a najważniejszy element odporności, jakim jest śluzówkowy układ odpornościowy, nie uformuje się prawidłowo. Poza różnicami w warstwie mucyny sterylne myszy wykazują także inne zmiany dotyczące wyglądu, składu i funkcjonowania śluzówkowego układu immunologicznego. Nie mają one prawie wcale rezydujących w jelitach komórek układu odpornościowego, które są niezbędne, aby reagować na podjazdy mikrobów. Część z tych braków w układzie immunologicznym sterylnych myszy może być wyrównana, gdy tylko gryzonie zostaną skolonizowane przez mikroflorę. Jednak w pewnych przypadkach niedoborów tych nie da się uzupełnić. Jeśli przywrócenie mikroflory nastąpi zbyt późno w życiu, okno możliwości pojawiające się na wczesnych etapach rozwoju zamyka się, a system odpornościowy na zawsze pozostaje niedorozwinięty. Wyobraź sobie, że gotując według nowego przepisu, zapomniałeś dodać jakiegoś składnika. Jeżeli przygotowujesz zupę i nie dosypałeś soli, możesz to po prostu zrobić później i w efekcie zupa będzie smakowała tak samo, jak gdybyś tę przyprawę dodał na początku. A teraz pomyśl, że w momencie wyciągania upieczonego ciasta z piekarnika zdałeś sobie sprawę, że zapomniałeś wcześniej dodać proszku do pieczenia. Żadna ilość proszku wmieszana na tym etapie nie naprawi tego zakalca.

Mimo że we wczesnych etapach życia człowieka nie ma możliwości funkcjonowania bez żadnej bakterii w jelicie, to da się żyć przez te pierwsze tygodnie z mocno ograniczoną liczbą mikroorganizmów, co jest związane ze stosowaniem antybiotyków i nadmiernie odkażanym otoczeniem. Mikroby, na które natykamy się w tym ważnym okresie życia, mogą wyznaczyć trwały kurs rozwoju układu odpornościowego. Należy więc pamiętać, że wychowywanie dzieci w zbyt higienicznym środowisku może mieć długofalowy, szkodliwy wpływ na ich układ odpornościowy.

OPTYMALIZACJA UKŁADU ODPORNOŚCIOWEGO ZA POMOCĄ MIKROBÓW

Wrażliwość układu immunologicznego na mikroby mieszkające w jelitach oznacza, że wspieranie niektórych szczególnych członków mikroflory decyduje o optymalizacji funkcji odpornościowych. Czy można ustalić, które mikroorganizmy najefektywniej wspomagają rozwój zdrowego układu odpornościowego i które tworzą najlepszy suplement probiotyczny wspierający odporność? Marzeniem byłaby kapsułka z przyjaznymi bakteriami, która utworzy idealnie zrównoważony układ odpornościowy, szybko zwalczy infekcje, ale pozostawi w spokoju pyłki czy orzeszki, prawda?

Niestety, złożoność śluzówkowego układu immunologicznego powoduje, że taka możliwość raczej pozostanie w sferze science fiction. Reakcje odpornościowe są zazwyczaj dyktowane przez komórki B i T, które przy zapaleniu wrzucają najwyższy bieg, wywołując w miejscu zapalenia zaczerwienienie, obrzęk, gorąco i pojawienie się ropnej wydzieliny. Z drugiej strony ważne jest zatrzymanie tych objawów po tym rozpoczęciu reakcji. Efekt ten osiąga się dzięki komórkom odpornościowym zwanym regulatorowymi komórkami T (T-reg). Niedobór komórek T-reg czasem prowadzi do nadmiernej reakcji zapalnej, która może przerodzić się w autoagresję, stany zapalne jelit (IBD) czy nawet nowotwór. Niektórzy sugerują, że niedobory T-reg dotyczą wielu ludzi Zachodu i stanowią podłoże rozwoju wielu zachodnich chorób. Zdobycie dodatkowych T-reg, jeśli byłoby to możliwe, doprowadziłoby do opracowania nowych terapii lub strategii prewencyjnych dla wielu stanów zapalnych.

Grupa badawcza Kenyi Hondy w Centrum Integracyjnych Nauk Medycznych RIKEN w Japonii odkryła, że za zapełnianie jelit komórkami T-reg odpowiedzialni są członkowie mikroflory. Honda oraz inni badacze twierdzą, że nasza współczesna mikroflora mocno podupadła przez m.in.

antybiotyki i nieprawidłowe odżywianie się, co według nich wystawia gospodarza na większe ryzyko pojawienia się alergii lub autoagresji. Zauważyli, że w Japonii liczba pacjentów z chorobami zapalnymi jelit, alergiami i stwardnieniem rozsianym gwałtownie wzrosła w ciągu kilku dekad i wciąż się zwiększa.

Grupa badawcza Hondy odkryła, że bakterie należące do typu *Firmicutes* (jednego z dwóch głównych typów bakterii bytujących w naszych jelitach) potrafią ściągać komórki T-reg do jelit myszy laboratoryjnych. Duża liczba komórek T-reg hamowała reakcje odpornościowe i czyniła te myszy mniej podatnymi na rozwój zapalenia jelita grubego, chorób autoimmunologicznych i alergii. Taka mieszanka tych bakterii jelitowych może modulować układ odpornościowy ssaków w sposób, jakiego nie zapewnia żaden ze znanych nam leków. Pytanie brzmi: skoro każdy człowiek ma inną mikroflorę, czy taki sam koktajl bakterii pomógłby każdemu? Według Hondy różnice w mikroflorze różnych ludzi będą odgrywać jednak ważną rolę. Szanse, że taki specyficzny koktajl wywoła podobne przeciwzapalne reakcje u każdego człowieka, są raczej nikłe. Jednak może to nie gatunek bakterii jest aż tak ważny, ale produkowane przez nie substancje?

Bakterie jelitowe, żywiąc się pokarmem, który mają do dyspozycji, wytwarzają substancje uboczne przeznaczone do wydalenia – swego rodzaju bakteryjne odchody (tak, nasze jelito jest także toaletą dla mikrobów). Mimo że niezbyt przyjemnie się o tym myśli, to wiele z tych bakteryjnych odpadków wcale nie jest tak szkodliwych, jak mogłoby ci się wydawać. W rzeczywistości, niektóre z tych resztek... poprawiają nasze zdrowie. Jednym z najliczniej występujących odpadków bakteryjnych są krótkołańcuchowe kwasy tłuszczowe (*short-chain fatty acids*, SCFA; więcej o tych szczególnych związkach opowiemy w następnych rozdziałach). Substancje te pomagają jelitom w zwoływaniu komórek T-reg. Dla mikroflory jelitowej ważniejsze jest nie „kto tam jest", ale „co on tam robi". Wiele różnych typów bakterii jest zdolnych do produkcji SCFA, tak więc wspieranie wytwarzania SCFA przez bakterie już obecne w jelicie może zwiększać liczbę T-reg, a przez to hamować stany zapalne. Mimo że są to dopiero wstępne badania, dostarczają kilku wskazówek, co powinniśmy mieć na uwadze, manipulując przy naszych mikrobach, aby poprawić zdrowie jelit. Magiczne mieszanki mikrobów przynoszące wielkie korzyści zdrowotne mogą nie być dostępne na rynku jeszcze przez jakiś czas. Ale skłanianie mikroflory do większej produkcji SCFA i innych ważnych chemicznych przekaźników, które równoważą układ odpornościowy, może pomóc w zapobieganiu różnym chorobom i łagodzeniu ich przebiegu.

JAK OCENIĆ, CZY CZŁONEK MIKROFLORY JEST GROŹNY I JAKIE SĄ KOSZTY JEGO EKSMISJI

Układ odpornościowy ma trudne zadanie pozbywania się z organizmu wszelkich typów spod ciemnej gwiazdy. Ale zazwyczaj eksmitowanie tych gagatków jest łatwiejszą częścią tej pracy. Układ immunologiczny w trakcie ewolucji zaopatrzył się zarówno w broń strategiczną (wyspecjalizowane przeciwciała), jak i broń masowego rażenia (np. gorączka czy biegunka), które są bardzo skuteczne w obezwładnianiu bandytów. Zdecydowanie trudniejszą częścią misji jest odróżnienie, kto jest podejrzany, a kto nie. Jeśli układ odpornościowy się pomyli, potencjalne zagrożenie może zostać niezauważone i zignorowane, albo odwrotnie – układ zaatakuje zupełnie normalne i ważne komórki ciała, jak to ma miejsce na przykład w stwardnieniu rozsianym. Ludzie także mogą mieć problem w odróżnieniu dobrych bakterii od złych, zwłaszcza że większość mikrobów mieści się w tzw. szarej strefie. Bakterie z szarej strefy bywają szkodliwe w pewnych okolicznościach albo u pewnych osób, ale w innych przypadkach mogą przynosić korzyści.

Martin Blaser jest profesorem na Uniwersytecie w Nowym Jorku i liderem badań nad wpływem na zdrowie bakterii żyjącej w żołądku człowieka *Helicobacter pylori*, znanej szerzej jako *H. pylori*. Bakteria ta może wywoływać wrzody żołądka, a czasem nawet raka żołądka. Czyli bez wątpienia ciemny typek, prawda? Środowisko medyczne też tak uważało i skazało tego mikroba na zagładę za pomocą antybiotyków.

Sytuacja jest prosta: jest diagnoza, jest leczenie. Według prof. Blasera, jeśli lekarz wykryje *H. pylori*, to należy się intruza pozbyć. Ale gdy spojrzeć na dowody, okazuje się, że tylko garstka pacjentów faktycznie powinna być poddana eradykacji *H. pylori*. O ile u niektórych ludzi bakteria ta może powodować problemy zdrowotne, o tyle wielu innych jest jej nieświadomymi nosicielami i nigdy nie zapadną na żadne schorzenia z nią związane. W rzeczywistości rosnąca liczba dowodów potwierdza, że posiadanie *H. pylori* może być nawet korzystne.

Mikrob ten zazwyczaj jest dziedziczony po rodzicach, tak więc jeśli przyszli rodzice są poddani leczeniu i utracą *H. pylori*, nie mogą już jej przekazać swoim dzieciom. Tak właśnie dzieje się w świecie Zachodu. W ciągu zaledwie kilku dekad, odkąd tylko *H. pylori* dostała etykietkę złej bakterii, jest systematycznie tępiona. Z każdym pokoleniem coraz mniej zachodnich dzieci posiada ją w żołądkach. Z pozoru może to wydawać się sukcesem – u dzieci tych nie rozwiną się zależne od *H. pylori* wrzody czy nowotwory żołądka. Ale jest też ciemna strona eradykacji *H. pylori* z populacji ludzkiej. Jak pokazały badania prof. Blasera i innych naukowców, u dzieci, które nie są skolonizowane przez *H. pylori*, występuje dużo większe ryzyko zachorowania na astmę i alergie. Chociaż nieobecność mikroba może uchronić garstkę ludzi przed problemami żołądkowymi w późniejszych latach ich życia (tylko niewielu pacjentów posiadających *H. pylori* zachoruje na wrzody czy raka), to jego brak na wczesnych etapach rozwoju wystawia dziecko na niebezpieczeństwo pojawienia się trwałych problemów zdrowotnych. Prawdopodobnie ta bakteria, która ewoluowała wraz z człowiekiem przez dziesiątki tysięcy lat, pomaga zoptymalizować funkcjonowanie układu odpornościowego. Przez eliminację tego bakteryjnego „nauczyciela" układ immunologiczny traci nieco ze swoich zdolności do odróżniania właściwego celu ataków (na przykład wirus grypy) od niewłaściwego (na przykład pyłki traw). Utrata *H. pylori* może być zaledwie wierzchołkiem góry lodowej. W miarę zwiększania się naszej wiedzy o rodzajach bakterii i innych mikroorganizmach zasiedlających układ pokarmowy naszych przodków, staje się coraz bardziej oczywiste, że nowoczesność doprowadziła do utraty kilku z uprzednio bardzo popularnych członków tego mikroskopijnego społeczeństwa.

Zanik *H. pylori* ilustruje dwa ważne fakty. Po pierwsze, nawet pojedynczy typ bakterii może instruować nasz układ odpornościowy. Zanim więc zabierzemy się za eliminację bakterii, zwłaszcza takich, które były z nami związane od tysięcy lat, należy wziąć pod uwagę szkody, jakie może to wywołać w układzie odpornościowym. Po drugie, niektóre z naszych bakterii zdają się mieć podwójną osobowość, jak doktor Jekyll i pan Hyde. Nie wiemy jeszcze, jakie czynniki zamieniają wydawałoby się przyjazną bakterię w patogen. Podział bakterii na symbiotyczne lub patogenne to chyba zbyt duże uproszczenie, nieuwzględniające zdolności mikroorganizmów do zmiany osobowości w zależności od sytuacji.

Jak to wzrastające zrozumienie niuansów i złożoności więzi człowieka z bakteriami będzie miało wpływ na ludzkie zdrowie? Profesor Blaser prognozuje, że w przyszłości lekarze będą celowo podawali *H. pylori* dzieciom i, jeśli zajdzie taka konieczność, eliminowali ją w późniejszym wieku. Eradykacja *H. pylori* dopiero w wieku poreprodukcyjnym zapewniłaby przekazanie tego mikroba i korzyści z nim związane następnym pokoleniom.

IDEALNE NASTROJENIE UKŁADU ODPORNOŚCIOWEGO

Właściwa regulacja układu immunologicznego polega na sprawdzeniu wszystkich możliwości i wybraniu tej, która pasuje najlepiej, na podobieństwo Złotowłosej próbującej obiadu z trzech różnych miseczek w domku trzech niedźwiadków[1]. Jeśli układ odpornościowy jest „zbyt gorący" (czytaj: nadmiernie reaktywny), może pojawić się choroba autoagresywna – to źle. Jeśli jest „zbyt zimny", prawdziwe zagrożenia mogą być zignorowane, co pozwoli im się rozpanoszyć i wywołać chorobę – to też niedobrze. W warunkach idealnych układ odpornościowy jest ustawiony pośrodku: niebezpieczne zagrożenia są atakowane, a nasze własne komórki i przyjazne mikroby są tolerowane.

H. pylori pokazuje, jak dużą władzę mogą mieć mikroby jelitowe nad układem immunologicznym. A jest to zaledwie jeden z wielu mikroorganizmów zdolnych do kształtowania parametrów odpornościowych. Mi-

---

[1] Autorzy odwołują się do bajki *Goldilocks and the Three Bears* (*Złotowłosa i trzy niedźwiadki*) autorstwa R. Southeya o trzech niedźwiadkach i dziewczynce o imieniu Złotowłosa. Dziewczynka, znalazłszy się w domku niedźwiedziej rodziny, używa ich krzesełek, łóżek, zjada owsiankę z miseczek. Testuje wszystkie możliwości, z których zawsze dwie jej nie pasują, a trzecia jest w sam raz. Podobnie układ odpornościowy musi poznać wszystkie ekstrema, aby odnaleźć swój złoty środek (przyp. tłum.).

kroby, które od wieków tworzyły ten ludzko-mikrobowy superorganizm, we współczesnym świecie zaczynają niestety tracić swoje akcje. Części naszego organizmu znikają. A ludzie są zależni od rezydujących w nich mikroorganizmów. Przerwanie tych istotnych więzi, na przykład przez eliminację niektórych rodzajów bakterii, może doprowadzić do niedoborów i chorób. Specyfika czy też kontekst każdej z relacji są więc niezwykle istotne do ustalenia, czy dany mikrob jest dla swojego gospodarza jednoznacznie korzystny, czy też nie.

Czy gdy już znamy istotę interakcji między układem immunologicznym a mikroflorą, mamy jakieś możliwości poprawienia stanu naszej mikroflory i odporności? Nawigując poprzez złożone meandry ludzkiego układu odpornościowego, należy wziąć pod uwagę równie złożoną naturę naszych wysoce zindywidualizowanych mikrobowych rezydentów. Ekscytacja środowiska mikrobiologów związana z odkryciem, że mikroflora może modulować reakcje odpornościowe, stale rośnie. Ale ze względów bezpieczeństwa naukowcy testujący nowe terapie w oparciu o tę wiedzę muszą być niezwykle ostrożni. To samo dotyczy naukowców szerzących zalecenia zdrowotne. Jednak my czujemy, że jest wystarczająco wiele dowodów, aby podjąć pewne bezpieczne działania, które pozytywnie wpłyną na mikroflorę i nasze zdrowie. (Oczywiście, każdą poradę należy zawsze skonsultować z lekarzem znającym historię choroby danego pacjenta).

Rodzice, którzy chcą wychować dziecko wolne od alergii i astmy, zwykle zadają następujące pytania: „Czy powinniśmy kazać dziecku myć ręce przed posiłkiem? Czy powinniśmy sprawić sobie psa? Czy nasze dzieci bawią się w brudzie wystarczająco często?". Oczywiście, na wiele z tych pytań nie ma jednej prostej odpowiedzi. Muszą one stanowić wynik analizy zysków i strat, w której argumenty za i przeciw są starannie rozważone w zależności od konkretnej sytuacji.

Przedstawimy teraz decyzje, jakie podjęła nasza rodzina w tych kwestiach.

Nasze podejście do mycia rąk jest jednym z przykładów, jak można czynnie wykorzystać napływające nowe informacje, nawet gdy brak jest definitywnej i jednoznacznej naukowej odpowiedzi. Zazwyczaj nie każemy dzieciom myć rąk przed jedzeniem, jeśli przedtem spędzały czas na naszym podwórku, bawiły się z psem czy zajmowały ogródkiem. Ale jest ono obowiązkowe po wizycie w sklepie, szpitalu, zoo czy w jakimkolwiek innym miejscu, w którym istnieje wyższe ryzyko zakażenia patogenami innych ludzi lub nieznanych zwierząt. Zwiększamy także częstość mycia rąk w czasie sezonu grypowego lub gdy mogliśmy mieć styczność z jakimiś chemikaliami (na przykład pestycydami). Jesteśmy świadomi ryzyka zarażenia się chorobotwórczymi mikroorganizmami, a w obliczu panoszenia się supermikrobów odpornych na antybiotyki ryzyko to jest duże, podejmowanie decyzji nie przychodzi więc nam z łatwością. Jednak epidemia chorób autoimmunologicznych we współczesnych społeczeństwach sugeruje, że sterylność i nadmierne działania higieniczne wcale nie są dobrym wyjściem.

Jeśli chodzi o zwierzęta domowe: posiadanie zwierzaka jest dużą odpowiedzialnością, tak więc trzymanie go w domu tylko po to, aby zwiększyć kontakt z mikrobami, nie jest rozsądne. Są przecież inne, nie tak czasochłonne metody, aby to osiągnąć.

Jednak uważamy, że dodatkowe źródło mikrobów, które pojawia się wraz z milusińskim, jest bonusem do wszystkich innych korzyści, jakie niesie ze sobą posiadanie zwierzęcia – od dobrego towarzystwa do powodu, aby każdego dnia wyjść na spacer. Właściciele psów mają na swojej skórze bakterie podobne do tych żyjących na ich zwierzaku, ale różniące się od bakterii innych psów. Nie jest żadną niespodzianką, że kontakt fizyczny z psem prowadzi do przenoszenia bakterii, prawdopodobnie w obie strony. Przenoszenie mikrobów z psów powoduje większe zróżnicowanie składu mikroflory skórnej ich właścicieli. Możliwe, że psy pozyskują swoje mikroby z takiego otoczenia, z którym ludzie mają raczej niewielką styczność, jak na przykład ze ścianki hydrantu ulicznego. Wzrost różnorodności mikrobów związany z posiadaniem psa częściowo tłumaczy, dlaczego u dzieci wychowywanych ze zwierzakiem zmniejsza się ryzyko zachorowania na alergie czy astmę.

Osoby, które nie chcą mieć psa, wcale nie muszą się martwić. Ziemia jest kolejnym sposobem na zwiększenie kontaktów z mikrobami z otoczenia. Niektórzy naukowcy szacują, że różnorodność bakterii znajdujących się w typowej próbce gleby jest mniej więcej trzykrotnie większa niż w naszych jelitach. Te zabrudzenia, które nieustannie ścieramy z butów i każemy dzieciom zmywać z rąk, są istną dżunglą, pełną mikroorganizmów. Niestety nasz strach przed spotkaniem wilka powoduje, że eliminujemy absolutnie wszystko, nawet najłagodniejszego baranka. Dowody naukowe potwierdzają, że ekspozycja na mikroby środowiskowe (jak te znajdujące się w glebie) mogłaby nam pomóc w ochronie przed chorobami autoimmunologicznymi.

Ale zanim pozwolisz swoim dzieciom budować zamek z błota albo wyrzucisz wycieraczkę, dając wstęp większej liczbie bakterii do domu, zrozum, że najpierw trzeba przeprowadzić analizę zysków i strat. W przeciwieństwie do „przyziemnego" życia naszych przodków, którzy grzebali w ziemi w poszukiwaniu jadalnych kłączy, a zamiast podłogi mieli klepisko, brud współczesnego świata bardzo często jest naszpikowany całą gamą sztucznie wytwarzanych substancji, takich jak nawozy, środki chwasto- i owadobójcze. Spożycie tych związków może zniwelować wszelkie pozytywne aspekty związane z dostarczaniem glebowych mikrobów. Jeśli więc twoje podwórko nie jest zanieczyszczone chemikaliami, grzebanie w ziemi i dłuższe niemycie rąk może przynieść ci korzyści związane z mikroorganizmami. Jeżeli jednak zaprowadzisz dzieci na plac zabaw, gdzie na trawniku nie ma nawet źdźbełka chwastu, dokładne umycie rąk będzie raczej wskazane. Uprawianie domowego ogródka, nawet jeśli jest to tylko większa donica, może być świetnym pomysłem na zwiększenie kontaktu z glebą zawierającą dobre, kompostowe bakterie.

Obecna wiedza wskazuje, że układ odpornościowy większości z nas, żyjących we współczesnym, sterylnym świecie, mógłby dużo zyskać na częstszym kontakcie z mikroorganizmami. Sposób na osiągnięcie tego stanu powinien być oczywiście bezpieczny, wygodny i musi pasować do twojego stylu życia.

ROZDZIAŁ 4

Chwilowi goście

WOŁANIE O POMOC

Niedawno bliski znajomy zwrócił się do nas po pilną poradę. Rick jest ogólnie zdrowy, ale miewa kłopoty trawienne, od zaparć po wzdęcia. Jego lekarz wspomniał mimochodem, że może pomocne będzie zażywanie probiotyków. Zwiększenie liczby pożytecznych bakterii w jelitach może bowiem przywrócić prawidłowe trawienie, a co więcej – probiotyki mogą także poprawić funkcjonowanie układu odpornościowego. Rick szybko udał się do apteki, gdzie w zrozumiałe osłupienie wprawiła go cała masa różnorakich probiotyków do wyboru. Przyszedł więc do nas z całą litanią pytań: Które probiotyki będą dobre dla kogoś takiego jak ja? Jak często powinienem je zażywać? Czy pomogą wyleczyć moje problemy gastryczne? Czy powinienem je suplementować, czy raczej pozyskiwać z jedzenia?

Termin probiotyk (z gr. *pro bios*) oznacza „dla życia, sprzyjający życiu" i został zdefiniowany przez Światową Organizację Zdrowia (WHO) jako „żywy mikroorganizm, który, podany we właściwych ilościach, przynosi korzyści zdrowotne gospodarzowi". Definicja ta oficjalnie nie obejmuje jednak wszystkich mikroorganizmów mogących nieść potencjalne korzyści, na przykład licznych gatunków mikrobów obecnych w fermentowanej żywności. Wpadają one w szarą strefę z tej prostej przyczyny że nigdy nie zostały przebadane naukowo. Na użytek tej książki, będziemy jednak stosować termin „probiotyk" do określania wszystkich „jadalnych" bakterii, które mogą być dla nas korzystne albo są reklamowane jako przynoszące korzyści zdrowotne.

Bakterie probiotyczne, w przeciwieństwie do tych bytujących w jelitach na stałe i tworzących naszą mikroflorę, są tylko chwilowymi gośćmi. Ale krótki czas ich odwiedzin wcale nie oznacza, że nie są one zauważane przez nas i naszych stałych rezydentów. Coraz więcej jest dowodów na to, że bakterie probiotyczne mogą pomóc zredukować ryzyko złapania niektórych infekcji, a jeśli już zachorujemy – przyspieszyć proces zdrowienia.

Probiotyki w inny sposób niż dieta wpływają na naszą mikroflorę, ale wraz z nią mogą dawać korzyści zdrowotne. Przechodząc przez układ pokarmowy, komunikują się z rezydującymi mikrobami i z komórkami jelitowymi. Układ odpornościowy sporo korzysta na tych interakcjach, co daje się zauważyć, gdyż ludzie przyjmujący probiotyki łatwiej i szybciej radzą sobie z przeziębieniami, grypą czy biegunkami. Choć istnieje wiele sprzecznych informacji dotyczących probiotyków, to spożywanie bakterii jest stare jak świat. Co więcej, ewolucja układu pokarmowego przebiegała nie tylko po to, aby radzić sobie z ciągłym przepływem spożywanych bakterii, ale także w celu czerpania pożytków od tych przejściowych gości.

NARODZINY FERMENTACJI

Co w swojej kuchni określiłbyś mianem najwartościowszego przedmiotu? Nie myśl o cenie, ale raczej o tym, bez czego najtrudniej byłoby ci funkcjonować. Wielu ludzi wybrałoby lodówkę. Gdy mieszkaliśmy w Saint Louis, nasze lokum znajdowało się na granicy sieci elektrycznej. Bardzo często, zwłaszcza w czasie sztormu, prąd wysiadał, ale tylko po jednej stronie ulicy. Czasem, w zależności od wielkości sztormu, prądu nie było nawet przez kilka dni; wtedy jedna część ulicy była pogrążona w kompletnych ciemnościach, a druga prowadziła normalny kilowatożerny tryb życia. W ciągu zaledwie doby po silniejszym sztormie cala ulica była poprzecinana przedłużaczami zasysającymi elektrony z mieszkań, w których prąd był, wprost do wtyczek lodówek mniej szczęśliwych sąsiadów naprzeciwko – namacalny dowód na to, jak ważna jest funkcjonująca lodówka.

Jak ludzie utrzymywali żywność w stanie świeżości przed erą nowoczesnych lodówek, drewnianych szafek z blokiem lodu, a nawet podziemnych wgłębień wyłożonych śniegiem i lodem? Jak robili to starożytni Grecy, Rzymianie i Chińczycy? W jaki sposób nasi prehistoryczni przodkowie, zwłaszcza ci żyjący w tropikalnym klimacie, bez dostępu do śniegu czy lodu, chronili żywność przed zepsuciem? Najczęściej odpowiada się, że nie chronili wcale, ale nauczyli się kontrolować procesy psucia się w taki sposób, aby wciąż była zdatna do jedzenia.

Fermentacja jest procesem, w którym mikroorganizmy konsumują cukry i wytwarzają kwasy organiczne, alkohol oraz gazy. Bardziej znane produkty fermentacji to na przykład wino i piwo, gdzie cukier z soku owocowego lub ziaren zbóż zostaje przekształcany przez drożdże na alkohol. Obecnie delektujemy się owymi upajającymi efektami fermentacji zupełnie tak samo jak nasi przodkowie, ale – co jest może ważniejsze niż samo dostarczanie wrażeń – alkohol funkcjonował jako konserwant wydłużający czas przechowywania napojów. Podobnie i pożywienie może być fermentowane przez bakterie w celu wydłużenia okresu jego ważności. Na przykład niektóre rodzaje fermentowanych serów przechowywanych w temperaturze pokojowej bywają jadalne nawet po wielu latach.

Odkrycie fermentacji było prawdopodobnie przypadkowe. Może zebrano kiedyś zbyt wielką ilość pokarmu, żeby spożyć go od razu? Skoro wiemy, że każda kaloria była niezwykle cenna, nasi przodkowie znajdowali się pod sporą presją, by nie marnować jedzenia, nawet jeśli zaczynało się ono już psuć. Wraz z odkryciem, że niektóre nadpsute pokarmy wciąż można bezpiecznie jeść, nauczyli się, jak wykorzystywać procesy fermentacji, aby zapewnić sobie dłuższy dostęp do żywności.

Podobną funkcję dzisiaj pełnią lodówki. Jednak ogromną wadą jest to, że współczesne metody konserwowania żywności w wielkim stopniu wykluczają z naszej diety mikroby. Wiemy, że zdolność organizowania się w większe grupy i podział zadań pozwoliły naszemu gatunkowi wznieść się ponad poziom zbieractwa i łowiectwa. Możliwe, że umiejętność naszych przodków kontrolowania procesów fermentacji pozwoliła im na oszczędność przeznaczanego do tej pory na zdobywanie świeżej żywności czasu, który można było poświęcić rozwojowi innych dziedzin życia.

Najwcześniejsze ślady spożywania fermentowanej żywności są datowane na ponad osiem tysięcy lat. W menu niemal każdej ludzkiej społeczności na świecie znajduje się przynajmniej jeden fermentowany produkt. Poprzez fermentację żyjące bakterie rozpoczynają dla nas procesy trawienia żywności. Jednym z najpopularniejszych wyrobów fermentowanych jest jogurt. Aby go zrobić, należy do mleka bogatego w cukier, jakim jest laktoza, dodać odpowiednie kultury bakterii. Bakterie fermentują laktozę, zamieniając ją w kwas mlekowy, który odpowiada za charakterystyczny kwaskowaty posmak napoju. Możesz pomyśleć o kubeczku jogurtu w lodówce jako o zewnętrznym układzie pokarmowym, nadtrawiającym laktozę, zanim go w ogóle weźmiesz do ust. Oznacza to, że jogurt może być spożywany przez część osób cierpiących na nietolerancję laktozy, ale ci, którzy trawią ją bez problemów, odbierają nieco kalorii swoim bakteriom. W przeszłości takie poświęcone kalorie byłyby wciąż dość niską ceną za możliwość wydłużenia przydatności produktu. We współczesnym świecie, bogatym w szybkie i łatwo dostępne kalorie, oddanie kilku z nich bakteriom nie jest już tak wielkim wyrzeczeniem. W praktyce fermentowanie żywności przez mikroby pozbawia ją cukrów prostych (np. laktozy w przypadku jogurtu). Jak wiemy, zbyt duża ilość cukrów prostych powoduje szybkie podwyższenie poziomu glukozy we krwi, co może prowadzić do problemów ze zdrowiem, np. cukrzycy typu drugiego. Bakterie w procesie fermentacji obniżają zawartość cukrów prostych w pokarmie, powodując, że staje się dla nas nieco zdrowszy. Tak więc mikroby w fermentowanej żywności przynoszą dwojakie pożytki: obniżają zawartość cukrów i wchodzą w interakcje z mikroorganizmami jelitowymi. Obserwacje pochodzące jeszcze sprzed 100 lat sugerują, że osoby spożywające dużo żywności fermentowanej zgarniają największe korzyści.

SPOSÓB NA OCHRONĘ JELIT

Ilja Miecznikow (później Élie Metchnikoff), naukowiec pochodzenia rosyjskiego z przełomu XIX i XX wieku, był szczególnie zainteresowany mikrobami i ich wpływem na układ odpornościowy. Używając mikroskopu, obserwował, jak pewne typy komórek odpornościowych z naszej krwi reagowały na intruza, zjadając go niczym Pac-Man pochłaniający kropeczki. Łącząc greckie słowa *phagein* („jeść") i *kýtos* („naczynie"), nazwał te komórki zjadające mikroby fagocytami. Dzięki odkryciu tych przypominających Pac-Mana komórek mógł pokazać, w jaki sposób układ odpornościowy pozbywa się patogennych mikrobów, za co otrzymał Nagrodę Nobla.

Pod koniec swojej kariery Miecznikow zaczął się bardziej interesować procesami starzenia się i śmierci. W 1908 roku zebrał swoje dokonania naukowe i idee w książce zatytułowanej *The Prolongation of Life: Optimistic Studies* (Wydłużenie życia: optymistyczne doniesienia). Pisał, że starzenie się i śmierć są rezultatem nagromadzenia się w naszych jelitach toksycznych odpadków wyprodukowanych głównie przez żyjące tam bakterie. Miecznikow postrzegał jelito grube jako mało wyszukany organ, który wyewoluował wyłącznie jako zbiornik na odchody. (Naukowcy, którzy spędzili większość dorosłego życia na studiowaniu mikroflory, bardzo starają się myśleć o jego podejściu po prostu jak o zbytnim uproszczeniu tematu, a nie jak o niegodnej naukowca ignorancji). Rozumował, że podczas prowadzenia długich polowań człowiek musiał mieć sposób na to, by fekalia nie wypływały z niego w sposób ciągły. Tłumaczył, że mięsożerne zwierzę, które w trakcie pogoni za ofiarą musiałoby od czasu do czasu zatrzymać się i pójść w krzaczki, byłoby na gorszej pozycji niż zwierzę, które polowałoby bez zatrzymywania się. Ale dla Miecznikowa przechowywanie odchodów w jelicie grubym miało też swoją cenę. Pisał, że o ile niektóre z bakterii jelitowych są niegroźne, o tyle inne mają właściwości prowadzące do zguby. Żywił pewność, że te destrukcyjne bakterie powodowały, iż człowiek nie może cieszyć się dłuższym życiem. Zauważywszy, że obecność kwasów organicznych w żywności hamuje procesy gnilne, czyli psucie się, uczony wysnuł wniosek, iż ludzie mogliby zmniejszyć szybkość swojego wewnętrznego gnicia, gdyby korzystali z dobrodziejstw kwasów, zwłaszcza kwasu mlekowego.

Był przekonany, że spożywanie bakterii wytwarzających kwas mlekowy (jak te obecne w jogurcie) może zakonserwować jelito w taki sam sposób, jak konserwują one mleko. Mimo iż jego mechanicystyczne tłumaczenie, dlaczego żywność fermentowana jest zdrowa, potrzebowało przeformułowania, obserwacje Miecznikowa, uwzględniające dłuższy okres życia bułgarskich chłopów pijących fermentowane produkty mleczne na co dzień, zaczęły wpływać na zmianę współczesnego podejścia do mikroorganizmów. Jego zalecenia sprzed ponad 100 lat, aby spożywać więcej bakterii, zwłaszcza produkujących kwas mlekowy, skłoniły środowisko naukowe do uznania faktu, że fermentowane wyroby mleczne mogłyby wydłużać życie. W swej mądrości pisał, że czytelnik jego książki może być zaskoczony nawoływaniem do przyjmowania większej liczby mikroorganizmów, gdyż w popularnym mniemaniu wszystkie mikroby uznaje się za szkodliwe, ale że mniemanie to jest błędne.

Wraz z pogłębianiem się naszego rozumienia działań bakterii probiotycznych w jelicie, oczywiste się stało, że teorie Miecznikowa mówiące o zakwaszaniu jelita jako głównej korzyści z bakterii, nie tworzą kompletnego obrazu sytuacji. Bakterii tych jest zaledwie maleńka garstka w stosunku do wszystkich drobnoustrojów zasiedlających jelita. A wielość sposobów ich wpływania na nasze zdrowie wydaje się nieprzystająca do ich skromnej liczby. Mogą nawet wywoływać efekty wykraczające poza jelita i wysyłać sygnały do najdalszych zakątków naszego organizmu, łącznie z mózgiem.

JELITOWI TURYŚCI: PRZECHODZĄC, ZOSTAWIAJĄ PO SOBIE ŚLAD

Jedna z podstawowych błędnych opinii dotyczących probiotyków głosi, że te żywe bakterie mogą na stałe zasiedlić nasze jelita. W rzeczywistości bakterie probiotyczne są tylko chwilowymi członkami naszej mikroflory – przychodzą wraz z pożywieniem, a potem znikają wraz z odchodami. Jeśli chodzi o *Lactobacillus*, obecne w fermentowanych produktach mlecznych, czują się najlepiej w środowisku zawierającym laktozę, na przykład w mleku. Ale nawet noworodki karmione mlekiem nie są na trwałe skolonizowane przez bakterie mleczne, znajdujące się w wyrobach fermentowanych, bo laktoza z mleka matki zostaje trawiona i wchłaniana przez niemowlę już w jelicie cienkim, a więc jest niedostępna dla mikrobów, które bytują dopiero w jelicie grubym.

Choć wiele bakterii probiotycznych może chwilowo przetrwać w naszych jelitach, nie są one jednak najlepiej przystosowane do panujących tam warunków. Nie mają narzędzi pozwalających im konsumować różne egzotyczne dania, które trafiają do jelita, ani nie mogą żywić się warstwą śluzu pokrywającą jelita. Tak więc te bakterie są tylko turystami przechodzącymi przez ludzki układ trawienny. Dlatego właśnie zwolennicy probiotyków zalecają regularne ich przyjmowanie – aby utrzymać stały strumień przepływający przez jelita. Bakterie probiotyczne są podobne do odwiedzających nowy kraj (nasze jelito) podróżnych.

Fakt, że te bakterie raczej nie zasiedzą się w naszym jelicie i że nie ma ich tak wiele w porównaniu ze stałymi rezydentami, wcale jednak nie znaczy, iż są tylko biernymi turystami. Istnieją dowody mówiące, że przechodzenie przez nas bakterii probiotycznych pobudza siły organizmu do obrony przed patogenami. Probiotyki mogą grać rolę swego rodzaju fantomów, na których trenuje nasz układ odpornościowy, by nauczyć się, jak walczyć, gdy zaatakują znacznie groźniejsze mikroby.

Ludzkie komórki, które wyścielają ścianę jelit, leżą ściśle obok siebie – jak cegły. Przestrzeń między nimi wypełniają białka pełniące funkcję cementu. Ściśle zespolona, ustawiona ściana tworzy barierę, która nie pozwala bakteriom jelitowym ani cząsteczkom trawionego pokarmu wniknąć do tkanek i naczyń krwionośnych. W warunkach idealnych bakterie pozostają w granicach oznaczonych przez tę ceglaną ścianę, czyli wewnątrz jelitowej rury. Badania sugerują, że probiotyki mogą pomagać we wzmacnianiu bariery jelitowej poprzez pobudzanie komórek jelitowych do produkcji większej ilości białkowego „cementu". Oprócz wzmacniania tej ściany, probiotyki umieją także stymulować ją do wydzielania mucyny, warstwy śluzu, która leży na powierzchni ceglanej ściany i dodatkowo chroni nas przed intruzami.

Co więcej, gdyby wzmacnianie ściany jelita i pogrubianie warstwy mucyny nie wystarczało, bakterie probiotyczne mogą także zmuszać komórki jelitowe do uwalniania związków zwanych defensynami – są to substancje należące do arsenału broni przeciwko atakującym bakteriom, wirusom i grzybom. Jeszcze nie ustalono dokładnie, które konkretnie szczepy probiotyków są zaangażowane w te działania ochronne i w jaki sposób to robią. Ponieważ coraz powszechniejsze staje się zrozumienie pozytywnego wpływu probiotyków na jelita, bardziej precyzyjne byłoby chyba nazywanie ich nie tyle turystami, ile żołnierzami sił pokojowych, którzy pomagają w uszczelnieniu granic i uciszaniu agresorów.

Bakterie probiotyczne, dzięki zdolności do wzmacniania ściany jelita i przygotowywania układu odpornościowego, powinny być ważnym sprzymierzeńcem w walce z infekcjami układu pokarmowego. Aby sprawdzić tę hipotezę, grupa naukowców z Centrum Medycznego Uniwersytetu Georgetown badała, czy doustne podawanie probiotyków może chronić dzieci przed infekcjami jelitowymi. Zebrali 638 dzieci w wieku 3–6 lat, które przychodziły do centrum opieki dziennej w okolicach Waszyngtonu. Połowa z malców została losowo przypisana do grupy otrzymującej przez 90 dni fermentowane produkty mleczne zawierające żywe kultury bakterii probiotycznych, a druga połowa – do grupy spożywającej placebo. Rodzice co tydzień wypełniali kwestionariusze dotyczące zdrowia dzieci, np. pytano o nieobecności w przedszkolu czy w szkole z powodu choroby, o to, czy zdarzały się wymioty, zaparcia, bóle brzucha, gorączka lub czy zażywały antybiotyki. Okazało się, że dzieci przyjmujące probiotyki chorowały na infekcje jelitowe o 24 procent rzadziej niż te nieotrzymujące probiotyków. Ponadto w czasie owego trzymiesięcznego badania dzieci pijące probiotyki rzadziej poddawano kuracjom antybiotykowym.

Nie jest to jedyne badanie przedstawiające zdolność probiotyków do ochrony przed infekcjami układu pokarmowego. Liczne eksperymenty udowodniły, że probiotyki w ogóle (a nie jeden konkretny szczep czy produkt) mogą pozytywnie działać w jelitach ludzi cierpiących z powodu infekcyjnej biegunki, zmniejszać zarówno czas jej trwania, jak i nasilenie. Te korzystne bakterie, dzięki wzmacnianiu naszej jelitowej bariery lub bezpośredniemu bądź pośredniemu zabijaniu patogenów (albo dzięki jeszcze jakiemuś innemu, nieodkrytemu dotąd mechanizmowi), pomagają w zwalczaniu lub przynajmniej łagodzeniu objawów zakażenia. Bakterie probiotyczne, mimo że nie są stałymi rezydentami ludzkiej mikroflory, mogą być naszymi sprzymierzeńcami w jelitowych potyczkach z patogenami.

EFEKT NIE TYLKO W JELICIE

Biorąc pod uwagę powyższe badania, można wyciągnąć logiczny wniosek, że spożywanie bakterii probiotycznych wpływa na zdrowie jelit. Podróżując przez ludzki układ pokarmowy, znajdują się w bezpośrednim kontakcie z komórkami jelit i z mikroflorą. Ale, podobnie do rezydujących mikrobów, bakterie probiotyczne w czasie wędrówki przez jelita mogą wywoływać zmiany w naszej biologii wykraczające poza jelita i działać korzystnie na cały organizm.

Obserwując dzieci w ośrodku opieki dziennej w Waszyngtonie, naukowcy odkryli, co było dość zaskakujące, że dzieci przyjmujące probiotyki rzadziej zapadały nie tylko na infekcje jelitowe, ale także na infekcje górnych dróg oddechowych. Inne badania, w których uczestniczyły tysiące zażywających probiotyki ludzi w różnym wieku, również potwierdziły mniejszą podatność na infekcje górnych dróg oddechowych i rzadsze używanie antybiotyków. Odkrycia te wspierają tezę dotyczącą bakterii probiotycznych, biorącą pod uwagę ich zdolność do wtrącania się w funkcjonowanie układu odpornościowego nie tylko w obszarze jelit, lecz także w skali globalnej.

Kilka badań pokazało, że stosowanie probiotyków przez zdrowych ochotników jest zbieżne ze zmianami w funkcjonowaniu układu odpornościowego, dzięki którym lepiej walczył z infekcjami. Układ immunologiczny wydaje się nieustannie robić przegląd bakterii żyjących w jelicie. W obecności bakterii probiotycznych układ ten przechodzi w stan gotowości, jakby usłyszał hasło: „gotowy do biegu". Jeśli dojdzie do infekcji, nawet gdy obejmuje ona górne odcinki dróg oddechowych, przygotowany układ odpornościowy błyskawicznie przechodzi do pozycji „do startu" a potem rzeczywiście zaczyna działać.

Chwileczkę – jeśli tak jest w rzeczywistości, to dlaczego lekarze na całym świecie nie zachęcają do zażywania probiotyków? Haczyk tkwi w tym, że z tysięcy opublikowanych badań naukowych dotyczących probiotyków, większość skupia się na stosunkowo niewielkich grupach ludzi, a ich specyficzne wyniki nie zostały powielone w innych testach. Na dodatek, tylko nieliczne badania potrafią przypisać dane efekty zdrowotne konkretnym szczepom bakterii probiotycznych. To niepowodzenie w odkrywaniu mechanizmów czy specyficznych molekularnych interakcji i genów zaangażowanych w działanie układu odpornościowego powoduje, że sceptycyzm rośnie, zamiast maleć.

Dlaczego efekty działania probiotyków są tak różne? Jeśli dana osoba spożyje bakterie probiotyczne, zaczną one oddziaływać na mikroby wchodzące w skład mikroflory tej właśnie osoby. A ponieważ skład mikroflory każdego człowieka jest inny i unikatowy, probiotyk A u osoby nr 1 może działać inaczej niż u osoby nr 2. Być może osoba nr 2 powinna zjeść probiotyk B albo 10 razy więcej probiotyku A, aby uzyskać ten sam efekt, który wystąpi u osoby nr 1. Mikroflora każdego człowieka może się zmieniać nawet z dnia na dzień, dlatego też rezultat działania probiotyków także może z czasem stać się inny. Obecnie nasze zrozumienie specyfiki mikroflory nie jest na tyle wystarczające, aby przewidzieć, jakie konkretne efekty dany probiotyk może wywrzeć na mikroflorę danej osoby. Z tego powodu uważamy, że fermentowana żywność zawierająca różnorodną kolekcję mikroorganizmów, w przeciwieństwie do suplementów zawierających ledwie kilka szczepów, stwarza największą szansę na spotkanie mikroba, który będzie miał pozytywny wpływ.

Najpopularniejszymi artykułami w USA zawierającymi probiotyki są fermentowane produkty mleczne takie jak jogurt czy kwaśna śmietana (chociaż kwaśna śmietana może być także wytwarzana bez użycia bakterii, tak więc nie każda śmietana zawiera ich żywe kultury). Kefir, mniej popularny w Stanach probiotyczny napój, jest fermentowany przy użyciu bogatej kolekcji różnych gatunków (czasem nawet do 100) bakterii oraz drożdży i – podobnie jak jogurt – zawiera miliardy żywych mikroorganizmów w każdej porcji. Pokaźny zbiór mikroorganizmów w kefirze sprawia, że jest to nasz ulubiony fermentowany produkt, zwłaszcza w okresie przeziębień i grypy. Taki szeroki wachlarz mikrobów w kefirze zwiększa szanse, że w naszej czteroosobowej rodzinie mikroflora każdego z nas zareaguje pozytywnie przynajmniej na jeden szczep mikrobów znajdujących się w tym pitnym zoo.

Innymi znanymi fermentowanymi produktami są: kapusta kiszona, ogórki kiszone (lub inne warzywa), a ostatnio także napój kombucha – fermentowana słodzona herbata. Oprócz tego ludzie żyjący w różnych zakątkach świata nauczyli się fermentować niemal wszystko, począwszy od nasion roślin strączkowych, owoców, warzyw, zbóż, a na mięsie i rybach skończywszy. Hakarl, tradycyjna islandzka potrawa, to mięso rekina fermentujące przez trzy miesiące w dziurze wykopanej na zboczu góry, wypełnionej piaskiem i żwirem. (Kąt nachylenia jest ważny, bo soki muszą wyciekać). Chociaż nie możemy opisać walorów smakowych tego dania, na pewno stanowi wyszukany rarytas!

PROBIOTYKI: CO SIĘ LICZY?

Ostatnimi czasy obserwujemy niezwykły rozkwit rynku suplementów probiotycznych i fermentowanej żywności zawierającej probiotyki. Przedsiębiorstwa wytwarzające te produkty chcą nas przekonać, jak wielkie korzyści zdrowotne odniesiemy, gdy będziemy konsumowali probiotyczne mikroby w ich żywności, lub w wersji oczyszczonej – w suplementach.

Internet jest pełen stron wychwalających spożywanie bakterii i oferujących suplementy probiotyczne mające poprawić zdrowie naszych jelit. Często strony te są naszpikowane obco brzmiącymi terminami jak: synbiotyk, żywność funkcjonalna, nutraceutyki. Terminy te mogą dawać nadzieję, wystraszyć albo zmylić, a nawet wszystko naraz. Zgodnie z wieloma informacjami zawartymi na tych stronach, powinniśmy zażywać te suplementy codziennie i w ogromnych ilościach. Jeżeli jesteś zdrowy, wyroby te obiecują utrzymanie zdrowia czy zapobieganie chorobom. Jeśli masz kłopoty z jelitami, cóż, rozwiązanie leży na wyciągnięcie ręki. Nazwy i reklamy takich suplementów krzyczą: „Jeżeli chcesz być zdrowy, potrzebujesz właśnie mnie!".

Do chaosu informacyjnego wokół tych produktów dochodzi jeszcze fakt, że właściwie nie ma pełnej zgodności środowiska medycznego co do tego, kto tak naprawdę skorzysta z probiotyków. Jednak w ciągu ostatnich kilku lat wyniki niektórych badań naukowych poparły zasadność stosowania probiotyków w kilku przypadkach klinicznych. Doktor Mary Ellen Sanders, niezależna konsultantka w dziedzinie probiotyków, która pracuje jako dyrektor Międzynarodowego Związku Naukowego na rzecz Probiotyków i Prebiotyków (International Scientific Association for Probiotics and Prebiotics, ISAPP), potwierdza, że obecnie wiele obiecujących danych uzasadnia zalecanie probiotyków przy pewnych schorzeniach, chodzi na przykład o martwicze zapalenie jelit u wcześniaków, biegunkę związaną z antybiotykoterapią, choroby z ostrymi biegunkami, a nawet zwykłe przeziębienie.

Niestety, ponieważ badania naukowe dotyczące używania specyficznych szczepów probiotycznych do leczenia konkretnych chorób są wyjątkowo mało powtarzalne, większość środowiska medycznego zakłada zaledwie, że probiotyki czasami mogą pomóc i raczej nie powinny zaszkodzić. Takie podejście wydaje się całkiem racjonalne, jeśli wziąć pod uwagę bezpieczeństwo. Ale pojawia się coraz więcej bardziej obiecujących badań.

Doktor Purna Kashyap jest dyrektorem Programu ds. Mikrobiomu (Microbiome Program) prowadzonego w Centrum Medycyny Indywidualnej w Klinice Mayo w Rochester, w stanie Minnesota. Chociaż oficjalnie jest gastroenterologiem, spędził dwa lata w naszym laboratorium w Stanford, aby zdobyć głębszą wiedzę o tym, jak mikroflora wpływa na zdrowie jelit ludzkich. Jego praktyka w Klinice Mayo skupia się na funkcjonalnych zaburzeniach gastroenterologicznych, takich jak zespół jelita drażliwego (IBS) czy zaburzenia motoryki jelit. W temacie probiotyków przyjmuje postawę raczej bierną. Mówi, że zapytany przez pacjenta, nie zniechęca do ich stosowania, ale też nie sugeruje, iż jest to wariant terapeutyczny pierwszego wyboru.

Takie ostrożne podejście do probiotyków jak doktora Kashyapa nie jest odosobnione wśród lekarzy. Wielu czuje się niepewnie, zalecając terapię, której nie testowano w rygorystycznych warunkach badań klinicznych, dających powtarzalne i mierzalne wyniki, a pojawiają się o niej tylko ogólne doniesienia o „poprawie samopoczucia". Mimo swojego sceptycyzmu dr Kashyap sam regularnie pije maślankę, fermentowany napój mleczny, który przypomina mu w smaku jogurt robiony w Indiach codziennie przez jego matkę, gdy był dzieckiem.

CO KRYJE SIĘ W NAZWIE?

Większość konsumentów ma raczej pozytywne skojarzenia związane ze słowem „probiotyk", co zachęca producentów do używania tego terminu w reklamach wyrobów, nawet jeśli jest to nieuzasadnione. Zgodnie z dotyczącym probiotyków poradnikiem dla konsumentów opracowanym przez ISAPP: „Samo użycie słowa »probiotyk« wcale nie oznacza, że dany produkt nim jest. Niektóre wyroby opisane jako probiotyki nie zawierają szczepów mikroorganizmów o udowodnionym działaniu albo nie zapewniają, że w wyrobie wraz z końcem terminu przydatności nadal będzie dostateczna liczba żywych bakterii"[1]. Tak więc chociaż z probiotykami wiąże się wiele nadziei, konsumenci mają sporo powodów do nieufności, widząc produkt opisany jako probiotyk.

Wiele różnych szczepów bakterii reklamuje się jako probiotyczne. Ale zanim poznamy ich specyfikę, warto najpierw spojrzeć, jak nadaje się nazwy bakteriom, bo owe nazwy mogą zawierać już informację o konkretnych właściwościach. Konsumenci powinni być także świadomi, że nazwy nadawane bakteriom przez producentów żywności mogą być wykorzystywane jako narzędzia marketingowe.

W świecie nauki bakterie dostają podwójne imię, na które składa się nazwa rodzajowa i nazwa gatunkowa. *Bifidobacterium* i *Lactobacillus* są dwoma rodzajami najczęściej spotykanych komercyjnych probiotyków. Nazwa rodzajowa jest czymś w stylu nazwiska rodowego danej bakterii, nawet jeśli w nazwie pojawia się jako pierwszy człon. Wszystkie bakterie znajdujące się w tej samej grupie rodzajowej są ze sobą blisko spokrewnione. Z kolei nazwa gatunkowa jest odpowiednikiem pierwszego imienia (mimo że stoi za nazwiskiem) i określa konkretnego członka danego rodzaju. *Bifidobacterium longum* i *Bifidobacterium animalis* to dwa

[1] http://www.isapp.net/Portals/0/docs/Consumer%20Guidelines%20probiotic.pdf (dostęp: 3.09.2015).

różne gatunki bakterii, należące do tego samego rodzaju. Są bardziej do siebie podobne niż na przykład *Bifidobacterium longum* do *Lactobacillus acidophilus*. Na dodatek bakterie należące do tego samego rodzaju i tego samego gatunku mogą pochodzić z różnych szczepów. Są to określenia niewielkich różnic występujących w obrębie tego samego gatunku (np. rasa, odmiana). Na przykład my wszyscy należymy do gatunku *Homo sapiens*, ale wciąż posiadamy pewne cechy odróżniające nas od siebie nawzajem (np. kolor skóry). W przypadku bakterii konkretny szczep często jest oznaczany kodem literowym i cyfrowym znajdującym się po nazwie rodzajowej i gatunkowej, na przykład *Bifidobacterium animalis* DN-173-010. Niektóre szczepy bakterii mogą nieść pewne korzyści zdrowotne i firma będąca właścicielem takich szczepów nierzadko nadaje im dodatkowe komercyjne nazwy. Często są one tak dobierane, aby wywołać skojarzenie między bakteriami a zdrowiem układu pokarmowego. Na przykład na opakowaniach jogurtu Activia firmy Danone (w USA znanej jako Dannon) jest wyraźnie podana nazwa bakterii probiotycznej *Bifidus regularis*, określenie komercyjne, pod którym kryje się szczep *Bifidobacterium animalis*. Dokładnie ten sam szczep bakterii ma też inne komercyjne nazwy w zależności od rynku, na którym jest reklamowany. W Wielkiej Brytanii nazywa się *Bifidus digestivum*.

Jeśli wydaje ci się, że istnieją jakieś przepisy powstrzymujące producentów przed wprowadzaniem klienta w błąd, masz rację, ale tylko częściowo. Termin „probiotyk" jest stosowany wobec dużej i zróżnicowanej grupy produktów zawierających żywe bakterie, a Agencja Żywności i Leków w USA (Food and Drug Administration, FDA) opracowała skomplikowane regulacje dotyczące tych wyrobów w zależności od intencji ich wykorzystania. Ponieważ większość artykułów probiotycznych nie jest jakoś szczególnie zalecana do leczenia chorób, nie są one klasyfikowane jako leki i nie muszą przechodzić testów ani podlegać przepisom dotyczącym preparatów leczniczych. Dzięki temu można obejść ścisłe regulacje FDA, której głównym zadaniem jest pilnowanie bezpieczeństwa, a nie efektywności działania danego preparatu. Ale ponieważ probiotyki nie są lekami, FDA nie pozwala umieszczać na ich opakowaniach oznaczeń, które sugerowałyby jakiekolwiek działanie lecznicze.

Mógłbyś pomyśleć, że firmy sprzedające probiotyki, mając do dyspozycji ogromną ilość pieniędzy (a do uzyskania potencjalne korzyści zdrowotne), powinny pochylić się nad problemem identyfikacji szczepów bakterii przynoszących najwięcej dobrego. Rzeczywistość jednak jest taka, że tylko nieliczne probiotyki, obecne w żywności lub suplementach, przeszły przez jakąkolwiek selekcję (choć firmy sprzedające takie wyroby mogą się z tym nie zgodzić). O ile kilka szczepów probiotyków wyselekcjonowano w oparciu o ich szczególne właściwości, o tyle ogromną większość szczepów wybiera się dość przypadkowo z tego, co i tak naturalnie występuje w żywności fermentowanej.

Zastanówmy się nad najczęściej spotykanymi przez większość ludzi trzema głównymi produktami zawierającymi probiotyki: (a) żywność fermentowana, np. jogurt, (b) żywność, do której żywe mikroorganizmy są dodane, ale nie zachodzi proces fermentacji, np. batoniki zbożowe zawierające probiotyki i (c) mikroby w formie suplementu. W każdym przypadku użyte konkretne szczepy bakterii były od dawna spożywane i nie wywoływały żadnych chorób albo otrzymały oficjalny status jako „potencjalnie nieszkodliwe" (*generally regarded as safe*, GRAS). Aby nadać status GRAS, grupa wykwalifikowanych ekspertów musi zgodzić się, że dany wyrób jest bezpieczny do spożycia, ale z powodu niskiego budżetu FDA stwierdziła, iż uzyskanie statusu GRAS przez probiotyki jest nieobowiązkowe.

Załóżmy, że chcemy otworzyć firmę produkującą suplementy probiotyków, którą nazwiemy Immune Booster (wzmacniacz odporności). Nasz pierwszy probiotyczny suplement będzie zawierał bakterię *Lactobacillus casei*, popularny szczep obecny w jogurcie, mamy więc pewność, że jest bezpieczny i nie wzbudzi podejrzeń FDA. Wyhodowaliśmy własny szczep, który będziemy reklamować pod nazwą komercyjną *Lactobacillus prozdrowie*. Zanim umieścimy w aptekach całego kraju buteleczki z Immune Booster *Lactobacillus prozdrowie*, będziemy musieli poinformować FDA[2], jakie składniki zawiera preparat i czy jest bezpieczny. Trzy miesiące później otrzymamy informację, że *Lactobacillus prozdrowie* może być

[2] A w Polsce GIS – Główny Inspektorat Sanitarny (przyp. tłum.).

sprzedawany konsumentom bez zatwierdzenia przez FDA. Mając na uwadze, że odpowiedzialność za udowodnienie bezpieczeństwa suplementu leży po stronie handlującego nim producenta, nie można się dziwić, że takie drobne przeoczenie spowodowało, iż półki uginają się pod setkami podejrzanych produktów. W wielu wypadkach rodzaj i liczba żywych mikroorganizmów w słoiczku probiotycznego suplementu nie odzwierciedla informacji podanej na opakowaniu, nie wspominając nawet o tak „nieważnej" rzeczy jak ta, czy stosowanie danego preparatu w ogóle daje jakieś korzyści. Tak więc w rzeczywistości słoiczek *Lactobacillus prozdrowie* może zawierać także inne szczepy bakterii, niewymienione na opakowaniu albo w ogóle nie zawierać ani jednej bakterii *Lactobacillus prozdrowie*. A nasza firma Immune Boosters, nigdy nie będzie musiała dostarczyć nawet jednego dowodu potwierdzającego, że *Lactobacillus prozdrowie* ma właściwości prozdrowotne!

Ponieważ producenci mogą czerpać zyski ze sprzedaży probiotyków bez potwierdzania ich skuteczności, nie ma zbyt wielkiej potrzeby badania i szukania nowych potencjalnych probiotyków. Tak więc ich dostępność jest ograniczona do zaledwie kilku tradycyjnych szczepów – takich, które i tak od wieków były spożywane w fermentowanej żywności. Choć prawdopodobnie istnieje wiele innych, pozyskiwanych z różnych środowisk, szczepów bakterii, które byłyby dobrymi probiotykami (włączając w to bakterie pochodzące z ludzkiego układu pokarmowego), brak udokumentowanej historii bezpieczeństwa stosowania jest przeszkodą nie do pokonania we wprowadzeniu ich na rynek. Gdybyśmy zdecydowali, że Immune Booster będzie produkował nowy suplement zawierający dopiero co odkrytą bakterię, która w kilku badaniach naukowych okazała się przynosić obiecujące korzyści zdrowotne, nawet jeśli na opakowaniu wyrobu o nich nie wspomnimy, wciąż musielibyśmy udowodnić, że spożywanie nowej bakterii jest bezpieczne. A to oznaczałoby konieczność przeprowadzania wielu drogich badań na zwierzętach i na ludziach albo ryzykowanie pozwania do sądu przez konsumentów lub FDA. Większość producentów stwierdziła, że gra nie jest warta świeczki.

ZABAWA W DEKLARACJE

Amerykański przemysł probiotyczny w historii swojego rozwoju kroczył po bardzo cienkiej linii, zamieszczając dość nieśmiałe sugestie dotyczące prozdrowotnych właściwości swoich preparatów, aby nie narazić się na niezbędność przeprowadzania długotrwałych i kosztownych badań klinicznych, wymaganych przez FDA. Doktor Sanders przypomina, że w USA firmy produkujące probiotyki mogą wykonać manewr zwany „oświadczeniem strukturalno-funkcjonalnym", dzięki któremu produkt będzie kojarzony z normalnym składem i funkcjami ludzkiego organizmu; droga ta nie wymaga zatwierdzenia przez FDA. Chociaż takie oświadczenia muszą być zgodne z prawdą i nie powinny wprowadzać w błąd, wymóg ich weryfikacji wciąż jest traktowany dość lekko. W USA organizacja zwana Federalną Komisją Handlu (Federal Trade Commission, FTC) sprawdza, czy dany wyrób ma wystarczające cechy uwiarygodniające deklaracje podawane na opakowaniu. W 2010 roku Dannon z hukiem przekroczył tę cienką linię, twierdząc, że „badania kliniczne potwierdziły, iż spożywanie Activii pomaga w uregulowaniu działania układu trawiennego w ciągu dwóch tygodni". FTC oceniła, że Dannon posunął się za daleko w swoich oświadczeniach zdrowotnych i pozwała firmę za przekłamania w reklamie. Dannon usunął więc termin „kliniczne", a w reklamach Activii nie pojawia się już stwierdzenie, że pomaga ona regulować wypróżnienia.

Firmy sprzedające produkty probiotyczne stosują sprytną taktykę marketingową, aby przekonać cię, że jedynie ich wyroby poprawią stan twojego zdrowia. Ale czy z czystym sumieniem można stwierdzić, że wszystkie te oświadczenia są przekłamaniami? Niestety, prawdziwa nauka badająca wpływ probiotyków na mikroflorę i zdrowie gospodarza jest mocno podkopywana przez pseudonaukę wynikającą z nierzetelnie przeprowadzanych badań, z których większość finansują firmy produkujące suplementy i jogurty – konflikt interesów jest wtedy aż nazbyt oczywisty. Jednak wraz z rozwojem naszej wiedzy o mikroflorze, wpływ, jaki wywierają bakterie probiotyczne na ludzkie zdrowie, staje się obszarem coraz bardziej poważnych i dociekliwych badań. Mary Ellen Sanders wciąż ma nadzieję na kliniczne wykorzystywanie probiotyków w przyszłości. Twierdzi, że organizacje medyczne interesują się wieloma obiecującymi dowodami na zdrowotne pożytki z probiotyków. Wraz z przeprowadzaniem bardziej rygorystycznych badań sprawdzających wpływ bakterii probiotycznych na nasze zdrowie, probiotyki staną się bardziej akceptowanym sposobem oddziaływania na biologię człowieka.

PREBIOTYKI I SYNBIOTYKI: SKLEPOWI KOLEDZY PROBIOTYKÓW

Prebiotyki, w przeciwieństwie do probiotyków, nie są żywymi organizmami, ale podobnie jak w przypadku probiotyków, głównym celem ich spożywania jest wzrost liczby dobrych bakterii w jelicie. Prebiotyki to substancje pochodzące z żywności, w większości to połączone w długie łańcuchy cząsteczki cukrów, zwane węglowodanami złożonymi lub polisacharydami (oczyszczone formy błonnika pokarmowego), które nie są absorbowane ani metabolizowane przez gospodarza (czyli przez człowieka), ale stanowią źródło pokarmu dla bakterii żyjących w jelicie grubym. Po tym, jak dostaną się do jelita grubego, prebiotyki mogą być fermentowane przez bakterie naszej flory jelitowej, co stymuluje ich wzrost oraz zwiększenie liczebności i różnorodności, a to zaś pozytywnie wpływa na zdrowie.

Jednym z najbardziej powszechnie występującym na rynku prebiotyków jest inulina, polimer złożony z ponad 60 cząsteczek fruktozy połączonych ze sobą jak ogniwa łańcucha. Inulinę można kupić jako suplement diety, ale występuje także naturalnie w wielu owocach i warzywach – zwłaszcza cebulowych (jak cebula) czy kłączach (jak topinambur). Uwzględniając słuszną ostrożność w spożywaniu dużych ilości fruktozy – zwłaszcza w postaci syropu glukozowo-fruktozowego, czyli wysokofruktozowego syropu kukurydzianego (*high fructose corn syrup*, HFCS) – wydawałoby się, że spożywanie wielkocząsteczkowych polimerów fruktozy w celu poprawy zdrowia jest sprzeczne z intuicją. Jednak w tym przypadku diabeł tkwi w szczegółach. Fakt, że inulina jest polimerem fruktozy, a nie pojedynczą cząsteczką fruktozy, obecną w syropie glukozowo-fruktozowym, całkowicie zmienia koleje jej losu w twoim przewodzie pokarmowym. Tak jak gąbka wciąga wodę, tak nasz układ trawienny jest bardzo chętny do absorbowania pojedynczych cząsteczek fruktozy i transportowania ich do naczyń krwionośnych. Bakterie są także niezłe w fermentacji fruktozy, ale ponieważ wchłaniamy ją w górnych odcinkach jelita cienkiego, bardzo niewiele (jeśli cokolwiek) zostanie dla bakterii bytujących w jelicie grubym. Ale w genomie ludzkim, w przeciwieństwie do genomu bakteryjnego, nie ma zakodowanych zdolności do rozcinania wiązań łączących fruktozę w polimery inulinowe, tak więc forma polimeru funkcjonuje jak klatka, która zamyka fruktozę i uniemożliwia nam dobranie się do niej. Gdy ta klatka dociera do mikroflory, w której znajduje się cała rzesza bakterii posiadających kluczyk, drzwiczki stają otworem i mikroflora może ucztować na jej zawartości – pojedynczych cząsteczkach fruktozy. Gdybyśmy nie mieli mikroflory, inulina przeszłaby przez nas w stanie prawie nietkniętym.

Bakterie jelitowe fermentują fruktozę, produkując przy tym krótkołańcuchowe kwasy tłuszczowe (*short-chain fatty acids*, SCFA). Jak wspomnieliśmy w rozdziale 3, SCFA mogą być absorbowane i stanowić źródło energii, a także chronić jelito przed stanem zapalnym. Tak więc choć fruktoza nie cieszy się dobrą opinią, należy mieć na uwadze formę, w jakiej ją konsumujesz. Jako polimer (np. inulina) staje się świetnym pożywieniem dla mikroflory i daje nam korzyści zdrowotne.

Wiele prebiotyków to po prostu oczyszczone formy błonnika pokarmowego obecnego w stanie naturalnym w wielu roślinach. Na przykład inulina i fruktooligosacharydy (FOS), tak jak i wiele innych polimerów węglowodanowych, występują w cebuli, czosnku czy topinamburze. W praktyce niemal wszystkie roślinne węglowodany złożone i błonnik roślinny mogą być uznane za prebiotyki zdatne do konsumpcji przez członków naszej mikroflory.

Tak więc wszystkie płody rolne w każdym sklepie spożywczym powinny mieć etykietki i naklejki: „Zawiera prebiotyki"! W czasie studiowania mikroflory nasza rodzina dopasowała to, co jemy tak, aby zwiększyć liczbę produktów roślinnych i nasion roślin strączkowych, głównie ze względu na obecność w nich prebiotyków. Podobnie jak przy probiotykach, na solidne dowody naukowe potwierdzające korzystny wpływ prebiotyków na zdrowie człowieka trzeba jeszcze poczekać. Wiele jednak wskazuje na istnienie korzyści zdrowotnych związanych ze zwiększeniem ilości spożywanego błonnika w celu poprawy stanu mikroflory.

Synbiotyki to kombinacja probiotyków i prebiotyków. Przedrostek synoznacza synergizm, ponieważ takie kombinacje wywierają efekt znacznie większy, niż wynikałoby to z sumy poszczególnych składników. Prebiotyki dostarczają pożywienia dla probiotyków, pozwalając bakteriom, które spożywasz, na większy rozrost, gdy tylko znajdą się w jelicie grubym. Podobnie jak probiotyki, synbiotyki nie są lekami, zatem nie kontroluje ich FDA i nie mogą zawierać na opakowaniu informacji, że leczą jakiekolwiek choroby. Tak więc zazwyczaj mają dość sugestywne nazwy, ale treść etykietek jest sformułowana niezwykle ostrożnie, na przykład: „pomaga przywrócić równowagę mikroflory jelitowej". Synbiotyki coraz częściej też można kupić w sklepach, jednak my zazwyczaj tworzymy własny synbiotyk, przygotowując miseczkę jogurtu (probiotyk) z kawałkami banana (zawiera prebiotyk inulinę) albo do sałatki z cebulą (zawiera prebiotyk inulinę) dodając sos z kwaśnej śmietany lub kefiru (probiotyk). Pamiętaj, że większość owoców i warzyw jest świetnym źródłem prebiotyków.

PRZYSZŁOŚĆ PROBIOTYKÓW

Wraz z udoskonalaniem specyficznych staje się możliwe, że w przyszłości probiotyki będą mogły pomagać w leczeniu zespołu jelita drażliwego, chorób zapalnych jelit czy nawet otyłości i schorzeń z nią związanych. Sanders sądzi, że kiedyś pojawią się leki probiotyczne 10 razy droższe od jogurtu. Będą opatrzone informacjami o udowodnionym działaniu zdrowotnym, ale w praktyce będą zawierały to samo. Nie można jednak jeszcze stwierdzić, który typ probiotyku działa najlepiej na daną chorobę. Biorąc pod uwagę unikatowość mikroflory każdej osoby, badania raczej pójdą w kierunku rejestrowania składu mikroflory danego człowieka przed zastosowaniem probiotyku, w trakcie jego używania i po nim. Gdyby tylko 10 osób spośród 100 biorących udział w badaniu klinicznym wykazało oczekiwaną reakcję na probiotyk, zostałby on uznany za nieefektywny. Jednak jeśli tych 10 uczestników miałoby podobny skład mikroflory, który znacząco różniłby się od mikroflory pozostałych 90 osób niereagujących, wtedy prawdopodobnie moglibyśmy przewidzieć, kto mógłby na spożywaniu tego probiotyku najbardziej skorzystać. Ale ponieważ wciąż czekamy na dostępne w każdej przychodni usługi medyczne „szyte na miarę", prawdopodobnie w przyszłości terapia probiotykami weźmie pod uwagę bakterie inne niż te wyizolowane z fermentowanych produktów mlecznych. Może będą one pochodziły z ludzkich odchodów. W rzeczywistości wiele szczepów *Bifodobacterium*, obecnych w suplementach probiotycznych czy w jogurtach, wyizolowano z pieluszek zdrowych niemowląt i od wieków używano ich do leczenia biegunki.

Wśród mnóstwa informacji, których dostarczają mieszkańcy naszych jelit, znajdują się wskazówki dotyczące tego, jakie rodzaje bakterii mogłyby być efektywne jako nowe probiotyki. *Faecalibacterium prausnitzii* to rodzaj bakterii powszechnie obecny w jelicie ludzkim, ale jego spore niedobory zauważa się u osób cierpiących na stany zapalne jelit, chorobę Leśniowskiego-Crohna, wrzodziejące zapalenie jelita i nowotwory jelita grubego. U myszy posiadających tę bakterię zaobserwowano zmniejszenie liczby stanów zapalnych w jelitach i obniżenie poziomu innych markerów układu odpornościowego, co czyni ją dobrym kandydatem do odegrania roli efektywnego probiotyku. Czas pokaże, czy pewne bakterie, takie jak *Faecalibacterium prausnitzii*, których brak obserwuje się w stanach chorobowych, ponownie się pojawią i pomogą w minimalizowaniu objawów. Oczywiście ogromne znaczenie ma suplementowanie korzystnych bakterii, które nie są tylko chwilowymi gośćmi, ale mogą uzupełnić skład stałych rezydentów jelitowych.

Możemy także zacząć suplementowanie wielu typów bakterii jednocześnie, czyli czegoś w rodzaju probiotycznego koktajlu. Bakterie mogą tworzyć między sobą albo z zasiedlanym przez nie człowiekiem synergiczne związki. Takie łączenie odpowiednich szczepów może dawać efekt znacznie większy, niż się przewiduje. Gdyby jelito zawierało niestabilną mikroflorę, dostarczenie tylko jednego szczepu bakterii mogłoby być odpowiednikiem wysłania kilku strażaków bez sprzętu do gaszenia wielkiego pożaru. Ale jeśli połączysz uzupełniające się narzędzia, takie jak drabiny czy węże strażackie, i zaangażujesz innych ratowników – ich wspólna praca może stać się niezwykle skuteczna. Odkrywanie różnych bakterii, będących częścią zdrowej mikroflory, może pomóc w rozpoznawaniu szczególnie korzystnych szczepów. Probiotykowe kombinacje, które zgodnie ze sobą współdziałają, stanowią potencjalną ścieżkę do znajdowania nowych probiotyków.

Ale i poza naszym jelitem są gęste skupiska mikrobów, z których można wyłuskać probiotyk jak nieoszlifowany diament. Chodzi o brud.

Geofagia, czyli zjadanie ziemi, jest bardzo rozpowszechniona w świecie zwierząt. Ludzie zaś nieświadomie spożywają ziemię z rąk czy niedokładnie umytych roślin albo jedzą ją celowo w formie soli kuchennej. W pewnych kulturach ziemia jest zjadana świadomie. Na Haiti przygotowuje się *bon bons de terre*, czyli ziemne ciasteczka z masła, cukru i gleby. Ale zgodnie z kryteriami diagnostycznymi Amerykańskiego Towarzystwa Psychiatrycznego DSM-IV (*Diagnostic and Statistical Manual of Mental Disorders*), jedzenie ziemi jest zaburzeniem, mimo że było praktykowane od setek lat.

Pomijając przypadki głodowania, wciąż nie wiadomo, dlaczego niektórzy ludzie mają apetyt na ziemię. Większość teorii krąży wokół założenia, że może to zaspokajać niedobory pokarmowe albo że gleba (a zwłaszcza glina) potrafi wiązać i usuwać toksyny z układu pokarmowego. W praktyce geofagia może być dobrym sposobem na zapobieganie nudnościom. Ale jeśli oprócz uzupełniania składników pokarmowych i usuwania toksyn konsumowanie mikrobów obecnych w błocie byłoby dla człowieka korzystne? To argument jednej z firm, która sprzedaje probiotyczny suplement, w skład którego wchodzą (zamiast bakterii pochodzących z fermentowanych produktów mlecznych albo z izolatów materiału ludzkiego) bakterie zazwyczaj znajdowane w ziemi. Istnieje nieco dowodów mówiących, że konsumpcja bakterii glebowych może złagodzić objawy związane z zespołem jelita drażliwego. Niewykluczone, że to brak brudu w diecie ludzi żyjących w nadmiernie higienicznym, uprzemysłowionym świecie powoduje problemy, a probiotyki z gleby będą stanowiły sposób na odzyskanie ewolucyjnie niezbędnych interakcji. Niezależnie od tego, czy konsumpcja bakterii glebowych przetrzyma rygory stawiane badaniom naukowym (tego nie wiadomo), to probiotyki zawierające bakterie glebowe mogą być warte uwagi, jeśli probiotyki otrzymywane z bardziej tradycyjnych źródeł nie będą przynosiły korzyści.

Szansę dla probiotyków przyszłości stanowi inżynieria genetyczna bakterii. Wyobraź sobie scenariusz, w którym spodziewasz się rozwoju stanu zapalnego w jelicie na skutek choroby jelit. Gdyby udało się stworzyć „inteligentny" probiotyk, który po przeniesieniu do twojego jelita mógłby dokładnie rozpoznać miejsce objęte stanem zapalnym i precyzyjnie dostarczyć związek przeciwzapalny – byłaby to inteligentna bomba w świecie mikrobów. Taki probiotyk mógłby potem ustalić, kiedy stan zapalny został opanowany, i zaprzestać uwalniania leku przeciwzapalnego. Bakterie mogłyby być także projektowane do przeprowadzania testów diagnostycznych, pełniąc rolę wskaźników wyczuwających zmiany chorobowe w ich najwcześniejszych stadiach. Takie mikrobowe sensory mogłyby nawet sprawić, że niepotrzebny stałby się wzbudzający lęk zabieg kolonoskopii.

INSTRUKCJA OBSŁUGI PROBIOTYKÓW

Nasi prehistoryczni przodkowie byli zjadaczami bakterii na taką skalę, jakiej większość z nas obecnie nigdy nie osiągnie. Niektóre z tych bakterii były korzystne, inne sprawiały trochę problemów. To właśnie te kłopotliwe bakterie doprowadziły do hiperhigienizacji naszej żywności, wody pitnej, domów, do produkowania przeciwbakteryjnych ubrań, sprzętu kuchennego czy różnych plastikowych bibelotów. Chociaż niewielu z nas potępiałoby eliminację jak największej liczby patogennych mikrobów ze środowiska, to niewykluczone, że dążenie do kompletnej zagłady mikrobów nie jest jednak całkiem słuszne. Może zamiast tworzyć mikrobiologiczną pustkę, powinniśmy raczej zastępować złe mikroby dobrymi, na przykład probiotykami.

Zanim jednak zaczniesz używać probiotyków do leczenia choroby, powinieneś skonsultować się ze swoim lekarzem, aby ustalić, który konkretnie probiotyk może być dla ciebie najlepszy. Probiotyki były bezpiecznie konsumowane przez setki lat, ale u pacjentów z obniżoną odpornością mogą wystąpić pewne kłopoty, co tym bardziej dowodzi konieczności odwiedzenia lekarza. Probiotyki mogą być skuteczniejsze w profilaktyce u zdrowych ludzi niż w leczeniu chorób.

Jadalne żywe bakterie są dostępne w wielu formach, na przykład jako suplementy, fermentowana żywność, która nie była pasteryzowana (jogurty, niepasteryzowana kapusta kiszona czy ogórki kiszone, kimchi, czyli koreańskie danie z fermentowanych warzyw, lub pasta miso), oraz niefermentowane wyroby, do których dodano żywe bakterie (np. Goodbelly – sok owocowy wzbogacony o bakterie[3]). Kwaśna śmietana, masło i pewne sery są przykładami produktów, które mogą (ale nie muszą) być fermentowane i zawierać żywe mikroorganizmy. Zazwyczaj mają one w swoim składzie mniej mikrobów, niż wymagają przepisy, aby można było napisać na opakowaniu „zawiera żywe i aktywne kultury" (czyli minimum 100 milionów bakterii w 1 gramie), ale zwykle da się je odróżnić po słowie „fermentowane", znajdującym się na etykiecie. Inne produkty, które tradycyjnie są fermentowane, jak na przykład ogórki kiszone, obecnie często przygotowuje się przy użyciu zalewy octowej, bez stosowania bakterii (ogórki kwaszone, zakwaszane). Niektóre fermentowane wyroby są pasteryzowane, a ten proces zabija wszelkie bakterie, na skutek czego nie mogą być one źródłem żywych mikrobów. Jeśli fermentowany produkt nie jest w sklepie przechowywany w lodówce, ale w temperaturze pokojowej, zapakowany w słoik czy paczkę (np. kapusta kiszona w torebkach), prawdopodobnie nie zawiera już żywych mikroorganizmów. Dlatego tak ważne jest dokładne czytanie etykietek, aby zyskać pewność, że w danym artykule występują żywe mikroorganizmy. Większość prawdziwie probiotycznych wyrobów z dumą prezentuje ten fakt na swoich opakowaniach.

Nasza rodzina spożywa mikroby regularnie, zwykle w postaci fermentowanych wyrobów mlecznych, takich jak jogurt czy kefir. Gdy wyczuwamy nadciągającą chorobę, zwiększamy spożywanie bakterii. Decyzja o jedzeniu jogurtu i piciu kefiru wynika jedynie z osobistych upodobań smakowych, nie jest rezultatem żadnej wiedzy, że akurat te probiotyczne bakterie są w jakikolwiek sposób lepsze od innych pochodzących z fer-

---

[3] W Polsce takim produktem jest LactoFruit firmy Celiko; http://www.celiko.com.pl/lactofruit,128,126 (przyp. tłum.).

mentowanych produktów. Czasem jemy też miso, kimchi, a nawet przyrządzamy własne ogórki kiszone. Ale wybierając w sklepie coś z półki z jogurtami, uważaj na bomby cukrowe, reklamowane głównie jako zdrowe deserki dla dzieci. Niedosładzane fermentowane produkty mleczne mogą nie być ulubionym smakołykiem, zwłaszcza dla maluchów. Bakterie kwasu mlekowego używane do fermentowania jogurtu dają charakterystyczny kwaskowo-gorzkawy posmak. Jednym ze sposobów, aby dzieci nie odrzuciły od razu niesłodzonego jogurtu, jest dodanie własnego słodzika, na przykład miodu czy syropu klonowego, a następnie stopniowe zmniejszanie jego ilości, aż nie będzie już to konieczne. Dorzucenie świeżych lub mrożonych jagód czy innych owoców jest kolejnym sposobem na dosłodzenie jogurtu naturalnego, a jednocześnie na dostarczenie porcji prebiotyku.

Nie spożywamy regularnie suplementów probiotycznych. Uważamy, że różnorodność bakterii obecnych w żywności fermentowanej daje wystarczająco dużą szansę na napotkanie takiego rodzaju mikroba, który przysłuży się naszemu zdrowiu. Jednak w przeszłości używaliśmy suplementów jako dodatku do wyrobów fermentowanych, gdy ktoś z nas był na kuracji antybiotykowej po to, aby dostarczyć jeszcze większą liczbę bakterii, które zrekompensują szkody w mikroflorze wywołane lekami. Suplementy stosowalibyśmy także po chorobach biegunkowych. Chorobotwórcze mikroby mogą zacząć powodować problemy właśnie podczas kuracji antybiotykowych i biegunek. Dodatkowy zastrzyk przyjaznych bakterii z probiotyku może wtedy odstraszyć wredne mikroby próbujące zdobyć przewagę w tej nieciekawej sytuacji, w jakiej znalazło się jelito.

Ze względu na niepowtarzalny skład mikroflory każdej osoby i na to, że nie sposób przewidzieć, który szczep, w jakiej ilości i w jakim przypadku pomoże, powinieneś szukać probiotyków, które dobrze współgrają z twoją własną mikroflorą. Produkt probiotyczny wywołujący nieprzyjemne wzdęcia, nadmierne gazy czy bóle głowy nie jest dla ciebie dobry. Najbardziej oczywistymi korzyściami, których powinieneś doświadczyć po zastosowaniu probiotyków, jest większa regularność i łatwość w oddawaniu stolca. Dobór odpowiedniego, najlepiej działającego na ciebie probiotyku może wymagać wypróbowywania różnych produktów lub suplementów zawierających probiotyki.

Istnieje cała gama wyrobów probiotycznych, na których możesz eksperymentować. Większość z nich to produkty mleczne, ale są także i warianty bezmleczne. Na końcu tej książki umieściliśmy listę fermentowanych artykułów spożywczych, aby ułatwić ci odpowiedni wybór. Ponadto w sklepach internetowych dostępnych jest wiele kultur starterowych, dzięki którym wyprodukujesz własny jogurt, kefir, kombuchę czy nawet fermentowane produkty sojowe, ryż lub warzywa. My na przykład korzystaliśmy z wyrobów amerykańskiej firmy Cultures for health. Jeśli nie masz takich możliwości albo uważasz, że lepszym wyjściem są suplementy, pamiętaj o szerokiej gamie produktów pochodzących z różnych źródeł. Aby uniknąć podejrzanych producentów probiotyków, zaopatruj się tylko w firmach godnych zaufania. Większość renomowanych firm probiotycznych przedstawia informacje o przeprowadzanych na ich produktach badaniach i na opakowaniach jasno podaje, jaki dokładnie szczep bakterii dany artykuł zawiera oraz datę jego przydatności do spożycia. Wyroby, na których znajduje się jedynie data produkcji, trzeba traktować z rezerwą. Organizacje takie jak Amerykańska Konwencja Farmakopei (U.S. Pharmacopeial Convention, USP), będąca naukową organizacją non profit, dodają bezstronną ocenę tzw. trzeciego sektora (jednym jest rząd, drugim przedsiębiorcy), która często jest podana na opakowaniu produktu.

W poszukiwaniu właściwego dla ciebie probiotyku powinieneś systematycznie wypróbowywać różne rodzaje, aż znajdziesz coś, co będzie na ciebie działało korzystnie. Po czym to poznasz? Jeśli nie masz konkretnych niepożądanych objawów, najlepszą wskazówką dotyczącą twojej mikroflory będzie stolec. Najlepiej, jeśli jest gładki, miękki, bez trudności przesuwa się w jelitach i łatwo wychodzi w postaci podłużnego kawałka, bez żadnych spękań, które byłyby oznaką zatwardzenia. Brak mocnego chlupnięcia w muszli klozetowej oznacza, że jesteś na właściwej ścieżce.

ROZDZIAŁ 5

Miliardy gęb do wykarmienia

ZAGŁADA MIKROFLORY

Wraz ze zmianą sposobu żywienia ludzi i przejściem ze zbieractwa i łowiectwa na rolnictwo, a obecnie na spożywanie żywności produkowanej w fabrykach, mikroflora żyjąca w naszych jelitach musiała się przystosowywać. Ostatnia rewolucja w technologii produkcji żywności spowodowała, że niektóre gatunki bakterii coraz rzadziej się spotyka w jelitach współczesnych ludzi Zachodu, a nawet są one zagrożone całkowitym wymarciem. Istnieje wiele przyczyn zmniejszania się różnorodności mikroflory. Częściowo za ginięciem mikrobów stoi niewystarczająca podaż bakterii (tych dobrych) bytujących w żywności. Można ten stan zmienić poprzez spożywanie produktów fermentowanych, o czym mówiliśmy w poprzednim rozdziale. Drugim czynnikiem jest za mała ilość błonnika pokarmowego w naszej diecie. Jedzenie roślin przez wieki wymuszało istnienie dużej różnorodności mikrobów, a teraz, gdy jemy ich coraz mniej, nasza mikroflora się kurczy.

Te dwa sposoby poprawy różnorodności flory jelitowej – zwiększenie spożycia korzystnych mikrobów i poprawa jakości jedzenia, które dostarczamy naszym rezydującym mikroorganizmom – można stosować jednocześnie, aby odwrócić proces ginięcia mikroflory, zachodzący w jelitach ludzi Zachodu. Źródłami dodatkowych mikroorganizmów są wyroby fermentowane zawierające bakterie, takie jak jogurt, ogórki kiszone, kapusta kiszona, kimchi i kombucha, ale także bakterie pochodzące ze środowiska, z naszych ogródków i zwierząt domowych. Unikanie odkażania mieszkań za pomocą toksycznych płynów antybakteryjnych może również pomóc dostarczyć mikroby do naszych jelit. Ale gdy już zapewnisz większy dopływ mikrobów z żywności i otoczenia, pamiętaj, że czynnikiem, od którego zależeć będzie, czy i jakie mikroby zasiedlą się w tobie na dłużej, jest twoja dieta.

Aby utrzymać różnorodność mikroflory jelitowej, niezbędne jest zwiększanie ilości błonnika pokarmowego. Mikroby jelitowe żyją, żywiąc się węglowodanami złożonymi, będącymi głównym składnikiem błonnika pokarmowego. Węglowodany złożone różnią się całkowicie od słusznie potępianych węglowodanów prostych, obecnych w produktach zawierających białą mąkę czy w słodzonych napojach, które są szybko wchłaniane w naszym jelicie cienkim i rzadko kiedy docierają do mikrobów żyjących nieco dalej, w jelicie grubym. Termin „błonnik pokarmowy" jest dosyć nieścisły, dlatego w tej książce będziemy się odwoływać do „węglowodanów dostępnych dla mikroflory" (*microbiota accessible carbohydrates*, MAC). MAC należą do tych składników błonnika pokarmowego, które stają się pożywieniem dla mikroorganizmów jelitowych. Spożywanie większej ilości MAC oznacza większą ilość żywności dla mikroflory, co korzystnie wpływa na jej różnorodność i pomaga jej kwitnąć. Wymaga to jednak wprowadzenia naprawdę dużej zmiany w raczej niskobłonnikowych nawykach żywieniowych uprzemysłowionego świata. Nasza rodzina stosuje, jak ją w żartach nazywamy, dietę Big MAC. Ten sposób żywienia jest bogaty w węglowodany złożone pochodzące z owoców, warzyw, nasion roślin strączkowych oraz nieprzetworzonych zbóż i został opracowany specjalnie po to, by zwiększyć i utrzymać różnorodność mikroflory jelitowej.

NASZA MIKROFLORA: NAJWYDAJNIEJSZA PRZETWÓRNIA SUROWCÓW WTÓRNYCH

Wiemy już dość dużo o tym, jak mikroflora wpływa na nasze zdrowie. Aby z kolei mieć wpływ na mikroflorę, możemy wykorzystać jeden bardzo istotny fakt: mikroorganizmy jelitowe bezpośrednio reagują na dietę człowieka. Zarówno członkowie naszej jelitowej społeczności (czyli jej skład), jak i to, co one robią (jej funkcjonalność) są bezpośrednim wynikiem tego, czym się żywisz. Co więc należy wybrać do jedzenia, aby stworzyć i utrzymać mikroflorę najlepszą z możliwych? Na pewno będziesz sobie stawiał trudne pytania dotyczące żywienia: Która dieta jest lepsza: niskotłuszczowa czy niskowęglowodanowa? Czy powinienem jeść żywność organiczną? Czy zrekompensuję zjedzenie ogromnej porcji frytek zostawieniem paru z nich na talerzu? Istnieje kilka prostych zasad, których możesz przestrzegać aby zwiększyć ilość MAC w swoim menu i zachować zdrową mikroflorę. Jednak by poprawić stan zdrowia flory jelitowej, należy najpierw zrozumieć, jak powinno się ją odżywiać, a to z kolei wymaga podstawowej wiedzy o tym, co się dzieje ze zjadanym przez nas pokarmem wędrującym przez układ trawienny.

Układ pokarmowy funkcjonuje w sposób przypominający pracę zakładu przetwórstwa wtórnego różnych surowców. Podobnie jak mieszanina surowców wrzucana jest na sortujący je taśmociąg, tak samo nasz żołądek rozpakowuje wrzuconą zawartość (ostatni posiłek) i przekazuje do jelita cienkiego. Układ trawienny rozpoczyna sortowanie różnorodnych materiałów – tłuszczu, białek, węglowodanów, soli mineralnych, witamin i wielu innych cząsteczek. Na taśmociągu cenne surowce, takie jak szkło, metal i inne mogące być użyte ponownie, są wybierane jako pierwsze; podobnie w naszym jelicie – najpierw wchłaniamy najcenniejszy materiał, który może być przez nas wykorzystany, czyli węglowodany proste, aminokwasy pochodzące z białek i kwasy tłuszczowe. Te składniki pokarmowe mają wysoką wartość kaloryczną i mogą być łatwo zastosowane jako źródło energii, a w niektórych przypadkach są rzeczywiście używane ponownie przez organizm do budowania tkanek i ich regeneracji.

W zarządzaniu surowcami wtórnymi kolejnym etapem jest zagospodarowanie odpadów biologicznych, które mogą być przeznaczone na kompost. Podobnie w jelicie – niestrawione i niewchłonięte resztki pokarmowe posiłku przesuwane są do jelita grubego, gdzie mikroby jelitowe poddają je fermentacji. Większość materiału przedostającego się do jelita grubego to błonnik pokarmowy, z którego ludzkie enzymy nie są w stanie wyizolować przydatnych składników budulcowych ani energetycznych. Właśnie ten błonnik pokarmowy jest pełen MAC, które stanowią prawdziwą ucztę dla mikroflory.

WARTOŚĆ MIKROBOWYCH ODPADKÓW

Mikroorganizmy bytujące w naszym jelicie są całkowicie zależne od naszych wyborów żywieniowych. Niektóre gatunki uwielbiają jeść MAC dostarczone z bananów, a inne preferują MAC z cebuli. W zależności od tego, co zjadamy, dyktujemy, które z tych mikrobów osiągną sukces, czyli będą mnożyły się szybciej, dzięki czemu staną się liczniejsze. Zauważ, że mikroby specjalizują się w jedzeniu elementów naszego posiłku (błonnika), które nie stanowią źródła kalorii dostępnych dla nas. Mikroby te nie są więc pasożytami, ale po prostu zagospodarowują resztki, których i tak byśmy nie wykorzystali.

Podobnie jak wszystkie inne formy życia na Ziemi, mikroorganizmy muszą wchłaniać i metabolizować różne związki w celu dostarczenia energii potrzebnej do ich własnego wzrostu i rozmnażania (zwanego u bakterii podziałem komórkowym). Dla gatunku rozmnażającego się płciowo, jakim my jesteśmy, może to brzmieć nieco egoistyczne, ale celem każdej bakterii jest wyprodukowanie tak wielu jej kopii czy klonów, jak tylko się da. Gatunki najbardziej efektywne w rozmnażaniu w danym środowisku przetrwają i będą dominować. Jest to przykład selekcji naturalnej w jej najbardziej podstawowej formie. Gdy się połączy zdolność bakteryjnego genomu do pozyskiwania, wycinania czy modyfikowania genów z ich ogromną liczbą podziałów komórkowych, okazuje się, że mikroby mają świetne możliwości, by ewoluować i dopasowywać się na bieżąco w celu utrzymania swojej konkurencyjności w jelicie.

Rywalizacja o zasoby odżywcze w jelicie jest bardzo ostra, co zmusza mikroby do tworzenia nowych, sprytniejszych strategii metabolicznych, zwiększających ich szanse na przetrwanie. Ale niezależnie od stosowanych strategii wszystkie mikroby jelitowe stoją przed kilkoma naprawdę dużymi problemami dotyczącymi zdobywania energii. Pierwszym jest możliwość uzyskiwania energii przy braku dostępu do tlenu. Jelita są środowiskiem beztlenowym, anaerobowym. Komórki ludzkie używają tlenu, by przeprowadzać aerobowe procesy metaboliczne, dzięki którym tworzone są związki budulcowe dla komórek oraz energia zasilająca nasze ciało. Natomiast mikroorganizmy nie mają dostępu do tlenu, czyli aby wytworzyć energię i niezbędne dla siebie cząsteczki, muszą polegać wyłącznie na metabolizmie beztlenowym, a więc fermentacji. Drugim wyzwaniem stojącym przed mikrobami jest tempo, z jakim ów metabolizm musi zachodzić. Pożywienie przesuwa się wzdłuż przewodu pokarmowego dość szybko, a konkurencyjny ekosystem zmusza bakterie do błyskawicznego konsumowania wszelkich dostępnych przepływających składników odżywczych. Sposobem rozwiązania tych problemów – dzięki naszym bardziej rozpowszechnionym mikrobom jelitowym – jest szybka fermentacja MAC, jednego z najczęstszych źródeł energii dostępnych dla nich w jelicie grubym. Mikroby żyjące poza jelitem fermentują w podobny sposób. Na przykład bakterie jogurtowe żywią się laktozą z mleka, rozkładając ją do kwasu mlekowego. W najbardziej znanym typie fermentacji drożdże metabolizują skrobię, sacharozę i inne cukry do etanolu – tak powstaje piwo i wino. Etanol i kwas mlekowy są jednak dość rzadko spotykanymi produktami procesów fermentacji zachodzących w jelitach człowieka. W jelitach najczęściej występującym wytworem fermentacji są krótkołańcuchowe kwasy tłuszczowe SCFA (*short-chain fatty acids*).

SCFA dostarczają człowiekowi niewielkiej liczby dodatkowych kalorii wydartych z roślinnych węglowodanów, które bez udziału mikrobów nie miałyby dla nas żadnej wartości kalorycznej. Bakterie zjadają wszystko do ostatniego okruszka z tej węglowodanowej uczty, ale nie mogą uzyskiwać energii z SCFA, ponieważ do tego potrzebny jest tlen, a jelito jest przecież środowiskiem beztlenowym. Człowiek absorbuje SCFA z jelit i transportuje do własnych nasyconych tlenem tkanek, co pozwala organizmowi zdobyć jeszcze kilka bonusowych kalorii z inaczej bezużytecznego błonnika. Na prehistorycznej sawannie, gdzie kalorii do zdobycia było zawsze za mało, ludzie spożywali całkiem sporo błonnika pokarmowego w postaci dzikich jagód czy korzonków. Uzyskiwanie dodatkowych kalorii ze SCFA produkowanych przez bakterie jelitowe odgrywało prawdopodobnie istotną rolę w zaspokajaniu dziennego zapotrzebowania kalorycznego naszych przodków, co mogło być niezwykle ważne w dostarczaniu energii potrzebnej do polowań i zbieractwa.

Jednak w dzisiejszym bogatym w kalorie świecie Zachodu ilość energii uzyskanej z SCFA dzięki bakteriom stanowi zaledwie 6–10 procent naszego dziennego zapotrzebowania energetycznego, czyli energii uzyskanej ze zjedzenia około 20 migdałów. To niewiele, ale wciąż są to nadliczbowe kalorie dla populacji, w której choroby związane z otyłością szerzą się w zastraszającym tempie. Czy nie powinniśmy więc starać się wyeliminować te dodatkowe kalorie? A gdybyśmy pozbyli się produkującej SCFA mikroflory? Czy sterylne jelito nie uczyniłoby nas szczuplejszymi? Możliwe. Myszy pozbawione mikroflory jedzą więcej, ale ważą mniej niż myszy skolonizowane przez mikroorganizmy. Jednak ponieważ ludzie nie są w stanie ciągle żyć w sterylnych balonach (tak jak żyją myszy bez mikroflory), próba pozbycia się mikrobów z jelit wymagałaby nieustannego podawania wysokich dawek antybiotyków. A prawdopodobnie nawet i to nie wystarczyłoby, żeby całkowicie usunąć mikroby z naszych jelit. Bakterie mają wysoką zdolność do przystosowywania się, więc w krótkim czasie nasze jelita byłyby pełne mikrobów odpornych na antybiotyki.

SCFA dostarczają kilku dodatkowych kalorii, ale okazuje się, że pełnią też inne i o wiele ważniejsze funkcje w całym naszym organizmie. Niektórzy badacze twierdzą, że wręcz powinniśmy jak najbardziej zwiększać produkcję SCFA poprzez jedzenie większej ilości MAC. Krótkołańcuchowe kwasy tłuszczowe towarzyszą wielu procesom w naszym organizmie; istnieją też dowody na to, że one wcale nie przyczyniają się do zwiększenia masy ciała.

COŚ WIĘCEJ NIŻ PUSTE KALORIE

Nieustannie wydłuża się lista sposobów wpływania krótkołańcuchowych kwasów tłuszczowych na nasze zdrowie. SCFA, owszem, dostarczają nadliczbowych kalorii, ale okazuje się, że osoby spożywające dużo błonnika, z którego wytwarzane są SCFA, tak naprawdę tracą na wadze. Ta sprzeczność przypomina słynny „francuski paradoks", mówiący o tym, że chociaż dieta Francuzów zawiera sporo tłuszczu, to nie tyją oni tak szybko.

Jednym z możliwych wytłumaczeń jest to, że SCFA dają uczucie sytości na dłużej, więc w ogólnym rozrachunku spożywamy mniej kalorii. Może produkcja SCFA z fermentacji sałatki ze szpinakiem, którą właśnie zjedliśmy, dostarczy kilku dodatkowych kalorii, jednak mogą one wywołać na tyle satysfakcjonujące uczucie sytości, że nie sięgniemy już po ciastko czy inny deser.

SCFA są zaledwie jednym z przypuszczalnie wielu rodzajów związków wytwarzanych przez mikroflorę, które dają nam korzyści zdrowotne. Szlaki metaboliczne, zakodowane w genomie mikrobów jelitowych, są niezwykle złożone i zdolne do syntezy wielu różnorodnych związków. Naukowcy wykryli już rozmaite substancje wytwarzane przez mikroflorę, ale wciąż niewiele wiadomo o ich rodzaju ani wpływie na organizm człowieka.

Teoria, że niedobory błonnika pokarmowego zmieniły skład współczesnej mikroflory (co ma swoje odbicie w wielu chorobach cywilizacyjnych), jest obecnie jedną z głównych w dziedzinie badań mikroflory. Dostarczenie większej ilości błonnika dla fermentującej go mikroflory prawdopodobnie powodowałoby obniżanie masy ciała, zmniejszanie stanów zapalnych i ryzyka zachorowania na choroby cywilizacyjne, nie wspominając o uzyskaniu stabilniejszej i bardziej zróżnicowanej mikroflory. Tradycyjne społeczności spożywają znacznie więcej produktów roślinnych niż współcześni ludzie Zachodu, a jedzone na Zachodzie rośliny są uboższe w błonnik; zawierają głównie oczyszczone skrobie, trawione i wchłaniane w jelicie cienkim. Warto podkreślić, że osobnicy pochodzący ze społeczności stosujących dietę bogatą w błonnik mają większą różnorodność gatunków bakterii wchodzących w skład ich mikroflory (niektórych z tych gatunków nigdy nie wykryto w mikroflorze ludzi Zachodu) i dużo rzadziej cierpią na choroby związane z układem odpornościowym. Ale czy hipoteza, że większa ilość błonnika oznacza mniejszą liczbę chorób, jest naprawdę taka nowa?

DAWNO ZAPOMNIANE KORZYŚCI Z BŁONNIKA

Ustalanie, jak można manipulować mikroflorą w celu poprawy zdrowia, jest aktualnie jednym z najważniejszych aspektów badań naukowych prowadzonych w dziedzinie mikrobiologii, a dieta jest jednym z najsilniejszych narzędzi służących do kontrolowania mikroflory. Już niemal 100 lat temu czasopismo naukowe „Journal of Medical Research" opublikowało artykuł zatytułowany *The Regulation of the Intestinal Flora of Dogs Through Diet* (Regulacja flory jelitowej u psów za pomocą diety). Czyli już wtedy pojawiły się przesłanki mówiące, że skład chemiczny pokarmu dla psów (na przykład rodzaj obecnych w nim węglowodanów) ma znaczenie dla rzeźbienia składu psiej mikroflory. Możliwe, iż tak wczesne zrozumienie wpływu diety na psią mikroflorę miało coś wspólnego z faktem, że zazwyczaj to człowiek był odpowiedzialny za sprzątanie kupek po Reksiu. Dlaczego, mając od tak wielu lat wiedzę na temat związku między dietą a mikroflorą, jesteśmy tacy oporni w zaakceptowaniu tego, że rodzaj konsumowanych przez nas węglowodanów wpływa na naszą mikroflorę, tak samo jak na psią?

Doktor Thomas Cleave był jednym z pierwszych współczesnych lekarzy, który już w latach 50. XX wieku zalecał spożywanie błonnika. W swojej książce *The Saccharine Disease* (Choroba cukrowa) z 1974 roku sformułował tezę, że wiele obecnych chorób jest wynikiem nadmiernej konsumpcji cukru rafinowanego i malejącego spożywania błonnika pokarmowego. Cleave był brytyjskim lekarzem wojskowym, który dbał o marynarzy podczas II wojny światowej. Ponieważ na wojskowych łodziach brakowało świeżych warzyw i owoców, marynarze często skarżyli się na zaparcia, które dr Cleave leczył, przepisując im jedzenie otrębów. Natychmiastowa poprawa u żołnierzy zachęciła Cleave'a do zalecania spożywania otrębów w razie wielu innych kłopotów ze zdrowiem, od zapalenia uchyłków i hemoroidów aż do próchnicy i migren. Jego wiara w lecznicze właściwości otrębów przyniosła mu przydomek Otrębowy Lekarz (Bran Man) i reputację nadgorliwego propagatora przyjmowania błonnika. Niestety wielu uznało jego ideę (że współczesne choroby są wynikiem za dużego spożywania cukru i niedostatecznego spożywania błonnika) za absurdalną, a środowisko medyczne raczej go wyśmiewało, niż naśladowało.

Doktor Denis Burkitt był chirurgiem, który spędził sporo czasu w afrykańskich szpitalach, badając i lecząc pewien rodzaj nowotworów, nazwany później chłoniakiem Burkitta. Burkitt przeczytał kilka prac

Cleave'a i dzięki swojemu doświadczeniu zdobytemu w Afryce zauważył, że wysokobłonnikowa dieta wielu Afrykańczyków wydaje się chronić ich przed takimi chorobami jak cukrzyca, choroby serca, nowotwory okrężnicy i dolegliwościami jak hemoroidy czy zaparcia. Podobnie jak dr Cleave, Burkitt niezwykle interesował się wpływem błonnika na zdrowie człowieka. Prace Burkitta i wielu innych, włączając Aleca Walkera i Hugh Trowella, wykazały, że w porównaniu z ludźmi z Zachodu odchody Afrykańczyków były 3–5 razy cięższe a pasaż jelitowy ponad dwukrotnie szybszy oraz że spożywali oni 3–7 razy więcej błonnika pokarmowego (60–140 g *versus* 20 g). Burkitt spędził resztę swojego akademickiego życia, badając i zachwalając zdrowotne korzyści wynikające ze spożywania błonnika. Wiarę w skuteczność diety wysokobłonnikowej widać w jego stwierdzeniu, że w kraju „gdzie stolce są małe, trzeba mieć duże szpitale".

Prace Cleave'a, Burkitta, Walkera, Trowella i wielu innych doprowadziły do tego, że w 1977 roku FDA zaleciła Amerykanom zwiększenie ilości błonnika w diecie. Producenci żywności w odpowiedzi na to zaczęli eksponować zawartość błonnika na opakowaniach produktów. W 1977 roku FDA zezwoliła, aby wyroby zawierające niektóre rodzaje błonnika mogły mieć opis, iż „mogą obniżać ryzyko chorób serca". Po publicznych wystąpieniach Burkitta, w których mówił o powiązaniu spożywania błonnika ze zdrowiem, we wszystkich sklepach w miastach zaczęło brakować otrębów, a słowo „błonnik" trafiło pod strzechy.

Dlaczego więc nie zjadamy odpowiednio dużo błonnika dzisiaj? Niestety w czasach, gdy głośno było o błonniku, wielu ludzi zaczęło się także interesować tłuszczem. Nagle to on stał się wrogiem publicznym numer 1 nie tylko dla naszej smukłej sylwetki, lecz także dla funkcjonowania serca i przyczyną wielu współczesnych chorób. Produkty niskotłuszczowe zaczęły pojawiać się wszędzie jak grzyby po deszczu i zamiast patrzeć na zawartość błonnika w wyrobach, Amerykanie zaczęli skupiać się na zawartości tłuszczu. Intuicyjnie wydaje się, że spożywanie małej ilości tłuszczu jak najbardziej ma sens. Jeśli chcesz zredukować tkankę tłuszczową, jedz mniej tłuszczu. Proste i oczywiste. Przekonanie ludzi do spożywania większej ilości błonnika nie było takie łatwe: większa jego ilość rzeczywiście redukuje ryzyko chorób cywilizacyjnych, ale w sumie nie wiadomo jak i dlaczego.

W przedmowie do książki Cleave'a *The Saccharine Disease* Burkitt przyznaje, że o ile powiązanie między niskim spożyciem błonnika a chorobami cywilizacyjnymi jest oczywiste, o tyle przyczyny tego związku jasne nie są. „Mechanizmy (...) tłumaczące, jak zmiany w diecie mogą wywoływać różne choroby, będą wymagały korekty wraz z postępami w odkryciach naukowych". Różnica polega na tym, że dzisiaj już zaczynamy rozumieć owe powody. Błonnik jest potrzebny naszej mikroflorze.

ZŁA SŁAWA WĘGLOWODANÓW

Słowo „węglowodan" ma niestety wiele negatywnych skojarzeń. Z pewnością każdy z nas zna kogoś, kto był na diecie niskowęglowodanowej, albo sam ją stosował. Diety Atkinsa, South Beach, strefowa (Zone), paleo i wiele innych rozmnożyły się jak króliki i były nawet obwiniane przez producenta pączków (Krispy Kreme) za straty finansowe firmy. Ale zanim zdemonizujemy węglowodany, trzeba dokładnie zrozumieć, czym one właściwie są. To grupa związków chemicznych składających się z węgla, wodoru i tlenu – stanowiących główne źródło energii dla zwierząt. Zbiór związków, które można wrzucić do worka z napisem „węglowodany", jest ogromny. My podzielimy je na trzy główne kategorie: te, które są trawione przez człowieka (węglowodany przyswajalne), te, które są trawione przez mikroflorę (błonnik MAC), i przechodzące przez nas zupełnie niestrawione.

Na początek zajmijmy się węglowodanami trawionymi przez człowieka i wchłanianymi w jelicie cienkim bez pomocy mikroorganizmów jelitowych. Monosacharydy (cukry proste) to najprostsze cząsteczki węglowodanów zawierające pojedynczą cząsteczkę cukrową, taką jak glukoza czy fruktoza. Monosacharydy są absorbowane z przewodu pokarmowego bezpośrednio do krwiobiegu. Dwa monosacharydy powiązane ze sobą dają disacharyd (dwucukier); laktoza i sacharoza (cukier biały i trzcinowy) są znanymi przykładami disacharydów. Zawartość monosacharydów i disacharydów w produktach spożywczych jest opisana na opakowaniach jako „ilość cukrów". Polisacharydy to wiele cząsteczek monosacharydów powiązanych ze sobą w długie łańcuchy (polimery), zwane węglowodanami złożonymi. Skrobie są jednym z typów polisacharydów. Podobnie jak cukry proste, większość rodzajów skrobi jest trawiona i wchłaniana, zanim dotrze do jelita grubego. Skrobie i mąki są dominującym elementem wielu składników współczesnej diety: makaronów, pieczywa, ziemniaków, białego ryżu. Większość tych węglowodanów jest trawiona do glukozy (cukru prostego) i wchłaniana do krwiobiegu, zanim dotrze do mikroflory. Metabolicznie ze skrobi uwalnia się podobna ilość glukozy jak z białego cukru. Ale gdy zaczniesz studiować podane na opakowaniu wartości odżywcze, to oszacowanie, ile jest skrobi w produkcie, wcale nie bedzie takie łatwe.

Druga kategoria węglowodanów – MAC – stanowi pożywienie dla twojej mikroflory. W pokarmie roślinnym zjadanym przez człowieka znajdują się tysiące rodzajów węglowodanów dostępnych dla mikroflory. Oligosacharydy zbudowane są z 3–9 cząsteczek monosacharydów i można je spotkać w nasionach roślin strączkowych, pełnym ziarnie, wielu owocach i warzywach. Większość oligosacharydów nie ulega trawieniu w jelicie cienkim i trafia do jelita grubego, gdzie jest szybko fermentowana przez bytujące tam bakterie. Polisacharydy nieskrobiowe, takie jak pektyny obecne w owocach czy inulina w cebuli, zbudowane są z od 10 do wielu setek cząsteczek monosacharydów powiązanych ze sobą w łańcuchy, a mikroflora fermentuje je do krótkołańcuchowych kwasów tłuszczowych.

Ostatnią kategorią są węglowodany przechodzące przez nasz układ trawienny w stanie niezmienionym. Większość z nich to polisacharydy, które posiadają pewne właściwości chemiczne sprawiające, że są odporne na trawienie przez nasze enzymy i enzymy mikrobów jelitowych. Jednym z takich opornych polisacharydów jest celuloza, zdrewniałe włókno budujące ścianę komórkową komórek roślinnych. Mimo że bakterie jelitowe innych zwierząt, na przykład te rezydujące w żwaczu krowy czy w jelicie termita, bez problemu trawią celulozę, zadanie to wymaga poświęcenia zdecydowanie dłuższego czasu niż trwa typowy pasaż pokarmu przez jelita człowieka.

Węglowodany okryły się złą sławą za sprawą cukrów prostych i łatwostrawnych skrobi oraz mąki. Te „złe" cukry powodują gwałtowny wzrost poziomu glukozy we krwi tuż po ich spożyciu. Ciało reaguje na podwyższony poziom glukozy we krwi wydzielaniem insuliny, która skłania komórki wątrobowe, mięśniowe i tłuszczowe do absorbowania krążącego cukru. Ponadto insulina blokuje możliwość czerpania energii z przemian tłuszczu do momentu, aż cały cukier krążący we krwi zostanie zużyty albo zamieniony w zapasy w postaci glikogenu i tkanki tłuszczowej. Jeśli poziom cukru we krwi jest nieustannie podwyższony, na przykład na skutek diety bogatej w cukry proste, komórki, które do tej pory reagowały na insulinę, zaczynają być na nią oporne. Stają się niewrażliwe na stale wysoki poziom insuliny i zaczynają ją po prostu ignorować – to typowy krok na drodze do cukrzycy typu 2. Wynikiem braku wrażliwości komórek na insulinę jest ilość cukru we krwi stale utrzymująca się na niebezpiecznie wysokim poziomie, co w konsekwencji prowadzi do chorób serca, udaru mózgu, niewydolności nerek, utraty wzroku czy amputacji stopy.

Szybkość, z jaką węglowodany zawarte w danym produkcie podnoszą poziom glukozy we krwi po jego spożyciu, jest określona poprzez indeks glikemiczny. Monosacharyd glukoza ma indeks glikemiczny ustalony na wartość 100. Artykuły spożywcze są podzielone na kategorie o wysokim (powyżej 70), średnim (56–69) i niskim (poniżej 55) indeksie glikemicznym. Im łatwiej strawialne węglowodany (np. mono- i disacharydy) znajdują się w danym produkcie, tym wyższy jest jego indeks glikemiczny. Biały chleb, biały ryż i ziemniaki są przykładami pokarmów o wysokim indeksie glikemicznym. Średni indeks glikemiczny mają chleb z mąki z pełnego przemiału, brązowy ryż i ziemniaki gotowane w mundurkach. Nasiona roślin strączkowych, orzechy i całe ziarna zbóż znajdują się w grupie o niskim indeksie glikemicznym, co zawdzięczają bardzo małej zawartości monosacharydów, disacharydów i skrobi oraz dużej zawartości nieskrobiowych węglowodanów złożonych.

Jednak wskaźnikiem ważniejszym od indeksu glikemicznego jest tzw. ładunek glikemiczny. Indeks glikemiczny mówi o tym, jak szybko węglowodany z pokarmu podniosą poziom glukozy we krwi. Natomiast ładunek glikemiczny bierze pod uwagę ilość węglowodanów zawartą w danej potrawie i wielkość jej porcji, która spowoduje podniesienie poziomu glukozy we krwi. Dobrym przykładem większego znaczenia ładunku glikemicznego w porównaniu z indeksem glikemicznym jest dynia. Ze względu na rodzaje węglowodanów, jakie zawiera, dynię zalicza się do produktów o wysokim indeksie glikemicznym. Ale ogólny wpływ jednej porcji dyni na poziom glukozy we krwi jest dość mały, co znajduje odbicie w jej niskim ładunku glikemicznym. Większość warzyw ma niski ładunek glikemiczny i wysoką zawartość węglowodanów trawionych przez bakterie (MAC). Naszymi ulubionymi przekąskami o niskim ładunku glikemicznym i wysokiej zawartości MAC są na przykład edamame (niedojrzałe strąki soi) ugotowane w wodzie lub na parze (a nawet w mikrofalówce), świeże owoce z orzechami i jogurtem czy pełnoziarnisty chleb posmarowany hummusem. Aby zaznajomić się z wyrobami i przekąskami o niskim ładunku glikemicznym w przeliczeniu na porcję, przeszukaliśmy internet, co potem ułatwiało robienie odpowiednich zakupów w sklepach spożywczych.

JAK NA OPAKOWANIU PRODUKTU ROZPOZNAĆ, CO MIKROFLORA MOŻE Z TEGO ZJEŚĆ

Studiowanie wartości odżywczej produktów w sklepie może być dość męczące. Czytając wszystkie słowa napisane na opakowaniu (orzeczenia zdrowotne, skład, wartości odżywcze), często mamy nadzieję, że znajdziemy coś, co jasno podpowie, czy kupować dany artykuł, czy nie. Niezwykle trudno ocenić, czy orzeczenia zdrowotne umieszczone na opakowaniu, ujęte w dość prosty sposób, są prawdziwym zaleceniem zdrowotnym, czy po prostu zwykłym chwytem marketingowym. Nawet dla kogoś, kto ma doktorat z biochemii, lista składników większości produktów może być niezrozumiała – co stanowi najlepszy powód, aby odłożyć dany wyrób z powrotem na półkę.

Oznakowanie na etykiecie wartości odżywczych, wymagane przez FDA[1], zostało stworzone po to, aby dostarczyć nieskomplikowanej i jednolitej informacji o danym artykule spożywczym. Głównymi jej elemen-

[1] W Polsce po 13 grudnia 2016 r. wszyscy producenci mają obowiązek umieszczania na etykiecie wartości odżywczej produktu, tzw. GDA (Guided Daily Allowance), w oparciu o wytyczne FDA, WHO i UE (przyp. tłum.).

tami są: kaloryczność, ilość tłuszczu, cholesterolu, sodu, białka i ogólna ilość węglowodanów[2]. Większość ludzi skupia się na liczbie kalorii i ilości tłuszczu lub węglowodanów, a pomija resztę. Niestety najważniejszych informacji dotyczących węglowodanów zawartych w produkcie (ładunek glikemiczny i ilość węglowodanów dostępnych dla mikroflory) nie ma na opakowaniach. Gdy tych danych brak, zrozumienie, jak interpretować kategorie węglowodanów, pomoże ci oszacować przybliżoną ilość pożywienia dla mikroflory dostępną w wyrobie.

Ogólna ilość węglowodanów jest szacowana przez zważenie próbki produktu i odjęcie od niej ilości białka, tłuszczu, wody oraz popiołu (cząsteczek mineralnych i nieorganicznych, np. żelaza czy dwutlenku węgla). Innymi słowy, ilość węglowodanów nie jest mierzona bezpośrednio, ale określana w oparciu o to, co zostanie po zmierzeniu ilości innych składników. Zwykle na opakowaniu w kategorii „węglowodany ogółem" jest wyszczególniona ilość cukrów i błonnika pokarmowego. Może zauważyłeś, że suma cukrów i błonnika nie daje w wyniku ogólnej zawartości węglowodanów, bo kilka rodzajów węglowodanów nie zalicza się do żadnej z tych dwu kategorii. Zawartość cukrów to masa wszystkich mono- i disacharydów, czyli węglowodanów, które są błyskawiczne wchłaniane do krwiobiegu. Błonnik pokarmowy jest mieszaniną różnych polisacharydów i może wskazywać, czy dany produkt będzie odżywczy dla twojej mikroflory, jednak i tutaj konsumenci muszą wziąć pod uwagę kilka faktów i ograniczeń.

Termin „błonnik pokarmowy" ma wiele różnych definicji nadawanych przez rozmaite oficjalne stowarzyszenia. Niektóre z tych definicji mówią o fermentacji bakteryjnej, co czyni je bliskimi naszemu opisowi MAC, ale większość w ogóle nie bierze pod uwagę mikroflory. Całe zamieszanie związane z definicją błonnika pokarmowego wynika z braku standardowych metod służących do dokładnego zmierzenia jego ilości w produkcie.

Według Organizacji ds. Wyżywienia i Rolnictwa Narodów Zjednoczonych (Food and Agriculture Organization of the United Nations),

---

[2] W Polsce podaje się wartość energetyczną w kcal i kJ 100 g produktu, zawartość białka, węglowodanów (w tym cukrów), tłuszczu (w tym kwasów tłuszczowych nasyconych), błonnika pokarmowego i sodu (przyp. tłum.).

istnieje przynajmniej 15 różnych metod służących do oznaczania zawartości błonnika, umieszczanej na opakowaniu. Różne testy wykonywane w różnych laboratoriach mogą wykazywać nieco odmienne ilości błonnika. Prawdopodobnie w przyszłości pojawią się lepsze metody pozwalające dokładnie ocenić, które węglowodany zawarte w produkcie będą mogły być fermentowane w jelicie grubym, co zakwalifikuje je jako MAC. Ale pamiętaj, że z powodu różnic w mikroflorze poszczególnych ludzi oraz zmian w składzie mikroflory, które zachodzą z wiekiem, takie oznaczenia wciąż będą stanowić tylko przybliżenie. Jednak dopóki nie powstaną testy dokładnie mierzące zawartość MAC w żywności, napisana na opakowaniu wyrobu ilość błonnika pokarmowego będzie najlepszą dostępną obecnie informacją.

Pomijając trudności z definiowaniem i mierzeniem zawartości błonnika pokarmowego, jeśli zaczniesz studiować wartości odżywcze na opakowaniach żywności, zobaczysz, że w większości najczęściej konsumowanych przez nas produktów błonnika praktycznie nie ma. Przetworzona paczkowana żywność złożona z mąki rafinowanej i sporej ilości dodanego cukru nie stanowi żadnego paliwa dla mikroflory, co może powodować, że jelita będą zasiedlone przez wciąż głodujące bakterie. Według zaleceń FDA dorosły mężczyzna powinien spożywać 38 gramów błonnika pokarmowego dziennie, a dorosła kobieta 29 gramów[3]. Pomimo tych zaleceń, statystyczny Amerykanin spożywa zaledwie około 15 gramów błonnika dziennie – a niedobór ten niewątpliwie przyczynia się do zaburzeń mikroflory.

Jeśli masz przed oczami obraz biednych, wycieńczonych z głodu bakterii, to musisz wiedzieć, że nie do końca jest on zgodny z prawdą – bakterie mogą sobie całkiem nieźle radzić nawet na diecie pozbawionej błonnika. A to dlatego, że mają jeszcze inne źródło węglowodanów – mucynę (śluz) produkowaną przez nasze jelita. W okresach, gdy spożywamy mało błonnika, bakterie jelitowe utrzymują się przy życiu, żywiąc się węglowodanami, które są nieustannie wytwarzane przez komórki jelitowe i wydzielane do światła jelita, a których zadaniem jest utrzymywanie bezpiecznego dy-

[3] W Polsce zaleca się 20–40 g błonnika dziennie – standardy WHO i Instytutu Żywności i Żywienia, opublikowane w: M. Jarosz (red. nauk), *Normy żywienia dla populacji polskiej – nowelizacja*, Instytut Żywności i Żywienia, 2012 (patrz również przypis na s. 210) (przyp. tłum.).

stansu między komórkami ludzkimi a mikroflorą. Ale zjadając mucynowe węglowodany, mikroby pozbawiają nasze jelita tej tarczy, niwecząc jej ochronną funkcję, co może wywołać stan zapalny. Mimo że nieznane są jeszcze długoterminowe skutki zmniejszenia warstwy mucyny, wstępne eksperymenty sugerują, że utrata tej ochrony może prowadzić do zapalenia jelita grubego (*colitis*). Ale mikroflora potrafi się szybko dostosować: dostarcz jej błonnika pokarmowego, a wiele mikrobów przełączy się ze spożywania mucyny na wykorzystywanie resztek twojego ostatniego posiłku.

MAC (WĘGLOWODANY DOSTĘPNE DLA MIKROFLORY)

Z powodu nieprecyzyjności terminu „błonnik pokarmowy" wolimy używać nazwy MAC, węglowodany dostępne dla mikroflory (*microbiota accessible carbohydrates*), gdy wspominamy o tym, jak spożywany pokarm karmi twoją mikroflorę. Wcześniej wspomniano, że MAC to węglowodany mogące być fermentowane przez mikroflorę, które są obecne w wielu różnych produktach roślinnych, takich jak owoce, warzywa, rośliny strączkowe i ziarna. Błonnik pokarmowy występujący w żywności, jak również suplementy diety z błonnikiem mogą zawierać także węglowodany niedostępne dla mikroflory, a więc nieulegające fermentacji. Te niefermentowalne włókna bywają bardzo pomocne przy łagodzeniu zaparć, bo funkcjonują jako wypełniacze chłonące i zatrzymujące więcej wody w masie kałowej, co ułatwia wypróżnianie. Ale by odżywić swoją mikroflorę i uzyskać krótkołańcuchowe kwasy tłuszczowe (SCFA), musisz zjadać MAC. Im więcej MAC spożywasz, tym więcej procesów fermentacji będzie zachodziło w twoich jelitach i uzyskasz więcej SCFA. Od rodzaju MAC zależy, jakie mikroby będą rozwijały się najbujniej, ile różnych rodzajów bakterii będzie tworzyło twoją mikroflorę (czyli jaka będzie różnorodność jej składu) oraz jakie funkcje będzie pełniła. Jeśli będziesz jeść dużo bogatej w inulinę cebuli, mikroby, które są najlepszymi fermentatorami inuliny, staną się najbardziej powszechnym rodzajem w twojej mikroflorze. Jedząc dużo jabłek, spowodujesz wzrost liczby bakterii żywiących się pektynami, na otrębach pszennych wyhodujesz mikroby fermentujące arabinoksylany, a na grzybach wyrosną mikroby żywiące się mannanami (polisacharydy zbudowane z mannozy). Wymieniliśmy kilka nazw najważniejszych MAC obecnych w różnych produktach spożywczych, ale praktycznie każdy pokarm roślinny zawiera zróżnicowaną grupę węglowodanów zjadanych przez bakterie (jak również sporo takich kompletnie odpornych na bakteryjne trawienie).

Nie da się zmierzyć ilości MAC w danym produkcie w ten sam sposób, w jaki możemy zmierzyć w nim ilość białka. Na dodatek ponieważ każdy z nas ma inną mikroflorę, konkretny węglowodan może stanowić MAC dla jednej osoby, ale nie będzie nim dla kogoś innego. W 2010 roku grupa naukowców badała pewien rodzaj enzymu zwanego porfirynazą. Enzym ten degraduje typ polisacharydów obecnych w algach morskich w gastronomii zwanych nori – znanych suszonych listkach wodorostów, w które owija się japońskie sushi. Nie jest zaskoczeniem, że niektóre morskie bakterie posiadają gen, który koduje enzym trawiący nori, co pozwala im żywić się algami. Natomiast zdumiewająca jest obecność tych genów w mikroflorze jelitowej człowieka. Po co mikrobom jelitowym enzym degradujący wodorosty? Odpowiedź stała się oczywista, gdy naukowcy znaleźli te geny w zbiorze wszystkich genów mikroflory (czyli w mikrobiomie) Japończyków, ale nie u mieszkańców Ameryki Północnej. Widocznie w pewnym momencie mikroflora jedzących wodorosty Japończyków przystosowała się do trawienia tego nowego źródła pokarmu. Jak mogło do tego dojść? Najprawdopodobniej ludzie spożywając wodorosty, zjadali także żyjące na nich morskie bakterie – przy okazji mamy tu kolejny dowód na to, że niesterylizowanie pożywienia prowadzi do zwiększenia przyswajalności korzystnych mikrobów obecnych w środowisku. Gdy te morskie bakterie podróżowały wzdłuż przewodu pokarmowego do jelita grubego, przenosiły materiał genetyczny do bakterii będących stałymi rezydentami mikroflory. Nagle narodziła się nowa umiejętność.

Przykład konsumowania wodorostów przez mikroflorę ilustruje dwa ważne zagadnienia dotyczące flory jelitowej. Po pierwsze, w przeciwieństwie do ludzkiego genomu, mikrobiom w stosunkowo krótkim czasie potrafi się zaadaptować do zmian środowiska. Wybieranie pokarmów roślinnych jest jednym z głównych czynników wpływających na zmianę lub utrzymanie składu mikroflory. Jeśli Japończycy posiadający mikroflorę fermentującą nori całkowicie zrezygnowaliby z jedzenia wodorostów, owa zdolność zostałaby utracona. Po drugie, pomimo niezwykle wielkiej liczby genów tworzących mikrobiom, zachowywane są w nim tylko geny wykorzystywane stosunkowo często i przynoszące korzyści mikrobom. Geny obecne w naszej mikroflorze są dość drogie w utrzymaniu – mikroby muszą o nie dbać i powielać przy każdym swoim podziale komórkowym. Aby więc zminimalizować wysiłek energetyczny, mają w swoim genomie względny porządek – zachowują tylko pożyteczne geny.

BOGATA MIKROFLORA KONTRA UBOGA MIKROFLORA

Jeśli rodzaj i ilość MAC w diecie wpływa na skład twojej mikroflory, logiczne jest, że wraz ze zmniejszeniem ilości pokarmowego MAC, co dotyczy ludzi Zachodu, mikroflora się przystosowała. W badaniu opublikowanym w 2013 roku międzynarodowa grupa naukowców przyjrzała się licznym genom wchodzącym w skład mikrobiomu 292 Duńczyków. Odkryli, że te osoby można było podzielić na dwie grupy: jedną z mikrobiomem zawierającym wiele genów, a drugą z mikrobiomem zawierającym stosunkowo mało genów, czyli na tych z „bogatym" lub „ubogim" mikrobiomem. U ludzi zaliczonych do pierwszej grupy prawdopodobieństwo posiadania bakterii przeciwzapalnych w jelitach okazało się większe i byli oni szczuplejsi. Przedstawiciele drugiej grupy nie tylko mieli więcej gatunków mikrobów związanych ze stanami zapalnymi, podobnych do tych u pacjentów cierpiących na stany zapalne jelit, lecz także byli bardziej otyli, częściej cierpieli na insulinooporność i mieli większe skłonności metaboliczne do wytwarzania związków sprzyjających powstawaniu nowotworów. Mówiąc innymi słowy – ludzi o ubogiej mikroflorze cechował profil zdrowotny zaliczający ich do grupy podwyższonego ryzyka wystąpienia cukrzycy typu 2, schorzeń układu krwionośnego, chorób wątroby i nowotworów. Osobnicy o bogatym mikrobiomie mieli więcej genów związanych z produkcją prozdrowotnych krótkołańcuchowych kwasów tłuszczowych (SCFA). Zgadnij, której grupie groziło większe niebezpieczeństwo przybierania wraz z wiekiem na wadze? Grupie „ubogich". Oczywiste staje się więc, że posiadanie bogatego mikrobiomu jest wysoce pożądane, ale jak można to osiągnąć?

W podobnym badaniu przeprowadzonym we Francji także zaobserwowano podział na osobników z ubogim i bogatym mikrobiomem. Francuscy naukowcy zapytali uczestników badania o ich dietę i odnotowali, że ci z ubogim mikrobiomem spożywali mniej owoców i warzyw (a więc mniej MAC) niż grupa z bogatym mikrobiomem. Ale sytuacja pierwszej grupy wcale nie była patowa. Po sześciu tygodniach od wprowadzenia diety o niższej ilości tłuszczu i mniejszej kaloryczności oraz większej ilości białka i błonnika, badani nie tylko stracili na wadze, ale zwiększyli też bogactwo genów w swoim mikrobiomie. Wraz z tym poprawiły się ich parametry zdrowotne, łącznie z obniżeniem poziomu cholesterolu we krwi i zmniejszeniem liczby stanów zapalnych.

Te dwa ważne badania dostarczają istotnych wskazówek pozwalających zrozumieć, dlaczego niektórzy otyli ludzie są odporni na zachorowanie na cukrzycę, choroby serca czy pozostałe schorzenia związane z otyłością, a inni otyli nie. Może to też tłumaczyć, czemu u pewnych ludzi te choroby się pojawią, mimo że nie są otyli, a znajdują się w kategorii „otłuszczonych szczupłych" (*skinny fat*). Wyniki tych badań pokazują, że bogactwo mikrobiomu (lub jego brak) jest lepszym markerem zapadalności na choroby cywilizacyjnie niż tylko masa ciała. W przyszłości lekarz, zamiast wyliczyć twoje BMI (*body mass index*), może bardziej się skupi na ocenie stanu twojego mikrobiomu, a jeśli okaże się on ubogi – zaleci dietę bogatą w MAC.

Innym sposobem na poprawę stanu ubogiego mikrobiomu jest dodanie większej liczby bakterii (i wnoszonych przez nie genów) do mikroflory. W 2013 roku dr Jeffrey Gordon z Uniwersytetu w Waszyngtonie prowadził badania nad florą jelitową bliźniąt jednojajowych, które wykazywały duże rozbieżności w masie ciała, co oznacza, że jedno z bliźniąt było szczupłe, a drugie otyłe, mimo iż ich geny były niemal identyczne. Gdy przeniesiono względnie mało zróżnicowaną, czyli ubogą, mikroflorę z otyłych bliźniąt do myszy, zwierzęta te także stawały się otyłe. Przeszczep mikroflory o większej różnorodności, czyli bogatej, od szczupłych bliźniąt dawał w rezultacie szczupłe myszy. Potem naukowcy testowali, co się stanie, gdy umieszczą myszy z tych dwóch grup razem w tej samej klatce. Myszy jedzą swoje odchody, tak więc mieszkając wspólnie, myszy otyłe zjadały odchody (a wraz z nimi bakterie) myszy szczupłych i *vice versa*. Eksperyment miał na celu znalezienie odpowiedzi na pytanie, które postawiliśmy już wcześniej: czy dodanie bakterii do mało zróżnicowanej mikroflory zwiększy jej bogactwo i poprawi zdrowie? W eksperymencie dr. Gordona „szczupłe" mikroby zasiedliły jelita myszy o „otyłej" mikroflorze, zwiększając jej różnorodność i funkcjonując jako czynnik hamujący otyłość.

Ale zanim pobiegniesz do swoich szczupłych przyjaciół i poprosisz o próbkę ich mikroflory do transplantacji, zwróć uwagę na pewien haczyk: aby czynnik chroniący przed otyłością mógł zadziałać, otyłe myszy musiały być karmione dietą bogatą w owoce i warzywa, a ubogą w tłuszcz. Gdy naukowcy przeprowadzili podobny eksperyment, umieszczając razem myszy o ubogim i bogatym mikrobiomie, ale żywili je dietą o wysokiej zawartości tłuszczu i niskiej zawartości owoców i warzyw, myszy otyłe stały się jeszcze grubsze, a bakterie „szczupłej" mikroflory nie zadomowiły się w ich jelitach. Aby zwiększyć bogactwo bakterii rezydujących w jelicie, nie wystarczy więc samo zwiększenie ich liczby. Wszyscy zjadamy mikroby, a niektóre z nich niewątpliwie pochodzą z mikroflory innych ludzi. Ale mikroby korzystne dla zdrowia nie zadomowią się w nas, jeśli nie będziemy stosować diety, która pomoże im utrzymać się w naszych jelitach.

USUWANIE MAC ZE WSPÓŁCZESNEJ ŻYWNOŚCI

Gdzie podziały się wszystkie MAC z naszej diety? Za przykład niech posłuży historia związana z naszym spożywaniem pszenicy. Obecnie jest ona okryta niesławą, ale nie zawsze tak było. Ludzie spożywali pszenicę przez ponad 10 000 lat, w niektórych kulturach nawet w dość dużych ilościach. Dlaczego ten starożytny wzorzec dietetyczny jest teraz tak oczerniany?

Ziarno pszenicy, czyli jej nasionko, zbudowane jest z bielma (endosperma), łuski (otręby) i zarodka (kiełek). Bielmo zawiera cały zapas pożywienia w postaci skrobi, którym żywić się będzie kiełkujący zarodek. Łuska otacza z zewnątrz nasionko, tworząc twardą włóknistą osłonę. Zarodek to bogaty w tłuszcz i błonnik organ reprodukcyjny, który kiełkuje, tworząc nową roślinę.

Tysiące lat temu ludzie zaczęli używać kamiennych żaren, aby zmielić nasiona pszenicy przeznaczone na posiłek, co dało początek mące. Jednak ta pszenica mielona w kamiennych żarnach była kompletnie niepodobna do współczesnej mąki produkowanej w zakładach przetwórstwa żywności. Rewolucja przemysłowa przyniosła żarna napędzane silnikami parowymi, co pozwoliło produkować mąkę na znacznie większą skalę. Ale wytwórcy zastanawiali się, jak utrzymać ją w stanie świeżości przez dłuższy czas, pozwalający na transport mąki z młyna do klienta. Odkryto, że jeśli usunie się z pszenicy oleisty zarodek (czyli część, która ulegała jełczeniu), zanim ziarno będzie mielone, można wydłużyć okres przechowywania mąki prawie w nieskończoność. Nieznany był jednak fakt, że podczas usuwania zarodka pozbywa się także znacznej części błonnika pokarmowego, nie wspominając o innych prozdrowotnych mikroskładnikach obecnych w zarodku pszennym. Młynarze doszli też do wniosku, że usunięcie łuski da złożoną wyłącznie z samego bielma, białą, puszystą mąkę, która dla większości klientów wyglądała lepiej, była smaczniejsza i łatwiejsza do produkowania wypieków. Technologia dostarczyła nam „mąki dla bogaczy" po niskiej cenie, ale dieta naszych mikrobów stała się przez to uboższa. Wraz z dalszym rozwojem technologii otrzymywania mąki, pszenica mogła być mielona na coraz drobniejsze cząsteczki, aż zaczęła przypominać sypki talk, który wypełnia torebki z napisem „mąka", stojące obecnie na półkach sklepów.

Logiczne jest, że usuwanie łuski i zarodka z pszenicy zmniejsza ilość MAC, ale dlaczego czystość i stopień rozdrobnienia mąki także wpływają na dostępność MAC? Czy torebka mąki z pełnych ziaren nie zawiera takiej samej ilości MAC jak całe nietknięte ziarno pszenicy? Okazuje się, że nie. Niektóre MAC mogą przetrwać podróż przez jelita do mikroflory, bo w ludzkim genomie nie ma genów kodujących możliwość ich degradacji.

Są jak zamek, do którego nie mamy klucza. Inne zaś węglowodany złożone unikają trawienia w jelicie cienkim i mogą dotrzeć do jelita grubego, ponieważ są ukryte w większych kawałkach pokarmu, zbyt dużych, abyśmy zdążyli je strawić w trakcie pasażu. To kwestia czasu. W ich przypadku mamy odpowiedni klucz (to węglowodany przyswajalne przez człowieka), ale zamek jest w pewnym sensie ukryty. Te schowane węglowodany zawierają wiązania, których rozcięcie jest zakodowane w ludzkim genomie, jednak ponieważ są one otoczone ochronnym płaszczykiem, który pierwszy musi ulec strawieniu, mogą przetrwać podróż przez nasze jelita w stanie niemal niezmienionym, stając się fermentowalnymi MAC dla bakterii. Jeśli mąkę się zmiele na bardzo drobniutkie cząsteczki, nasze enzymy trawienne mają wystarczająco dużo czasu, by rozciąć więcej wiązań węglowodanowych i wchłonąć otrzymane mono- i disacharydy bezpośrednio do układu krwionośnego. Gdy mąka jest grubo mielona, wtedy enzymy nie mają tyle czasu, aby dobrać się do wszystkich wiązań węglowodanowych, co powoduje, że część z nich dostaje się naszej mikroflorze. Możesz jeść taką samą ilość chleba jak twoja prababcia, ale ponieważ jej chleb był upieczony z grubo mielonej mąki, zawierającej także zarodek i łuskę, był bogatszy w MAC niż ten dostępny dzisiaj. Kromka chleba z oczyszczonej, drobno mielonej mąki przypomina raczej pieczony przez twoją prababkę placek i praktycznie wcale nie zawiera MAC. Jedzenie pieczywa z mąki pełnoziarnistej dostarczy ci 2 gramy błonnika na kromkę. Ale jeżeli posuniesz się dalej i zamiast chleba zjesz szklankę ugotowanych niemielonych ziaren pszenicy (pęczak), dostarczysz sobie 9 gramów błonnika – czyli ilość między 1/4 a 1/3 zalecanego dziennego zapotrzebowania na błonnik pokarmowy.

W okolicach San Francisco chleb na zakwasie jest dostępny wszędzie[4]. Niektórzy z nas próbują piec chleb samodzielnie, używając kultur starterowych, które (podobnie jak nasze bakterie jelitowe) są złożoną grupą mikrobów specjalizujących się w tym przypadku w fermentowaniu mąki. Aby w naszym chlebie było jak najwięcej MAC, własnoręcznie mielimy ziarna pszenicy na mąkę za pomocą małego domowego młynka do orze-

[4] Także w Polsce chleb na zakwasie staje się coraz popularniejszy i łatwiej dostępny (przyp. tłum.).

chów. Używanie mąki, która nie była mielona w zakładzie przemysłowym, daje nam pewność, że zawiera ona więcej grudek, nie wspominając o obecności zarodka i łuski. Mimo że nasz chleb jest zdecydowanie twardszy i bardziej zwarty niż puszysty, biały jak śnieg chleb ze sklepu, obecność zarodka i łusek nadaje mu niepowtarzalny smak. Robienie własnego chleba przy użyciu kultur starterowych zamiast komercyjnych drożdży jest świetnym sposobem na obniżenie ładunku glikemicznego chleba, bo bakteryjne kultury starterowe konsumują większość z cukrów prostych obecnych w mące. Na dodatek zabawa bakteriami we własnej kuchni dostarcza sporo radości. Chleb na zakwasie jest także dostępny w sklepach. Wybieraj ten robiony z mąki z pełnego ziarna, aby pieczywo miało wyższą zawartość MAC.

A CO Z ESKIMOSAMI?

Istnieje tak wiele dowodów wskazujących na korzyści diety wysokobłonnikowej, a wciąż słychać głosy sceptyków twierdzących, że lepsza jest dieta wysokobiałkowa. Co na przykład z Eskimosami? Oni nie spożywają błonnika praktycznie wcale, a mimo to są bardzo zdrowi. Istotnie, w tradycyjnej kuchni ludów zamieszkujących okolice koła podbiegunowego nie ma roślin. Błonnik pokarmowy jest spożywany wyłącznie wiosną, gdy można zbierać jagody, kłącza czy wodorosty. Są dowody, że takie wprowadzanie błonnika raz do roku wywołuje u tych ludzi spory dyskomfort. Kerstin Eidlitz Kuoljok pisze w książce wydanej w 1969 roku, *Food and Emergency Food in the Circumpolar Area* (Pokarm i zapasowe źródła pokarmu w okolicach koła podbiegunowego): „Eskimosi z okręgu Angmagssalik dostają bólów brzucha po zjedzeniu większych ilości wodorostów po okresie dłuższego ich niespożywania. Ale po kilku dniach przyzwyczajania mogą je jeść już bez bólu brzucha". Niewykluczone, że doświadczany ból jest rezultatem nagłego wzrostu procesów fermentacji wywołanej spożytym błonnikiem, który obok SCFA wytwarzają także gazy.

W tym momencie warto na chwilę zatrzymać się i zadać pytanie, które pewnie zacznie cię nurtować. Czy przejście na dietę bogatą w błonnik nie wywoła u mnie nadmiernych wzdęć i gazów? Zdrowe odżywianie jest wystarczająco trudne w społeczeństwie przyzwyczajonym do wygodnej, szybkiej żywności. Dlaczego mamy więc przechodzić na dietę, która uczyni z nas towarzyskich wyrzutków? Rzeczywiście, jednym z produktów ubocznych fermentacji bakteryjnej są gazy takie jak wodór i dwutlenek węgla. One same nie mają zapachu, ale gdy wydobywają się z organizmu, zabierają ze sobą także cząsteczki niezbyt ładnie pachnących związków produkowanych przez pewne bakterie jelitowe, np. gazów zawierających siarkę (o niemiłej woni zepsutych jajek). Dobra wiadomość jest taka, że wewnątrz skomplikowanego ekosystemu jelitowego, gdzie odpady jednego mikroba są pożywieniem innego, gazowe wytwory fermentacji także mogą być skonsumowane przez inne mikroby obecne w jelitach, na przykład przez *Methanobrevibacter smithii*. Mikrob ten nie jest bakterią, ale organizmem należącym do królestwa jednokomórkowców Archea. *M. smithii* wykorzystuje wodór i dwutlenek węgla do produkcji metanu, innego bezwonnego gazu. Zgodnie z biochemią syntezy metanu, *M. smithii* w praktyce zasysa dużo więcej gazów (substratów), niż wytwarza produktów. Dzięki temu obecność *M. smithii* w jelitach znacznie obniży ilość gazów przeznaczonych do usunięcia na zewnątrz. Posiadając zróżnicowaną kolekcję mikrobów bytujących w jelitach, masz dużo większą szansę, że gazy produkowane w wyniku fermentacji staną się częścią skomplikowanego łańcucha pokarmowego stanowiącego pożywienie dla innych mikrobów. Im więcej gazów wykorzystują mikroby, tym mniej się ich wypuszcza.

Takie okresowe spożywanie błonnika przez Eskimosów może wystarczać, by ich mikroflora corocznie się rozrastała. Kilka dni dyskomfortu najprawdopodobniej odpowiada okresowi adaptacji mikroflory do nowej diety. Eskimosi spożywają także sporo fermentowanych płetw fok, które co prawda nie dostarczają MAC, ale stanowią naturalny probiotyk zwiększający różnorodność mikroflory. Prawdę mówiąc, ponieważ nie prowadzono żadnych badań naukowych na mikroflorze Eskimosów żywiących się tradycyjnie (a teraz takie badania są już całkowicie niemożliwe, bo Eskimosi przechodzą na dietę zachodnią), nigdy się nie dowiemy, jak wyglądała ich wcześniejsza mikroflora. Innym ważnym faktem do wzięcia pod uwagę jest to, że z powodu geograficznej izolacji ludzie ci mogli zgromadzić pewne cechy adaptacyjne zarówno w swoim ludzkim genomie, jak i w mikrobiomie, dzięki którym zachowywali zdrowie mimo diety bogatej w mięso i tłuszcz, a ubogiej w błonnik. Możliwe, że – podobnie jak u Japończyków przystosowanych do jedzenia wodorostów – mikrobiom Eskimosów skumulował geny pozwalające przetrwać mu w ekstremalnym środowisku. Adaptacje te (jeśli przyjmiemy, że się pojawiły) nie występowałyby w mikroflorze przeciętnego mieszkańca Zachodu. Potrzeba nam znacznie więcej informacji, aby używać przykładu Eskimosów jako argumentu przeciw konieczności zwiększenia konsumpcji MAC.

Kilka badań pokazuje, że diety bogate w mięso wpływają na stan mikroflory w sposób szkodzący zdrowiu. Już w ciągu czterech tygodni, u osób będących na diecie bogatej w białko i ubogiej w węglowodany dochodzi do drastycznego spadku produkcji zarówno krótkołańcuchowych kwasów tłuszczowych (SCFA), jak i tworzonych z nich antyoksydantów, a także nagromadzenia w jelicie szkodliwych metabolitów. Takie zmiany w dłuższej perspektywie mogłyby wywierać negatywny wpływ na okrężnicę, podwyższając ryzyko chorób zapalnych oraz nowotworów jelita grubego. Mikroflora mięsożerców, w porównaniu z wegetarianami i weganami, wytwarza więcej związków łączonych z chorobami układu sercowo-naczyniowego. Jednym z nich jest tlenek trimetyloaminy (*trimethylamine-N-oxide*, TMAO), cząsteczka produkowana przez mikroflorę metabolizującą substancje obecne w czerwonym mięsie. Rosnąca liczba dowodów pochodzących z tego rodzaju badań naukowych świadczy, że dieta bogata w MAC daje w rezultacie bogatą mikroflorę, która z kolei przynosi nam korzyści zdrowotne.

DIETA BIG MAC WZBOGACAJĄCA MIKROFLORĘ

Nasza rodzina spożywa ryby, nabiał i niewielkie ilości mięsa ze zwierząt hodowanych na pastwiskach, ale największą część talerza zajmują produkty bogate w MAC, jak brązowy ryż, gotowane całe ziarna jęczmienia, nasiona roślin strączkowych, pieczone warzywa, owoce i/lub kawałek ciemnej czekolady na deser. Ograniczamy konsumpcję cukrów prostych, stronimy od wytwarzanej fabrycznie żywności paczkowanej i staramy się nie używać białej mąki do wypieków. Zdobycie wystarczającej ilości błonnika może być trudne. Ale gotując przynajmniej kilka razy w tygodniu obiad, którego podstawą są fasola czy inne rośliny strączkowe, i mając zawsze pod ręką słoik z ugotowanymi wcześniej strączkowymi, którymi można posypać sałatkę czy zrobić szybką quesadillę[5], możemy w łatwy sposób zwiększyć spożycie błonnika. Wolimy smak roślin strączkowych gotowanych przez nas samodzielnie od tych kupowanych w puszkach, więc w weekendy przyrządzamy duży gar pełen czarnej fasolki, ciecierzycy, fasolki czerwonej czy czegokolwiek innego, co mamy do dyspozycji. Gotowanie ich na małym ogniu przez kilka godzin wymusza częste mieszanie i pilnowanie, by nie wykipiały lub się nie przypaliły. Potem ugotowane strączkowe przechowujemy w słoikach w lodówce przez tydzień albo mrozimy na dłużej. Często dodajemy orzechy i nasiona do wszelkich potraw, które zjadamy, także do sałatek i dań głównych.

Jeśli stosowanie takiej diety wydaje ci się zbyt trudne, może zacznij od małych, niekłopotliwych kroków. Na przykład wypracuj nawyk rozpoczynania każdego posiłku od oszacowania, ile węglowodanów MAC jest na talerzu. Jeżeli nie widzisz niczego, co dostarcza pożywienia twojej mikroflorze, pomyśl, co mógłbyś zastąpić w tym posiłku, aby zwiększyć ilość MAC. Gdy obawiasz się wzdęć czy innego dyskomfortu towarzyszącego nagłym zmianom w ilości spożywanych MAC (podobnie jak u Eskimosów), zacznij zwiększać zawartość MAC w twoich posiłkach stopniowo w ciągu kilku tygodni czy miesięcy, tak abyś zmianę dobrze znosił. Sukcesywnie możesz też w sklepie czy w restauracji zacząć dokonywać innych wyborów, które będą lepiej służyły twojej mikroflorze, a w rezultacie poprawią twój stan zdrowia. Na końcu tej książki znajdziesz przepisy na dania bogate w MAC, które pomogą ci w zmianie stylu żywienia na bardziej przyjazny dla mikroflory.

---

[5] Danie kuchni meksykańskiej – to podsmażone dwa kukurydziane lub pszenne placki (*tortillas*), pomiędzy którymi znajduje się farsz (np. warzywa, mięso) sklejony roztopionym serem (przyp. tłum.).

ROZDZIAŁ 6

Podszepty wewnętrznego głosu

OŚ MÓZGOWO-JELITOWA

Pomiędzy naszym mózgiem a jelitem istnieje pewna pierwotna więź. Zakochani ludzie często mówią, że czują motylki w brzuchu. Ufamy swojemu wewnętrznemu głosowi, gdy podejmujemy trudną decyzję, a w warunkach silnego stresu ściska nas w dołku. Te związki umysłu i naszych trzewi wcale nie są tylko metaforyczne. Mózg i jelita człowieka połączone są niezwykle bogatą siecią neuronów i rzeką płynących związków chemicznych oraz hormonów nieustannie informujących o tym, czy jesteśmy głodni, czy odczuwamy stres, czy też zjedliśmy jakiegoś chorobotwórczego mikroba. Kanał, którym płyną te informacje, zwany jest osią mózgowo-jelitową i dostarcza aktualnych danych dotyczących stanu rzeczy na obu twoich końcach. Uczucie ściskania w żołądku, gdy spoglądasz na wysokość wystawionego ci mandatu, jest przykładem funkcjonowania osi mózgowo-jelitowej w praktyce. Jeśli wpadasz w stres, twoje jelita dowiadują się o tym natychmiast.

Jelitowy układ nerwowy często nazywany jest drugim mózgiem. Stanowi on część układu nerwowego służącą do kontroli przewodu pokarmowego i jest połączony z mózgiem milionami połączeń nerwowych. Ta szeroka sieć połączeń dotyczy całego układu trawiennego – od przełyku do odbytu. Jelitowy układ nerwowy jest tak rozbudowany, że może funkcjonować zupełnie samodzielnie, niezależnie od sygnałów z centralnego układu nerwowego, mimo że pozostaje z nim w stałym kontakcie. Choć ten „drugi mózg" nie potrafi skomponować symfonii ani stworzyć obrazu, tak jak robi to mózg znajdujący się w czaszce, to pełni on ważne funkcje w zarządzaniu pracami naszej wewnętrznej rury – przewodu pokarmowego. System neuronów oplatających jelita jest tak duży i złożony jak system neuronów w rdzeniu kręgowym. Wydaje się, że jest zdecydowanie przesadnie rozbudowany, jeśli miałby służyć wyłącznie nadzorowaniu procesów trawienia. Dlaczego jelita potrzebują swojego własnego „mózgu"? Czy ma on służyć wyłącznie kontrolowaniu przebiegu trawienia? Czy możliwe jest, że jedno z zadań naszego „drugiego mózgu" polega na słuchaniu miliardów mikrobów bytujących w jelitach?

Funkcjonowanie jelitowego układu nerwowego jest nadzorowane przez mózg i centralny układ nerwowy. Centralny układ nerwowy pozostaje w kontakcie z jelitami poprzez współczulną (sympatyczną) i przywspółczulną (parasympatyczną) odnogę autonomicznego układu nerwowego, zawiadującego nieświadomymi procesami, takimi jak bicie serca, oddychanie i trawienie. Do funkcji autonomicznego układu nerwowego należy regulacja szybkości przesuwania treści pokarmowej w jelitach, wydzielanie kwasu solnego w żołądku, produkcja warstwy śluzowej (mucyny) osłaniającej jelita. Drugim mechanizmem, dzięki któremu mózg może porozumiewać się z jelitami, jest oś podwzgórze–przysadka–nadnercza (*hypothalamic-pituitary-adrenal axis*, HPA), gdzie procesy trawienia są kontrolowane za pomocą hormonów.

Te powiązania neuronów, hormonów i chemicznych neurotransmiterów nie tylko wysyłają informacje do mózgu o aktualnym stanie jelit, lecz także pozwalają mózgowi bezpośrednio wpływać na środowisko panujące w jelitach. Szybkość, z jaką pokarm jest przesuwany w jelitach, oraz ilość mucyny wyścielającej jelita to dwa elementy będące pod bezpośrednim nadzorem centralnego układu nerwowego i wywierające duży wpływ na środowisko, w którym bytują mikroorganizmy.

Tak jak w każdym innym ekosystemie zasiedlonym przez konkurujące ze sobą gatunki, także i w jelitach to środowisko dyktuje, które z organizmów będą miały szansę dobrze się rozwijać. Stworzenia zaadaptowane do życia w wilgotnych lasach tropikalnych będą miały trudności w przetrwaniu na pustyni, podobnie mikroorganizmy zależne od obecności warstwy mucyny będą miały kłopoty z przeżyciem, gdy warstwa mucyny jest zbyt cienka i mierna. Zwiększ ilość mucyny, a mikroby zależne od niej powrócą do gry. Układ nerwowy poprzez swoją możliwość wpływu na szybkość pasażu jelitowego i wydzielanie mucyny może pomóc w dyktowaniu, które mikroby zasiedlają jelita. To przykład, że nawet jeśli decyzje nie są podejmowane świadomie, to jednak nasz mózg panuje nad mikrobami.

A co mamy po stronie mikrobów? Jeśli mikroflora dostosuje się do zmian w diecie albo do wywołanego stresem przyspieszonego pasażu jelitowego, to czy mózg jest świadomy tych zmian? Czy oś mózgowo-jelitowa działa tylko w jedną stronę, przekazując sygnały od mózgu do jelit, czy też niektóre informacje mogą także wędrować w drugą stronę? Czy głosik w twojej głowie mówiący, że już czas na posiłek, to głos twojego rozumu, a może wydają go miliony nienasyconych gardeł bytujących w jelitach? Ostatnie doniesienia wskazują, że nasz mózg nie tylko jest „świadomy" obecności mikrobów jelitowych, ale te mikroby mogą wpływać na nasze postrzeganie świata i zachowania. Staje się oczywiste, iż wpływy mikroflory sięgają dużo dalej niż jelito i – mimo że niewielu by to podejrzewało – oddziałują na umysł.

Na przykład mikroflora jelitowa wpływa na poziom jednego z ważniejszych neurotransmiterów – serotoniny, która reguluje odczucie szczęścia. Niektóre z najczęściej wydawanych leków na receptę w USA przepisywanych przy stanach lękowych i depresji, jak Prozac, Zoloft i Paxil, modulują poziom serotoniny. Serotonina jest prawdopodobnie zaledwie jednym z wielu kontrolujących nasz nastrój i zachowanie biochemicznych przekaźników, na które wpływ ma nasza mikroflora.

MYSZY POZBAWIONE MIKROFLORY: ODWAŻNE I ZAPOMINALSKIE

Myśl, że mikroby mogą wpływać na zachowanie, wcale nie jest nowa. Wiele patogenów oddziałuje na umysł. Czynnik chorobotwórczy syfilisu to wyjątkowo ruchliwa bakteria o spiralnym kształcie zwana *Treponema pallidum*, która może przedostać się do rdzenia kręgowego i mózgu zainfekowanych osobników. Bakteria ta przejmuje kontrolę nad systemem nerwowym i radykalnie zmienia zachowanie człowieka, tak jak ugryzienie przez zombie, powodując depresję, zaburzenia nastroju, a nawet stany psychotyczne. Niektóre mikroby wykorzystują panowanie nad umysłem jako swój sposób rozprzestrzeniania. Pierwotniak *Toxoplasma gondii* infekuje gryzonie, przedostaje się do ich mózgów i sprawia, że tracą one instynktowny strach przed drapieżnymi kotami, co zwiększa prawdopodobieństwo, iż staną się ich ofiarami. Jeśli kot zje zainfekowaną mysz, wygrywa na tym *T. gondii*, która w ciele kota zamyka swój cykl rozwojowy i wraz z odchodami gospodarza uwalnia swoje zarodniki. W tym przypadku przejęcie przez *T. gondii* kontroli nad umysłem gryzonia jest wysoce korzystne z punktu widzenia mikroba. Świat natury jest pełen podobnych przypadków „złych" mikrobów, jak powyższe, które wykorzystują kontrolowanie umysłu swoich gospodarzy do własnych celów[1]. Znacznie mniej wiemy o tym, czy „dobre" mikroby ukryte w głębi jelit także mogą pociągać za sznurki naszego umysłu.

Jedne z pierwszych dowodów na to, że mikroflora jelitowa jest powiązana z funkcjonowaniem mózgu i zachowaniem, pochodzą od naukowców obserwujących pozbawione mikroflory myszy hodowane w sterylnych balonach. Badacze spostrzegli, że sterylne myszy mają nieco inną osobowość niż myszy z normalną mikroflorą. Sterylne myszy były bardziej ryzykanckie i bardziej chętne do eksplorowania nowych terytoriów. W świecie gryzoni uchodziłyby za mistrzów sportów ekstremalnych, bo jeśli byłyby na wolności, myszy te pokonywałyby dłuższe dystanse, a to zwiększałoby niebezpieczeństwo zostania posiłkiem głodnego sokoła. Z ewolucyjnego punktu widzenia osobowość ryzykancka raczej nie gwarantuje zapewnienia sobie przetrwania czy przekazania genów potomkom. Trzymanie się

[1] Przykładem jest też wścieklizna – choroba wywołana wirusem (*Rabies virus*), który infekuje głównie drapieżniki (psy, lisy, koty, nietoperze), ale też gryzonie. Wirus wywołuje u zainfekowanych zwierząt wyraźną zmianę zachowania: nadmierną odwagę (opuszczanie bezpiecznych nor), wodowstręt oraz agresję (kąsanie innych zwierząt), co ułatwia rozprzestrzenianie się wirusa (przyp. tłum.).

z daleka od otwartych przestrzeni chroni myszy i zwiększa szanse, że ich geny (i mikroflora) zostaną przekazane następnym pokoleniom.

Obserwując te wyjątkowo odważne sterylne myszy naukowcy odkryli, że po skolonizowaniu przez mikroby gryzonie stają się ostrożniejsze, tak jak normalne myszy. Ale aby ta zmiana zachowania mogła zajść, myszy musiały zostać zainfekowane mikrobami, zanim osiągnęły dorosłość. Jeśli były już dorosłe, zasiedlenie ich jelit przez mikroby nie mogło odwrócić brawurowego zachowania. Wydaje się, że rola, którą odgrywają mikroby jelitowe w tworzeniu tolerancji myszy na ryzyko, jest ograniczona do pewnego krytycznego momentu w dzieciństwie. U ludzi dzieciństwo jest okresem niezwykle gwałtownego rozrostu i rozwoju połączeń w mózgu. Jeśli mikroorganizmy jelitowe biorą udział w rozwoju osobowości i zachowania także i u ludzi, podobnie jak robią to u myszy, to wydaje się sensowne, że największy wpływ będą wywierały na wczesnym etapie życia.

Naukowcy odkryli, że sterylne myszy są nie tylko większymi poszukiwaczami wrażeń, lecz mają także problemy z pamięcią. Pewna grupa badaczy przeprowadziła testy na pamięć u dwóch grup myszy, jednej sterylnej, a drugiej z normalną mikroflorą. W pierwszym teście myszy miały 5 minut, aby zapoznać się z dwoma nowymi przedmiotami – małym gładkim pierścieniem na serwety i dużym, pokratkowanym pierścieniem. Przedmioty te następnie usunięto na 20 minut. Po tej przerwie duży, kratkowany pierścień był powtórnie umieszczany w klatkach wraz z nowym obiektem, którego myszy nigdy wcześniej nie widziały – z gwiaździstą foremką do ciastek. Jeśli myszy zapamiętałyby widziany wcześniej duży pierścień, poświęciłyby mu mniej uwagi, a zajęłyby się poznawaniem zupełnie nowej, niewidzianej jeszcze foremki. Myszy z normalną mikroflorą właśnie tak robiły. Jednak myszy pozbawione mikroflory spędziły tyle samo czasu na badaniu znanego pierścienia, jak i nowej foremki. Gryzonie te zupełnie zapomniały, że widziały ten przedmiot zaledwie 20 minut wcześniej.

Należy pamiętać (może twoja mikroflora ci w tym pomoże), że warunków, w jakich są hodowane pozbawione mikroflory myszy, nie da się stworzyć dla człowieka – bo wszyscy jesteśmy skolonizowani. Ekstremalne warunki, stworzone sztucznie w laboratorium (żadnych mikrobów *versus* miliardy mikrobów), wyraźnie sugerują duży wpływ mikroflory na zachowanie i pamięć. Wpływ ten, choć na pewno nie tak duży, może jednak istnieć w warunkach, w jakich na co dzień żyje człowiek.

Możemy przypuszczać, że mikroflora zwiększa szanse na przeżycie swojego gospodarza poprzez uczynienie go bardziej rozważnym i ostrożnym albo przez poprawienie jego pamięci. Być może współcześni ludzie są tacy, jacy są, dlatego że całe pokolenia mikroflory pomagały naszym przodkom w dokonywaniu mądrych, wydłużających życie decyzji. Wpływ mikrobów jelitowych na naszą osobowość i inteligencję jest wciąż dość niejasny, ale są one z pewnością czymś znacznie więcej niż tylko pomocnikiem w trawieniu żywności. I chociaż nie powinieneś obwiniać zażywanych niedawno antybiotyków za to, że zapomniałeś o rocznicy ślubu, twój wewnętrzny głos może okazać się biochemicznym szeptem mikroflory. Jej występowanie jest ograniczone do wewnętrznej przestrzeni przewodu pokarmowego, ale jasne staje się, że wpływy mikroflory rozciągają się daleko poza ten obszar. Związki chemiczne produkowane przez te bakterie mogą przenikać przez ściany jelita, wnikać do krwiobiegu i docierać do mózgu. Naukowcy aktywnie wyszukują i badają charakter owych związków, by odkryć, jaki jest ich wpływ na stan naszego umysłu.

PRZESZCZEP OSOBOWOŚCI

Przeszczep mikroflory może nadać biorcy pewne fizyczne cechy pochodzące od dawcy. Przeszczep „otyłej" mikroflory do szczupłej myszy powoduje, że przybiera ona na wadze, podobnie transplantacja „szczupłej" mikroflory chroni przed otyłością. Ale skoro mikroflora potrafi wpływać na funkcjonowanie mózgu, czy jest możliwe, aby przeszczepione mikroby zmieniały czyjś nastrój lub osobowość? Czy „szczęśliwa" mikroflora może pomóc w walce z depresją?

W 2011 roku grupa naukowców z kanadyjskiego Uniwersytetu McMaster w Ontario zaczęła badać, czy mikroflora jelitowa może przenosić typy osobowości, podobnie jak przenosi typy budowy ciała. Pracowano z dwiema różnymi grupami myszy laboratoryjnych. Jedna, zwana Balb/c była bardziej lękliwa, coś w rodzaju mysiego odpowiednika Woody'ego

Allena. Druga, zwana NIH Swiss, była podobna do włoskiego aktora i reżysera Roberta Benigniego, bardziej towarzyska i ekstrawertyczna z natury. Aby ocenić, jak bardzo nerwowa lub ekstrawertyczna jest dana grupa myszy, naukowcy umieścili je na podwyższonej platformie i obserwowali, ile czasu zajmie im zejście na dół. Długie wahanie przed zejściem z platformy wskazywało na to, że gryzonie czuły się zdenerwowane niepewną sytuacją. Im bardziej myszy były pewne siebie, tym szybciej zeskakiwały. Zwierzęta w typie Woody'ego Allena potrzebowały średnio 4,5 minuty, aby ostrożnie zejść z podwyższenia. Myszy w typie Roberta Benigniego zeskakiwały w ciągu kilku sekund.

Następnie naukowcy zamienili mikroflorę w obu grupach myszy i powtórzyli test platformy. Kiedy mikroflora Woody'ego Allena została przeszczepiona do myszy w typie Roberta Benigniego, uprzednio pewne siebie gryzonie teraz potrzebowały ponad minuty na zejście z podwyższenia. Przeszczep flory Roberta Benigniego do uprzednio lękliwych myszy w typie Woody'ego Allena skrócił czas ich wahań przy zejściu o ponad minutę. Po zamienieniu mikroflory tych dwóch grup myszy poziom lęku i związane z nim zachowanie gryzoni ulegały widocznej zmianie – czyli zachowanie zależało od tego, jakiego rodzaju mikroby żyły w ich jelitach.

Badacze odkryli, że przeszczep mikroflory wpływał na poziom czynnika neurotropowego pochodzącego z mózgu (*brain-derived neurotropic factor*, BDNF) w hipokampie. BDNF jest białkiem, którego funkcje są wiązane z chorobami takimi jak depresja, schizofrenia i zaburzenia obsesyjno-kompulsywne. Niski poziom BDNF w hipokampie łączy się z większą lękliwością i depresją. Po otrzymaniu mikroflory Woody'ego Allena uprzednio otwarte i towarzyskie myszy w typie Roberta Benigniego nie tylko stały się bardziej strachliwe, lecz także zaczęły wykazywać mierzalne zmiany w chemii mózgu.

Z naukowego punktu widzenia wciąż nie jest zrozumiałe, jak dochodzi do zmiany zachowania. W jakiś sposób mikroflora wpływa na poziom BDNF (i prawdopodobnie także innych chemicznych przekaźników) w mózgu. Te chemiczne zmiany związane są ze zmianami w nastroju i zachowaniu organizmu gospodarza, w tym przypadku myszy. Jak to możliwe, że bakterie bytujące na końcu przewodu pokarmowego wpływają na ekspresję białka na czubku głowy? Od dawna wiadomo, że mózg jest połączony z jelitami zarówno fizycznie, jak i chemicznie. Dzięki tej komunikacji wie, kiedy na przykład jesteśmy głodni. W sumie to sensowne, że każdy organizm posiadający jelito i mózg połączy oba organy, zwłaszcza że pożywienie jest absolutnie niezbędne do przetrwania. Ale staje się coraz bardziej jasne, że informacje płynące z jelit niosą zdecydowanie więcej treści niż tylko sygnał „nakarm mnie".

NIENADZOROWANA FABRYKA FARMACEUTYKÓW

Bakterie, konsumując MAC, wytwarzają oprócz SCFA cały szereg innych cząsteczek. Niektóre z nich trafiają do krwiobiegu i są rozprowadzane po całym organizmie. Część z tych związków może być toksyczna, są więc odfiltrowywane przez nerki i wydalane razem z moczem. (Pacjenci z dysfunkcją nerek muszą poddawać się regularnym dializom, aby oczyścić organizm ze związków produkowanych przez mikroflorę). Niektóre cząsteczki wytwarzane przez mikroby jelitowe przypominają leki, a inne mogą naśladować związki sygnałowe wytwarzane przez nasz własny organizm. Wiele z tych molekuł może być absorbowanych przez jelita i wchodzić w interakcje z neuronami jelitowymi, komórkami układu odpornościowego rezydującymi w tkance jelitowej lub przenikać do krwiobiegu i wraz z krwią przedostawać się do mózgu. Te bioaktywne związki wytwarzane przez mikroflorę opływają nasze komórki, przekazują sygnały do neuronów i prawdopodobnie wpływają na umysł. Nasza mikroflora jest jak fabryka farmaceutyków, która z głębi jelit dozuje różne medykamenty mogące docierać do mózgu.

Nie wiadomo, dlaczego mikroflora wytwarza związki o charakterze farmaceutyków. Może działanie niektórych z nich powoduje wzrost naszego apetytu i skutkuje dostarczeniem pożywienia dla bakterii jelitowych? Może związki te pełnią jakąś inną, niepoznaną jeszcze funkcję, która jest korzystna dla wytwarzających je bakterii, jak na przykład wpływ na perystaltykę jelit czy na układ odpornościowy? Potrzeba nam więcej badań, aby zrozumieć rolę tych związków i lepiej poznać miliardy owych twórczych farmaceutów.

Musimy pamiętać, że mikroby nie mają świadomości i nie potrafią zaprojektować związków, których jedynym zadaniem jest manipulowanie nami. Ale przedstawiona poniżej hipotetyczna sytuacja jest w stanie zilustrować, jak wywołane przez bakterie zmiany naszego zachowania mogą się wzmocnić i stać integralną częścią naszej natury.

Wyobraź sobie rodzaj bakterii, który żywi się wyłącznie pektynami – polisacharydami obecnymi w wielu gatunkach owoców, np. w cytrusach i jabłkach. Podczas żywienia się MAC pochodzącymi z tych owoców, może się zdarzyć, że w DNA bakterii dojdzie do mutacji. Mutacje to błędy biologiczne powstające podczas replikacji DNA, które występują dość często u bakterii, i w większości przypadków przysparzają wielu kłopotów bakteryjnemu właścicielowi, najczęściej prowadząc do jego śmierci. Co prawda rzadko, ale może się zdarzyć, że takie mutacje okażą się korzystne i doprowadzą do powstania interesującej nowej cząsteczki. Jeśli przypadkowo jedna z miliardów bakterii żywiących się pektynami nagle wytworzy nową cząsteczkę, która sprawi, że będziesz mieć większą ochotę na jedzenie jabłek, to oznacza, że ta bakteria właśnie natknęła się na narzędzie modyfikujące twoje zachowanie tak, aby przynosiło korzyści jej samej i jej potomstwu.

Ważną częścią tej historii jest to, że taka seria wydarzeń jest wysoce nieprawdopodobna. Niezwykle małe są szanse na to, że bakteria wyprodukuje dokładnie taką cząsteczkę jak trzeba, aby zwiększyć twoje łaknienie na jabłka, i że ta sama bakteria (będąc przecież konsumentem pektyn z dowolnych owoców) odniesie korzyści, gdy owoc zostanie spożyty. Ale jeśli się weźmie pod uwagę miliony lat wspólnej ewolucji nas i bakterii (a miliardy komórek bakteryjnych żyjące w każdym człowieku replikują swoje DNA co 30–40 minut) oraz fakt, że na naszej planecie żyją miliardy ludzi, to istnieje szansa, że raz na pewien czas jakaś bakteria wygra na loterii. Gdy mikrob uzyska coś, co da mu przewagę nad innymi, nawet jeśli stanie się to tylko dzięki głupiemu fartowi, bardziej się rozpowszechni. Taki spryciarz (albo szczęściarz) będzie przekazywany w mikroflorze od rodziców do ich dzieci i jego zdolność do manipulowania ludzkim zachowaniem z czasem się utrwali. Tego typu scenariusze są realizowane w twoim organizmie.

TOKSYCZNE ODPADY MIKROFLORY

Ponieważ tylko bardzo nieliczne bakterie wygrywają na loterii, wiele związków chemicznych krążących w naszym ciele jest po prostu produktem przemiany materii mikrobów jelitowych. Mimo że związki te wciąż mogą bardzo wpływać na biologię człowieka, rzadko kiedy jest to sposób dający bakteriom jakąkolwiek korzyść selekcyjną. Niektóre z nich, jak na przykład krótkołańcuchowe kwasy tłuszczowe (SCFA), przynoszą człowiekowi korzyści zdrowotne, ale inne nie.

Jedną z wielu funkcji wątroby jest detoksykacja odpadów chemicznych wytwarzanych przez nasze mikroby. Jeśli wątroba przestaje funkcjonować prawidłowo, te trujące substancje mogą wywołać poważne problemy procesów poznawczych, zwane encefalopatią wątrobową. Gdy związki te skumulują się we krwi, mogą przekroczyć barierę mózgową[2] i zakłócić prawidłowe funkcjonowanie mózgu. Dwa powszechne sposoby na leczenie encefalopatii wątrobowej są związane ze zmniejszeniem liczby mikrobów w jelicie, dzięki czemu spada liczba produkowanych przez nie toksycznych związków. Jedną z terapii jest podanie laktulozy, która przyspiesza pasaż jelitowy, powodując szybkie wypłukiwanie z jelita grubego mikrobów wraz z ich metabolitami. Drugim sposobem jest użycie rifaksyminy, antybiotyku dziesiątkującego bakterie jelitowe. Zanim laktuloza i rifaksymina stały się dostępne, zaburzenia neurologiczne, związane z dysfunkcją wątroby leczono poprzez chirurgiczne wycięcie fragmentu jelita grubego pacjenta (wraz z nim usuwano mikroflorę).

Nerki także eliminują z krwi wiele metabolitów mikroflory, usuwając je z organizmu wraz z moczem. Naukowcy, badając mocz, mogą zbierać informacje o tym, jak funkcjonuje mikroflora. Jeśli nerki przestają działać prawidłowo, we krwi akumulują się toksyczne metabolity, co może wywołać zaburzenia procesów poznawczych. Usuwanie tych związków z krwi za pomocą dializy jest jednym ze sposobów ochrony przed intoksykacją. Kto wie, może w przyszłości będzie możliwe przeprogramowanie mikroflory albo kontrolowanie jej funkcji poprzez dietę, aby zmniejszyć

[2] Bariera krew–mózg jest niezwykle szczelna, tylko nieliczne związki mogą przez nią przeniknąć. Chroni to mózg przed zatruciem (przyp. tłum.).

produkcję toksycznych metabolitów i konieczność dializowania pacjentów z problemami nerkowymi.

Jednym z najlepiej poznanych toksycznych metabolitów mikroflory jest tlenek trimetyloaminy (*trimethylamine-N-oxide*, TMAO). Naukowcy z Kliniki w Cleveland w Ohio odkryli tę cząsteczkę w czasie poszukiwania we krwi substancji, które wskazywałyby na ryzyko rozwinięcia chorób układu sercowo-naczyniowego. Posiadanie molekularnych markerów zwiastujących nadchodzące kłopoty ze zdrowiem, takie jak np. zawał serca, jest niezwykle cennym systemem ostrzegawczym dla pacjentów, a także daje głębszy wgląd w genezę choroby. Grupa z Kliniki w Cleveland porównywała związki obecne we krwi pacjentów przechodzących badania kardiologiczne. Odkryli, że jeśli dana osoba miała we krwi wysoki poziom TMAO, był to sygnał ostrzegawczy o nadchodzącym zawale serca, udarze czy innym zagrażającym życiu zaczopowaniu naczyń krwionośnych. Skąd bierze się TMAO i co można zrobić, aby obniżyć jego poziom we krwi?

Jak zapewne już odgadłeś, w syntezie TMAO swój udział ma mikroflora. Dobrze wiemy też, że dieta znajduje się na liście czynników ryzyka chorób serca. Okazuje się, że czerwone mięso i inne tłuste pokarmy, zwłaszcza zawierające pewne tłuszcze, jak fosfatydylocholina, zwana popularnie lecytyną, oraz karnityna, będąca składnikiem mięsa, dostarczają mikroflorze substancji potrzebnych do syntezy TMAO.

W dalszych badaniach naukowcy odkryli, że osoby o niższym poziomie TMAO we krwi i obarczone mniejszym ryzykiem zapadnięcia na choroby serca, posiadały mikroflorę produkującą tylko niewielkie ilości TMA, czyli trimetyloaminy, prekursora TMAO. Nie było zaskoczeniem, że główny czynnik wpływający na zwiększenie poziomu TMAO stanowiła dieta bogata w czerwone mięso. Weganie i wegetarianie mieli znacznie niższy poziom TMAO niż ich mięsożerni koledzy. Jedno z najbardziej niesamowitych wydarzeń związanych z tym badaniem polegało na tym, że naukowcy trafili na weganina z pięcioletnim stażem, który w imię nauki zgodził się zjeść stek! Ten długoletni mięsny abstynent nawet po spożyciu mięsa na obiad miał wciąż niezwykle niski poziom TMAO w surowicy, co wskazywało, że mikroflora wegan zawiera zbiór mikrobów, które w ogóle nie są przystosowane do wytwarzania TMA. I chociaż badacze nie mogli (albo nie chcieli) przekonać weganina do dalszego jedzenia mięsa, to zaczęli prowadzić podobne eksperymenty na myszach, aby zobaczyć, czy regularne spożywanie mięsa może zmienić mikroflorę na taką, która zacznie produkować duże ilości TMA. Okazało się, że myszy z mikroflorą syntezującą niewielkie ilości TMA po pewnym czasie na mięsnej diecie zaczęły wytwarzać dużo tego związku. Wzrost poziomu TMA był powiązany ze zmianą składu ich mikroflory na taką, która prawdopodobnie zawiera więcej gatunków bakterii zdolnych do wytwarzania TMA.

Badanie to pomogło ustalić, w jaki sposób spożywanie czerwonego mięsa wpływa na rozwój chorób serca. Mikroflora, wytwarzając TMA z mięsnego surowca, silnie oddziałuje na zdrowie swojego gospodarza. Ponadto potwierdzono duży wpływ diety na dwa aspekty związane z mikroflorą: na gatunki bakterii tworzące tę społeczność i na reakcje chemiczne, które ta społeczność może przeprowadzać. Weźmy na przykład dwóch ludzi, z których jeden żywi się w większości pokarmem roślinnym, a drugi jest wszystkożercą często spożywającym mięso, i zaprośmy ich na steki. Mógłbyś pomyśleć, że jeśli obaj jedzą dokładnie taki sam posiłek, to reakcje chemiczne zachodzące w ich jelitach będą podobne, jeśli nie identyczne, prawda? Ale mikroflora, która rzadko ma do czynienia z mięsem, będzie się zachowywać tak jak ta u weganina uczestniczącego w badaniu w Cleveland i wyprodukuje niewielkie ilości TMA. I przeciwnie – zjedzenie steku przez wszystkożercę najprawdopodobniej spowoduje, że jego mikroflora wytworzy więcej TMA. Taki sam posiłek, a zupełnie różne konsekwencje chemiczne. Jeśli zaś osoba żywiąca się głównie roślinami zadecyduje, aby jeść mięso częściej, jej mikroflora zareaguje na taką zmianę i po dwóch miesiącach spożywania tych samych posiłków nie będzie już różnicy w poziomie TMA u obu osób.

Dieta jest ważna jako punkt wyjścia dla dostarczania odpowiednich surowców mikroflorze – jeśli masz mikroflorę syntezującą duże ilości TMA i zmniejszysz ilość spożywanego mięsa, bakterie nie będą miały z czego wytworzyć TMA. Jeżeli przez dłuższy czas będziesz jeść mniej mięsa, twoja mikroflora prawdopodobnie zmniejszy swoją umiejętność syntezy TMA, co obniży poziom TMAO we krwi, nawet jeśli raz na jakiś czas skusisz się na stek. Fakt, że każdy człowiek ma inną mikroflorę zdolną do produkowania innych rodzajów i ilości związków bioaktywnych, w połączeniu z wpływem diety na ich wytwarzanie, wręcz woła o rozwój nowych technologii! Nowe narzędzia pomogłyby każdemu kontrolować stan funkcjonowania swojej mikroflory i jej wpływ na zdrowie.

Może za kilkadziesiąt lat TMAO okaże się jednym z najważniejszych, regularnie sprawdzanych markerów stanu mikroflory. Albo, co bardziej prawdopodobne, stanie się jednym z setek związków branych pod uwagę przy ocenie funkcjonowania mikroflory danego człowieka. Z tego, co wiemy obecnie, TMAO wydaje się nie oddziaływać na naszą biologię w sposób, który dawałby jakąkolwiek przewagę ewolucyjną produkującym je mikrobom. Ale stanowi dobry przykład, jak metabolizm mikrobów jelitowych może prowadzić do wytwarzania dziwnych i nowych związków mogących mieć realny wpływ na stan naszego zdrowia.

ROZMOWA MÓZGU Z MILIARDAMI MIKROBÓW

Komunikacja pomiędzy mózgiem a mikrobami w jelicie jest dwukierunkowa. Nie tylko mikroflora może wpływać na takie aspekty jak nasz nastrój i pamięć, ale mózg także ma co nieco do powiedzenia w kwestii, jakie mikroby żyją w jelicie. Jeśli wywołasz stres lub depresję u zwierzęcia laboratoryjnego przez odseparowanie go od matki, skład mikroflory się zmieni. Nikt nie wie na pewno, na czym dokładnie polega ten mechanizm. Może należy o to winić reakcję organizmu na stres – „walcz lub uciekaj”? Kiedy zwierzę odbiera od potencjalnego agresora sygnał zagrożenia, ciało uwalnia cały asortyment hormonów i neurotransmiterów mających przygotować go do zaatakowania napastnika albo do ucieczki chroniącej życie. Reakcje ciała na sygnał tzw. walki lub ucieczki obejmują przyspieszenie pulsu, uwolnienie zapasów energii zasilającej mięśnie, zwiększony przepływ krwi oraz zmiany w motoryce jelit. Gdy trawienie spowalnia albo zatrzymuje się w odpowiedzi na niebezpieczeństwo, nasze mikroby stają się niezwykle czujne w obliczu takiej zmiany warunków w jelicie. Liczebność mikrobów najlepiej zaadaptowanych do nowego, powolnego pasażu treści pokarmowej wzrośnie, a mikroby, które polegały na szybkim pasażu, zmniejszą swoją liczbę, co w konsekwencji wpłynie na zmianę składu całej mikroflory.

Stres, mikroflora i układ odpornościowy są powiązane ze sobą skomplikowaną siecią oddziaływań. Stres wywołany odseparowaniem od matki powoduje u zwierząt laboratoryjnych trwałe zmiany w mikroflorze, które zostaną zachowane do dorosłości. Możliwe, że długotrwałe zaburzenia układu odpornościowego w odpowiedzi na stres prowadzą do trwałych zmian w mikroflorze, nawet jeśli stresująca sytuacja już dawno minęła. Albo może zaburzenia mikroflory wywołane stresem powodują zmiany w układzie odpornościowym i te na powrót wpływają na mikroflorę? Niemowlęta rezusów odseparowane od matek mają po rozdzieleniu nie tylko inny skład mikroflory, lecz są także wrażliwsze na przypadkowe infekcje. Jeśli odpowiedź immunologiczna nie jest właściwie sformułowana, może w przyszłości powodować podupadanie mikroflory, nakręcając spiralę zniszczeń.

Myszy zainfekowane patogenami jelitowymi są bardziej niespokojne niż niezainfekowane. (Kolejny przykład na to, jak mikroby wpływają na zachowanie). Jeśli ten niepokój będzie prowadził do zmian w mikroflorze, które spowodują cięższe lub dłużej trwające zakażenia patogenami, stan zapalny w jelitach może się pogłębić. Zapalenie jelit wpływa negatywnie na kompozycję mikroflory, co stanowi następny przykład negatywnej spirali. Podobnie, jeśli reakcji lękowej towarzyszą zmiany w motoryce jelit, takie jak biegunka czy zaparcia, równowaga w jelicie może ulec zaburzeniu, co później może ułatwić patogenom wywołanie infekcji. Niewykluczone, że osoby cierpiące na funkcjonalne dolegliwości jelitowe, takie jak zespół jelita drażliwego (IBS) i zaburzenia motoryki jelit, czy nawet te, które chorują na choroby zapalne jelit (IBD), są ofiarami takiej nierównowagi. Ten scenariusz obrazuje negatywne konsekwencje złego funkcjonowania osi mózgowo-jelitowej. Ponieważ związki wydzielane przez mikroflorę mogą wpływać na nastrój, a nastrój oddziałuje na mikroflorę, rozpoznanie, co dokładnie inicjuje taką kaskadę zdarzeń, jest niezwykle trudne. W przypadkach IBD i IBS obserwuje się zaburzenia ze strony układu pokarmowego, takie jak przewlekła biegunka, zaparcia bądź przelewanie w brzuchu, ale pojawiają się też zaburzenia nastroju, jak depresja, stany lękowe czy nadwrażliwość na ból.

Ale co pojawia się pierwsze? Czy to stresujące wydarzenie wywołuje szkodliwe zmiany w mikroflorze? Czy może zmiany w mikroflorze powstają najpierw i to one wywołują lęki lub depresję? Zrozumienie i leczenie takich rodzajów zaburzeń jest niezwykle trudne, bo dotyczą one zakłóceń w komunikacji między naszym najbardziej skomplikowanym ekosystemem – mikroflorą i naszym najbardziej skomplikowanym organem – mózgiem.

Niektórzy twierdzą, że dla osób uwikłanych w pokręcone relacje mózgowo-jelitowe możliwym ratunkiem są korzystne bakterie. Pewien rodzaj probiotycznych bakterii zwanych „psychobiotykami" wydaje się łagodzić symptomy psychiatryczne poprzez transportowanie psychoaktywnych związków z jelita do mózgu. Jeśli dostarczymy do jelit bakterie potrafiące syntezować związki normalizujące zachowanie, zyskamy szansę, że poprawna i funkcjonalna komunikacja między mózgiem a jelitami zostanie przywrócona. Rośnie liczba dowodów na to, że suplementacja bakteriami probiotycznymi poprawia zachowanie w zwierzęcych modelach stresu i depresji. Wstępne badania na ludziach otrzymujących suplementy probiotyków także dają obiecujące wyniki, jeśli chodzi o łagodzenie symptomów związanych z zespołem przewlekłego zmęczenia czy IBS. Nawet zdrowi ochotnicy, którzy codziennie przez 30 dni spożywali koktajl z dwóch typów bakterii, opisywali, że po takiej probiotycznej terapii czuli mniej lęku i stanów depresyjnych. Chociaż jest to powód do optymizmu, należy pamiętać, że są to tylko wstępne doniesienia i trzeba przeprowadzić więcej badań klinicznych z grupą placebo, aby ustalić, jak bakterie probiotyczne mogą być wykorzystane do leczenia chorób, takich jak IBS czy IBD, i zaburzeń nastroju, takich jak depresja czy ostre stany lękowe. Prawdopodobnie terapie będą musiały być dostosowywane do danego człowieka. Ale opisane badania przypominają, że nasze mikroby odgrywają pewną rolę w chorobach dotykających zarówno jelit, jak i mózgu.

PRZECIEKI Z JELIT

Liczba diagnozowanych zaburzeń ze spektrum autyzmu (*autism spectrum disorders*, ASD) osiąga ostatnio epidemiczne wręcz rozmiary. Zgodnie z amerykańskim Centrum Kontroli Chorób (Centers for Disease Control) jedno na 68 dzieci w USA cierpi na ASD i jest to liczba, która od dekady stale rośnie. Zidentyfikowano mnóstwo czynników ryzyka wpływających na zachorowanie na ASD, włączając w to wiek rodziców, ich zawody i pewne czynniki genetyczne. Lista możliwych czynników ryzyka ASD, z których część jest wciąż badana, a część już została zweryfikowana, wciąż się wydłuża, co tylko pokazuje ogromną trudność w ustaleniu tajemniczych przyczyn tej choroby. Mikroflora jelitowa znalazła się na liście potencjalnych czynników ryzyka po tym, jak lekarze zaobserwowali, że wiele dzieci z ASD cierpiało także na zaburzenia jelitowe, takie jak przewlekła biegunka, zaparcia, skurcze i wzdęcia, a nawet na poważniejsze zaburzenia, jak IBD.

Wiele badań poszło w kierunku rejestrowania różnic między składem mikroflory dzieci chorujących na ASD i dzieci zdrowych. Ale próby sporządzenia listy „złych" bakterii, których jest więcej u chorych dzieci, i „dobrych" bakterii, których jest u nich mało, okazały się tak samo frustrującym przedsięwzięciem jak tworzenie listy czynników wywołujących tę chorobę. Chociaż zauważono pewne różnice we florze jelitowej dzieci z ASD, to wiele badań daje sprzeczne wyniki. Możliwe, że brak wyraźnego składu mikroflory charakterystycznej dla ASD nie powinien dziwić, jeśli wziąć pod uwagę, że przecież każda osoba ma inną jej kompozycję oraz iż zakres objawów i ich ostrości różni się w zależności od podtypu ASD. Nietrudno więc wyobrazić sobie, że zaburzenia mikroflory u pacjentów z ASD będą wyrażały się w różny sposób. O ile badania nie wykazały powtarzalnego wzorca zaburzeń mikroflory u dzieci z ASD, o tyle widać jednak, że dzieci z ASD zazwyczaj mają mikroflorę wyraźnie różniącą się od mikroflory uznawanej powszechnie za normalną. Ale czy te odmienności mają jakieś znaczenie dla etiologii i progresji ASD, czy są po prostu nieistotnym efektem ubocznym samej choroby? Czy chorobę można by było leczyć, bądź nawet jej zapobiegać, dzięki przeprogramowaniu mikroflory?

W 2013 roku grupa naukowców z Caltech, prowadzona przez Sarkisa Mazmaniana, dokonała ogromnych postępów, jeśli chodzi o lepsze zrozumienie związków pomiędzy mikrobami jelitowymi a ASD. Naukowcy badali grupę myszy urodzonych przez matki, których układ odpornościowy był pobudzony tak, jakby były one narażone na jakąś infekcję. U części ludzkich pacjentów z ASD ostra odpowiedź immunologiczna matki na infekcję w czasie ciąży wydaje się być czynnikiem ryzyka prowadzącym do ASD. Mysie niemowlęta urodzone przez matki z chemicznie wywołaną reakcją układu odpornościowego wykazują wiele symptomów związanych z układem pokarmowym i zachowaniem, przypominających objawy ASD u ludzi. Myszki te mają mniej szczelne jelita, co oznacza, że zaprawa łącząca cegiełki komórek jelitowych jest wybrakowana, a to zwiększa przepuszczalność dla niewielkich związków produkowanych przez mikroflorę. Myszy te są bardziej lękliwe, wykazują więcej powtarzalnych zachowań i nie komunikują się ani nie socjalizują tak jak normalne myszy. I podobnie jak u wielu ludzi cierpiących na ASD, mikroflora gryzoni z ASD nie wyglądała normalnie.

Naukowcy z Caltech zastanawiali się, czy mogą wpłynąć na objawy przypominające ASD u myszy poprzez zaszczepienie im korzystnych bakterii. Badacze podawali chorym myszom bardzo popularną ludzką bakterię jelitową *Bacteroides fragilis*, która naprawia nieszczelne jelita przez stymulowanie komórek jelitowych do samodzielnego wytwarzania „wypełniaczy", związków zaklejających szczeliny w nabłonku jelitowym myszy. Sugerowano, że jeśli nieszczelność da się zlikwidować, mniej związków wycieknie z jelit, co z kolei zredukuje symptomy związane z ASD. Założenia okazały się słuszne. Suplementacja myszy chorych na ASD bakteriami z rodzaju *B. fragilis* polepszyła szczelność jelit, a na dodatek sprawiła, że skład mikroflory bardziej zaczął przypominać ten u zdrowych myszy, mimo że wciąż pozostawał znacząco inny. Co bardziej zaskakujące, terapia z *B. fragilis* u myszy z ASD złagodziła także wiele zaburzeń związanych z zachowaniem. Gryzonie były mniej lękliwe, rzadziej wykazywały powtarzające się zachowania i lepiej się komunikowały. Mimo że wciąż miały problem z socjalizacją, zmniejszenie objawów związane z podaniem *B. fragilis* było uderzające.

Ale zanim ruszysz do sklepu po kapsułki z *B. fragilis*, musisz wiedzieć o dwóch ważnych rzeczach. Po pierwsze, *B. fragilis* nie można kupić, ponieważ, tak jak większość innych ważnych bakterii jelitowych, wymaga jeszcze wielu badań klinicznych na ludziach, zanim zostanie dopuszczona do powszechnego użytku. Po drugie, naukowcy zaobserwowali, że zmniejszenie symptomów ASD po suplementacji *B. fragilis* wcale nie było specyficzne tylko dla tego szczepu bakterii. Inny rezydent ludzkiego jelita, *Bacteroides thetaiotaomicron*, także łagodził objawy ASD, a to z kolei otwiera szansę na to, że i inne rodzaje bakterii będą podobnie działały. Może odnajdziemy szczep lub szczepy, które będą najefektywniejsze dla danego typu ASD albo dla konkretnej mikroflory pacjentów czy ich genów? Już teraz prowadzi się badania kliniczne w celu wyizolowania szczepów bezpiecznych i skutecznych dla ludzi. Jeśli podanie mikrobów może pomóc osobom cierpiącym na ASD, niewykluczone, że użycie wielu przyjaznych szczepów bakterii (coś w rodzaju asekuranckiej terapii mikrobowej) okazałoby się przydatne w kuracji.

Naukowcy zidentyfikowali kilka produkowanych przez mikroflorę, specyficznych związków, które krążą we krwi myszy z ASD. Jeden z nich, zwany w skrócie EPS, był obecny we krwi myszy z ASD na 40-krotnie większym poziomie niż u zdrowych gryzoni. Wraz z poprawą szczelności jelit dzięki terapii *B. fragilis*, ilość EPS we krwi zmalała do poziomu normalnego. Czy więc sam EPS może wywołać zachowanie przypominające stany lękowe? Aby zbadać tę hipotezę, naukowcy wstrzyknęli EPS zdrowym myszom i zaobserwowali, że wywołało to zmiany w zachowaniu, podobne do ASD. Oczywiście nie dowodzi to, że EPS jest jedyną, czy najważniejszą, substancją związaną z autyzmem u ludzi – pamiętaj, iż badania były przeprowadzane na myszach. Ale widać jak na dłoni, że mikroflora jelitowa jest zdolna do syntezy specyficznych związków mogących wpływać na zachowanie. Jeżeli zaś jelito jest bardziej dziurawe, niż powinno, zbyt wiele tych substancji może przeciekać przez barierę jelitową i dostawać się do krwiobiegu.

Taka nienadzorowana fabryka chemikaliów w naszych jelitach wytwarza wiele związków, o których mamy bardzo słabe pojęcie. Niektóre z nich, jeśli dostaną się do krwiobiegu, w wyższych stężeniach mogą wywoływać zaburzenia zachowania czy nastroju. Podanie korzystnych bakterii, w tym przypadku *B. fragilis*, zalepiło myszom z ASD przeciekające jelita, a wraz z tą naprawą pojawił się spadek stężenia krążących we krwi substancji wytwarzanych przez mikroflorę. W praktyce po podaniu *B. fragilis* we krwi myszy zmieniło się stężenie ponad setki różnych bakteryjnych związków, a niektóre z nich spadły do poziomu obserwowanego u zdrowych osobników. Wciąż prowadzi się badania mające na celu ustalenie, czy zaburzenie składu mikroflory jest wystarczającym powodem zaistnienia niektórych podtypów ASD. Jednak rola mikroflory w wywoływaniu ASD wydaje się stanowić obiecujący trop.

Związek między ASD a mikroflorą jest tylko jednym przykładem nitek łączących mikroby jelitowe z wieloma zaburzeniami zachowania, łącznie ze schizofrenią, zaburzeniami kompulsywno-obsesyjnymi i depresją. Mikroby w jelicie, poprzez swoją zdolność do produkowania neurologicznie czynnych związków, wywierają wpływ na aspekty naszej biologii, które tylko pozornie wydają się niepowiązane z jelitami. Wspomniane wcześniej „wewnętrzne przeczucia" mogą w istocie być chemiczną wiadomością wysłaną do mózgu przez jednego z twoich wewnętrznych mikrobowych mieszkańców. I w zależności od tego, jakie rodzaje bakterii bytują w jelicie, wiadomości te mogą nakładać się na genetyczne predyspozycje danej osoby i zwiększać lub zmniejszać ryzyko rozwinięcia się zaburzeń zachowania. Badania nad wpływem mikroflory na oś mózgowo-jelitową niosą nadzieję, że w przyszłości choroby behawioralne będzie można leczyć za pomocą specyficznych manipulacji mikroflory. Dzisiejsza medycyna nie jest w stanie zmienić mikroflory w przewidywalny i kontrolowany sposób. Ale wiemy na pewno, że istnieje wiele potężnych bodźców mogących zmienić mieszkańców jelit, włączając w to dietę i ekspozycję na mikroby środowiskowe. Czynniki te ukazują nowe sposoby wpływania na mózg poprzez jego powiązanie z jelitami.

DO ROZMOWY WŁĄCZAJĄ SIĘ PRODUKTY FERMENTOWANE

Większość prac dotyczących powiązań mikroflory z mózgiem była przeprowadzana na zwierzętach laboratoryjnych, w związku z tym musimy być wyjątkowo ostrożni w interpretowaniu wyników i formułowaniu wniosków dotyczących człowieka. Badania na zwierzętach jednoznacznie pokazują, że istnieje niewątpliwe połączenie między bakteriami w jelitach a mózgiem, połączenie, które z pewnością występuje także u ludzi. Jednak próby ekstrapolowania specyficznych zachowań czy zmian w zachowaniu, obserwowanych w zależności od obecności specyficznych szczepów bakterii u myszy, na organizm człowieka byłyby raczej niemądre. Mózg i mikroflora człowieka są nieco inne niż te u myszy. Konieczne są badania prowadzone na ludziach, zanim stwierdzimy, jak ludzka mikroflora wpływa na ASD, depresję czy zaburzenia lękowe oraz na jego osobowość i nastrój.

W 2013 roku grupa naukowców z UCLA rozpoczęła badania mające wyjaśnić, czy bakterie jelitowe mogą mieć wpływ na mózg człowieka. Dwa razy dziennie przez cztery tygodnie dwanaście kobiet niechorujących na żadne zaburzenia gastroenterologiczne ani psychiatryczne spożywało jogurty zawierające cztery różne typy bakterii. Dla porównania dwie inne grupy kobiet spożywały placebo (jogurt bez bakterii) lub nie dostawały żadnego jogurtu. Badanie było prowadzone metodą podwójnie ślepej próby, co oznacza, że do końca eksperymentu ani uczestnicy, ani prowadzący badanie nie wiedzieli, kto jadł bakterie, a kto nie. Wykorzystując funkcjonalne obrazowanie metodą rezonansu magnetycznego (fMRI), przeskanowali mózg każdej z uczestniczek przed doświadczeniem oraz po nim. Wszystkie kobiety przechodziły skanowanie fMRI w spoczynku, a także w trakcie wykonywania pewnych zadań polegających na wybieraniu zdjęć twarzy wyrażających negatywne emocje, takie jak strach czy gniew. Użyto właśnie tej metody, bo ludzie cierpiący na niektóre typy zaburzeń lękowych podczas wykonywania właśnie takiego ćwiczenia wykazywali zmienioną aktywność mózgu zarejestrowaną przez fMRI.

Skany zebrane zarówno w czasie spoczynku, jak i wykonywania testu z twarzami, ukazywały różnice między aktywnością mózgów kobiet, które spożywały jogurt z bakteriami, a mózgami tych, które bakterii nie zjadały. Zmiany dotyczyły kilku regionów mózgu zaangażowanych w analizę sygnałów sensorycznych i emocjonalnych, takich jak kora czołowa, przedczołowa, skroniowa oraz istota szara okołowodociągowa. Obszary te zwykle są zmienione u osób cierpiących na stany lękowe, bóle, a także zespół jelita drażliwego. Wydaje się prawie niewiarygodne, że zaledwie cztery szczepy bakterii fermentujących mleko, pojawiające się wśród setek innych szczepów bakterii już żyjących w jelicie, mogą mieć tak ogromny wpływ na tak wiele obszarów w mózgu.

Badanie to pokazało, że spożywanie dwóch jogurtów dziennie przez miesiąc wystarcza, by zmienić wzorce aktywności mózgu w mierzalny sposób. Uwidocznienie powiązania między bakteriami a mózgiem u ludzi wywołało naukowy przełom oraz lawinę kolejnych pytań. Co oznaczają różnice w obrazach mózgu w odniesieniu do zdrowia psychicznego zwykłego zjadacza jogurtów? W jaki sposób te cztery typy bakterii wpływają na funkcjonowanie mózgu? Czy to oddziaływanie zachodzi poprzez związki produkowane przez bakterie, czy w mniej bezpośredni sposób? Czy większość typów bakterii ma wpływ na funkcjonowanie mózgu, czy zdolność tę posiadają tylko niektóre szczepy? Czy mikroby mogą być używane jako skuteczny środek terapii w chorobach psychicznych, bez obawy o skutki uboczne, które są zmorą towarzyszącą lekom przepisywanym obecnie na te schorzenia? Te i inne pytania będą stanowić główną linię badań w nadchodzącej dekadzie.

Wciąż nie wiemy, czy patogenne bakterie mogą wywoływać u ludzi stany lękowe lub czy probiotyczne bakterie wpływają na łagodzenie depresji, jak to obserwowano u myszy. Przyszłe badania potwierdzą też, czy i jak bakterie można wykorzystywać do leczenia ASD u ludzi. Na pewno czeka nas ogrom pracy, zanim zrozumiemy, jak bakterie bytujące w jelitach wpływają na nasz mózg i jak możemy upewnić się, że działają korzystnie na nasze zdrowie psychiczne. Wszystkie te pilotażowe badania stanowią fundament pod lepsze zrozumienie roli, jaką mikroflora odgrywa, jeśli chodzi o zdrowie psychiczne i możliwości sterowania tą społecznością, by optymalizować zdrowie i psychikę. Rozszyfrowywanie złożoności mózgu jest ogromnym wyzwaniem dla nauki. Dorzuć do tego miliardy bakterii, a stanie się jasne, że rozwikłanie tych powiązań zajmie trochę czasu. Chociaż wciąż musimy prowadzić więcej badań w tej dziedzinie, mamy dobrze już ugruntowane przesłanki świadczące o tym, że nasz mózg i mikroby są zaangażowane w stale toczący się dialog wywierający ogromny wpływ na nasze zdrowie psychiczne.

BUDOWANIE TRWAŁEGO SOJUSZU MIĘDZY MÓZGIEM A MIKROFLORĄ JELITOWĄ

Gdy rodzi się dziecko, tkanki jego ciała są niedojrzałe i wymagają długich lat rozwoju. Jelito noworodka jest nieszczelne, układ odpornościowy niedouczony, a mózg wymaga lat budowania niezbędnych połączeń. Dzieci rodzą się bez mikroflory, co powoduje, że oś mózgowo-jelitowa tworzy się w czasie, gdy flora jelitowa dopiero się wykształca. Jak różnice w formowaniu się mikroflory wpływają na oś mózgowo-jelitową? Wiemy, że pierwszy rok życia to czas pozornie chaotycznego komponowania składu mikroflory. Czy specyfika tworzenia się flory jelitowej wpływa na tworzącą się oś mózgowo-jelitową i determinuje jej funkcje na resztę życia dziecka? Jeśli coś pójdzie źle w czasie formowania się mikroflory, czy da się to naprawić tak, aby utworzyć zdrową oś mózgowo-jelitową? Czy dojrzały, stały skład dziecięcej mikroflory wpływa na sposób funkcjonowania mózgu w dorosłym życiu?

Przez całe życie mózg człowieka jest nieustającym placem budowy, ale najważniejsze są pierwsze lata. Doświadczenia z dzieciństwa wywierają niezwykle trwały wpływ na strukturę fizyczną mózgu i na zdrowie psychiczne, w co włącza się ryzyko depresji, stanów lękowych i innych chorób psychicznych. Początkowy okres życia to niebywale ważny, decydujący czas dla rozwoju zarówno mózgu, jak i mikroflory, możliwe więc, że te dwa procesy są ze sobą ściśle powiązane. Mózg niemowlęcia jest prawdopodobnie znacznie bardziej wrażliwy na działanie krążących we krwi związków wytwarzanych przez mikroflorę niż mózg dorosłego. Gdy dziecko pokonuje kolejne etapy zmian dietetycznych, jak przejście z picia wyłącznie mleka na jedzenie pokarmów stałych albo jedzenie po raz pierwszy mięsa czy wyrobów fermentowanych, zmiany w mikroflorze znajdą swoje odbicie w wytwarzanych przez nią związkach krążących w całym organizmie. Inne ważne zdarzenia, takie jak pierwsza infekcja jelitowa czy pierwsza dawka antybiotyków, także mogą przekierować związek mikroflora–gospodarz na nowe tory, lepsze lub gorsze. Nienadzorowana fabryka chemikaliów rozpoczyna uwalnianie związków już od momentu narodzin, zmieniając rodzaj i liczbę cząsteczek, które wydziela, a produkcji tej towarzyszy także rozwój mózgu dziecka.

Nasza aktualna wiedza o tym, jak mikroby jelitowe wpływają na kształtowanie się mózgu jest – podobnie jak niemowlęca mikroflora – nierozwinięta. Myszy pozbawione mikroflory wykazują zaburzenia w percepcji bólu i poziomie lęku, a oba te objawy mogą być zlikwidowane poprzez ponowne zasiedlenie jelit drobnoustrojami. Jednak zaszczepienie mikrobów musi nastąpić odpowiednio wcześnie w życiu, bo w przeciwnym razie zaburzenia będą trwały przez całe życie. Musimy przeprowadzać na ludziach ustrukturyzowane badania mające na celu ustalenie, jak ekspozycja na mikroby we wczesnych etapach życia wpływa na funkcjonowanie mózgu dziecka. Reakcja na stres w wieku dorosłym, zdolność do uczenia się i zapamiętywania, a nawet każdy najbardziej delikatny aspekt osobowości może okazać się rezultatem stanu naszej mikroflory w dzieciństwie.

Niewykluczone, że osoby cierpiące na paraliżujący lęk czy irracjonalne fobie albo zwolennicy ryzykownych zachowań, jak np. ludzie uprawiający sporty ekstremalne, mogą częściowo nabyć te cechy dzięki swoim mikrobom jelitowym. Istnieje garstka schorzeń centralnego układu nerwowego, takich jak ASD, encefalopatia wątrobowa i stwardnienie rozsiane, w których zmiana składu mikroflory towarzyszy różnicowaniu objawów. Może w cywilizacji Zachodu zmiany w mikroflorze, wywołane nieustannym zażywaniem antybiotyków i dietą ubogą w MAC, oprócz tego, że wywołują otyłość i choroby serca, prowadzą także do ASD, depresji i zaburzeń lękowych? Czy gdybyśmy potrafili naprawić wyrządzoną mikroflorze szkodę odpowiednią dietą, wzrostem spożywania bakterii probiotycznych i rozsądniejszym korzystaniem z antybiotyków oraz środków bakteriobójczych, to moglibyśmy poprawić także kondycję naszego zdrowia psychicznego? W tym momencie są to wciąż tylko gdybania.

Jest zdecydowanie za wcześnie, by formułować jakiekolwiek konkretne, potwierdzone naukowo zalecenia dotyczące poprawienia stanu osi mózg–mikroflora jelitowa. Ale ta nowa furtka właśnie się otwiera, a drzemiący za nią potencjał przyszłej pomocy jest przeogromny. Nawet biorąc pod uwagę niedostatek badań klinicznych z grupą kontrolną, można chyba założyć, że poprawa ogólnej kondycji mikroflory jelitowej mogłaby pozytywnie wpłynąć na twoje samopoczucie psychiczne. Spożywanie posiłków bogatych w MAC, które odżywią tę społeczność, ograniczanie stosowania antybiotyków, karmienie piersią i kontrolowane zwiększanie ekspozycji na mikroby w otoczeniu – to wszystko ma zdolność poprawy stanu mikroflory, a możliwe też, że i poprawy stanu twojego mózgu. Doktor Thomas Insel, dyrektor Narodowego Instytutu Zdrowia Psychicznego (National Institute of Mental Health), dostrzega niezwykły potencjał mikroflory, który może wpłynąć na to, jak podchodzimy do leczenia chorób psychicznych. „Sposób, w jaki różnice w naszym mikrobowym świecie wpływają na rozwój mózgu i zachowanie, będzie jednym z głównych tematów przewodnich neurologii klinicznej nadchodzącej dekady".

Powiązanie między naszą mikroflorą a mózgiem pięknie ilustruje, jak daleko sięga wpływ mikrobów na każdy aspekt naszego zdrowia. Wraz z rozwojem wiedzy na temat mikroflory, coraz lepiej zdajemy sobie sprawę, że każdy aspekt ludzkiej natury, pośrednio lub bezpośrednio, jest związany z naszymi mikroorganizmami. Jasne staje się, że musimy przestać myśleć o naszych różnych organach i związanych z nimi chorobach w sposób fragmentaryczny; jeszcze kilka lat temu trudno byłoby sobie wyobrazić, że zaburzenia mózgu mogą mieć źródła w jelitach. Faktem jest, iż nasz organizm jest złożonym ekosystemem, a wszystkie jego części są ze sobą powiązane. Załamanie jednego fragmentu, np. mikroflory, będzie niosło konsekwencje dla całego organizmu. Inny, bardziej pozytywny sposób myślenia zakłada, że poprzez wzmocnienie jednej części naszego ekosystemu możemy wesprzeć całe nasze zdrowie.

ROZDZIAŁ 7

Zjedz kupę i żyj

ZMIANA TOŻSAMOŚCI TWOJEJ MIKROFLORY

Genom człowieka determinuje różne cechy i raczej nie ma wielu możliwości, by zmienić nasze DNA. Niektórzy ludzie są skazani na pewne choroby, tylko dlatego że odziedziczyli wadliwe geny. Nawet w przypadku, gdy wady genetyczne są znane, zmiana materiału genetycznego w genomie danej osoby, lecząca chorobę lub jej zapobiegająca, zwana terapią genową, jest niezwykle trudna.

W przeciwieństwie do mało plastycznego genomu ludzkiego, mikrobiom jest dużo bardziej elastyczny, dzięki czemu może stanowić dogodną ścieżkę prowadzącą do poprawy zdrowia bądź leczenia chorób. Mikroby powiązane są z większością aspektów naszego zdrowia (a w niektórych przypadkach to one powodują choroby) i o wiele bardziej podatne na zmiany niż genom ludzki. Pomyśl przez chwilę o tych możliwościach. Jeśli patogen wewnątrzjelitowy wydziela toksynę wywołującą u ciebie chorobę, jest szansa na całkowite pozbycie się tego wrednego stwora z twojego ekosystemu wraz z wywoływanymi przez niego objawami. Co więcej, jeśli ty lub twój lekarz odkryjecie, że twojej mikroflorze brakuje jakiejś istotnej funkcji, albo nie ma w jej szeregach ważnych szczepów, dodanie nowego bakteryjnego członka populacji może uzupełnić ten brak. Owa plastyczność mikrobów jelitowych czy też ich zdolność do zmiany, zwana także reprogramowaniem mikroflory, ma przed sobą świetlaną przyszłość i już teraz dostarcza dowodów, że jest niezwykle potężnym narzędziem mogącym poprawiać zdrowie człowieka.

NIEPROSZENI GOŚCIE

Nieżyt żołądka i jelit (*gastroenteritis*), zwany także grypą żołądkową, zatruciem pokarmowym, biegunką podróżnych czy zemstą Montezumy, jest czymś, czego większość z nas doświadczyła osobiście w jakimś momencie życia. Biegunka infekcyjna to jedna z najczęściej występujących na całym świecie chorób wieku dziecięcego i w krajach rozwijających się stanowi główną przyczynę śmiertelności dzieci poniżej piątego roku życia. Chociaż śmiertelność z powodu nieżytu żołądka i jelit jest niezwykle rzadka na Zachodzie, w żaden sposób nie jesteśmy odporni na skutki tych schorzeń. W Stanach Zjednoczonych biegunka zakaźna jest powodem hospitalizacji ponad miliona ludzi każdego roku, a kolejne miliony leczy się w trybie ambulatoryjnym. W sumie Amerykanie doświadczają około 200 milionów epizodów ostrej biegunki rocznie, co daje jej drugie miejsce (po przeziębieniu) na liście najczęściej występujących schorzeń. Istnieje wiele mikroskopijnych winowajców stojących za tymi wydarzeniami, takich jak norovirus panoszący się na statkach rejsowych, *Salmonella* – bakteria mogąca czaić się wszędzie od niedogotowanego jajka po słoiki z masłem orzechowym, czy pasożyty takie jak giardia, które często występują w zakażonej wodzie. Ponieważ te zakaźne mikroby zasiedlają nasze środowisko, nietrudno jest przypadkiem się na nie natknąć, a potem cierpieć z tego powodu. Dzieci, osoby starsze i ludzie z niską odpornością są szczególnie wrażliwi na biegunkę infekcyjną, bo spędzają znacznie więcej czasu w przedszkolach, szkołach, domach opieki dla seniorów czy szpitalach, gdzie zakaźny mikroorganizm może się łatwo rozprzestrzeniać.

Jeśli spożyjesz potencjalnie chorobotwórczego mikroba, istnieje jeszcze sporo innych czynników decydujących o tym, czy będziesz mieć pełnoobjawową chorobę, czy też nie. Wiele bakteryjnych patogenów wędruje wzdłuż przewodu pokarmowego, aż dociera do jelita grubego, gdzie napotyka rozkrzyczaną, pełną bakterii kompanię. Te nasze korzystne bakterie stanowią konkurencję dla patogennych najeźdźców takich jak *Salmonella enterica* (*S. enterica*) i *Clostridium difficile* (*C. difficile*). Możesz pomyśleć o tych patogenach jak o *personach non grata* – nieproszonych i niechcianych gościach pojawiających się na zatłoczonym przyjęciu.

„Oporność na kolonizację" jest terminem używanym przez naukowców do opisania bariery, jaką tworzy gęsta mikroflora przed atakującymi patogenami. Ochrona ta jest bezpośrednia i pośrednia. Po pierwsze, mikroflora zajmuje przestrzeń i cenne zasoby, co utrudnia patogenom znalezienie zarówno miejsca do osiedlenia się i rozprzestrzeniania, jak i pożywienia dającego im energię do wzrostu. Po drugie, niektóre nasze mikroby jelitowe mogą produkować swego rodzaju broń chemiczną w postaci związków bakteriobójczych, bezpośrednio zabijających patogeny. Natomiast pośrednio mikroflora może dać kuksańca układowi immunologicznemu, by zwarł szeregi i pomógł zaatakować intruza. Mikroflora robi mnóstwo pozytywnych rzeczy, by pomóc nam w obronie przed napastnikami, nie będzie więc zaskoczeniem, że antybiotyki, które przecież dziesiątkują mikroflorę, mogą dawać patogenom pewną szansę na przetrwanie.

GASZENIE OGNIA OGNIEM

Stosowanie antybiotyków jest jednym z największych czynników ryzyka zakażenia się *C. difficile*, bakterią chorobotwórczą wywołującą ostrą biegunkę i zapalenie jelit. Przyjmowanie serii antybiotyków jest jak podkładanie ognia pod nasz mikrobowy ekosystem. Podobnie jak na leśnym pogorzelisku, gdzie ogólny krajobraz zmienił się nie do poznania, dokładna inspekcja pokaże, że kilka roślinek przetrwało pożogę. Po pożarze nowi osiedleńcy, którzy wcześniej nie mieli dla siebie przestrzeni ani pożywienia, teraz mogą zacząć rosnąć. Część z tych kiełkujących roślinek może być produktywnymi i zdrowymi członkami odbudowującego się ekosystemu, jak na przykład bakterie mutualistyczne, ale inne mogą okazać się inwazyjne i szkodliwe, jak bakterie patogenne. Z czasem las odrasta i, w wersji optymalnej, odtwarza stabilny ekosystem, faworyzując wzrost dobrych roślin, które potrafią żyć ze sobą w przyjaźni. Jednak może się też zdarzyć, że jakiś inwazyjny chwast przeważy szalę i zmieni kierunek odrastania lasu w zupełnie nieprzewidywalny sposób. Podobna historia ma miejsce w przypadku schorzenia związanego z *C.difficile* (*C. difficile associated disease*, CDAD).

CDAD jest odpowiedzialne za śmierć około 14 000 Amerykanów każdego roku, a ponad 10-krotnie więcej osób obecnie walczy z samą infekcją wywołaną *C. difficile*. U osób, u których infekcja jest wyjątkowo oporna na wielokrotne serie antybiotyków, szanse na przeżycie są podobne jak przy rzucie monetą. *C. difficile* jest najczęściej spotykana w szpitalach, ale czai się także w basenach, surowych warzywach i zwierzętach domowych. Jeśli wydaje ci się, że wlewanie wiader chloru do basenu, szorowanie warzyw mydłem antybakteryjnym bądź faszerowanie zwierzaka antybiotykami uchroni cię przed kontaktem z nią, zastanów się raz jeszcze. Szacuje się, że 2–5 procent ludności jest nieświadomymi nosicielami *C. difficile* w jelitach. W warunkach szpitalnych liczba ta rośnie do 20 procent, a u osób przebywających w ośrodkach długoterminowej opieki aż połowa to nosiciele *C. difficile*. Nawet jeśli nigdy nie cierpiałeś na CDAD, to wcale nie znaczy, że nie masz tej bakterii w jelitach. U większości gospodarzy jest ona niezwykle grzecznym członkiem mikroflory i może nigdy nie wywołać choroby. Ale jeśli tylko coś zaburzy spokój mikroflory (na przykład seria antybiotyków), uprzednio ciche osobniki *C. difficile* mogą wykorzystać zamieszanie, wielokrotnie zwiększyć swoją liczbę i stać się początkiem problemów.

Gdy ten bakcyl raz zacznie siać spustoszenie w jelicie, może wywoływać nawracające, zagrażające życiu biegunki i stany zapalne jelit, które czasem są niezwykle trudne do opanowania. Do niedawna tradycyjną metodą leczenia nawracających zakażeń *C. difficile* było podawanie kolejnych serii antybiotyków (co przypomina ponowne podkładanie ognia w lesie) w nadziei, że tym razem dobre bakterie szybciej osiągną przewagę i zasiedlą jelita. Kłopot z taką strategią polega na tym, że *C. difficile* może przeczekać pożar w formie wysoce odpornego na działanie antybiotyków stanu zawieszenia – jako przetrwalnik (endospora). Bakterie tworzące przetrwalniki są wyjątkowo trudne do eliminacji, ponieważ mogą przeżyć w warunkach, w których żadne życie się nie uchowa, takich jak gotowanie, susza, ujemne temperatury, a nawet próżnia przestrzeni kosmicznej.

Kiedy antybiotykowy atak już dobiegnie końca, te utajone przetrwalniki mogą zacząć „kiełkować". W świeżo oczyszczonym krajobrazie jelita, gdzie jest mnóstwo wolnej przestrzeni i niewykorzystanych zasobów, „kiełkujące" przetrwalniki mogą się dość szybko rozwijać. Okazuje się, że niektórzy pacjenci cierpiący na CDAD mają mikroflorę, która w głównej mierze jest złożona właśnie z *C. difficile*. U takich osób patogen ten spowodował masowe wymarcie setek gatunków innych bakterii i zagarnął środowisko jelita niemal wyłącznie dla siebie. Bakteria *C. difficile* zawiera wiele genów produkujących toksyny. Gdy liczba *C. difficile* w składzie mikroflory jest niewielka, nie szkodzą one jelitom. Ale jeśli populacja tej bakterii stanie się bardziej liczna, poziom toksyn rośnie, wywołując zarówno uszkodzenia w ścianie jelita, jak i bolesną biegunkę.

Jeżeli złapałeś kiedyś infekcję wywołaną przez *C. difficile*, która nie poddawała się kuracji antybiotykowej, to do niedawna nie miałeś zbyt wielu możliwości innego leczenia. Po niepowodzeniu jednej serii antybiotyków nastąpiłaby kolejna, z większą dawką innych antybiotyków, co przypominałoby klepanie w kółko zdrowasiek w nadziei, że bakterie *C. difficile* zostaną pokonane, a na ich miejscu zasiedlą się pożyteczne bakterie jelitowe. Jeśli dalsze rundy antybiotyków nie podziałałyby, jedyną metodą zostawałoby chirurgiczne wycięcie fragmentu jelita objętego zakażeniem i stanem zapalnym. Chociaż takie podejście może być skuteczne w eliminacji CDAD, jest to działanie ostateczne, które prowadzi przecież do nieodwracalnych zmian w organizmie, nawet u pacjentów z najlepszymi rokowaniami. Ale gdyby zamiast na ślepo podpalać wszystkie mikroby jelitowe albo wycinać je skalpelem, można było umyślnie zasiedlić jelita dobrymi mikroorganizmami? Czy szybsze przywracanie dobrych członków społeczności mikrobowej skutecznie ograniczyłoby *C. difficile* dostęp do zasobów i załagodziło infekcję?

ŻE CO MAM NIBY ZROBIĆ?!

W 2013 roku grupa naukowców i lekarzy z Akademickiego Centrum Medycznego w Amsterdamie postanowiła sprawdzić w praktyce, czy pomysł wprowadzenia wlewki z dobrych bakterii może zatrzymać błędne koło nawracających zakażeń *C. difficile*. Przeprowadzili randomizowane, kontrolowane badanie kliniczne, w którym uczestnicy z nawracającymi infekcjami *C. difficile* byli poddawani albo wyłącznie kuracji antybiotykowej, albo kuracji antybiotykowej połączonej z przeszczepem fekalnym mikroflory (*fecal microbiota transplant*, FMT), zwanym także bakterioterapią bądź przeszczepem stolca. Tym, którzy jeszcze nie słyszeli o takiej metodzie, wyjaśniamy, że nazwa dość wiernie odpowiada rzeczywistości. W procedurze FTM pobiera się stolec od dawcy i umieszcza go w jelitach biorcy. FTM można przeprowadzić z góry do dołu – stosując rurkę wchodzącą przez nos i sięgającą jelit, albo z dołu do góry, wprowadzając materiał doodbytniczo w formie lewatywy czy podczas kolonoskopii. W obu przypadkach stolec od dawcy jest wcześniej upłynniany (zazwyczaj w mikserze), odsączany i staje się gotowy do użycia. Zanim pogardzisz tą procedurą, bo jest dość obrzydliwa, przypomnij sobie, że ludzie chorujący na CDAD walczą ze śmiertelną chorobą. W takiej sytuacji większość z nas zaskakująco chętnie wytrzymałaby każde okropieństwo, byle tylko odzyskać zdrowie.

Aby zakwalifikować się do tego holenderskiego eksperymentu, każdy z uczestników musiał mieć na koncie liczne terapie antybiotykami, które nie przynosiły efektów. Po zaledwie jednym zabiegu FMT aż 81 procent z tych powracających infekcji zostało wyleczonych w porównaniu z 31 procentami wyleczeń w grupie, która dostawała wyłącznie kolejną serię antybiotyków. Na pozostałych 19 procentach pacjentów, którzy nie wykazali poprawy za pierwszym razem, przeprowadzono drugi zabieg FMT i ogólna liczba wyleczeń wzrosła do 94 procent. Skuteczność była tak zadziwiająco wysoka, że naukowcy stwierdzili, iż dalsze prowadzenie badania byłoby nieetyczne, przerwali je i zaproponowali zabiegi FMT wszystkim uczestnikom. Ten niebywały sukces tak banalnego sposobu na ponowne zasianie mikroflory spowodował, że procedura FMT zyskała lepszą reputację i przestała już być tak obrzydliwa, prawda?

Dzięki udokumentowaniu sukcesu randomizowanego badania z udziałem procedury FMT, stała się ona sławna, ale warto zauważyć, że była stosowana w USA już ponad 50 lat wcześniej[1]. W 1958 roku dr Ben Eiseman, szef chirurgii w Denver General Hospital, opublikował pierwszy raport donoszący, iż lewatywa z fekaliów może wyleczyć rzekomobłoniaste zapalenie jelita grubego. Musiało minąć jeszcze 20 lat, zanim odkryto, że czynnikiem odpowiedzialnym za wywołanie schorzenia jest bakteria *C. difficile*. Doktor Eiseman i jego koledzy nie do końca rozumieli, co leżało u podstaw tej wyniszczającej choroby, ale założyli, że w jakiś sposób „naturalna równowaga" w jelitach tych pacjentów została utracona, i próbowali ją przywrócić za pomocą przeszczepu całej społeczności. Weterynarze leczą zwierzęta metodą FMT już od ponad 100 lat, czasem nawet przeszczepiając fekalia z jednego gatunku do innego, co nazwali transfaunacją. Ale wykorzystywanie odchodów w medycynie sięga jeszcze wcześniejszych epok. Istnieją dowody świadczące o leczeniu ostrej biegunki zawierającym fekalia napojem, zwanym „żółtą herbatką", już w IV wieku w Chinach!

Po opublikowaniu wyników badania FMT z 2013 roku w środowisku fachowców wybuchł entuzjazm. Uznanie przeszczepu mikroflory za oficjalną terapię otworzyło wiele intrygujących możliwości dotyczących przyszłości leczenia chorób za pomocą mikrobów jelitowych. FMT jest idealnym przykładem, jak choroba może zostać złagodzona przez proste naprawienie mikroflory. Obecnie lekarze starają się określić poziom, do jakiego choroby mogą być zahamowane czy nawet całkowicie wyleczone poprzez naprawienie mikroflory. Aktualnie prowadzonych jest ponad 40 badań klinicznych, które mają na celu poznanie efektywności transplantacji fekaliów w leczeniu różnorodnych chorób, takich jak stany zapalne jelit (IBD) lub otyłość. Ale czy możemy oczekiwać, że sukces FMT wykroczy daleko poza chorobę CDAD? I dlaczego FMT działa tak dobrze w eliminacji *C. difficile*? Aby odpowiedzieć na te pytania, najpierw trzeba ustalić, co się dzieje, gdy antybiotyki zaburzają odporność na kolonizację i kiedy *C. difficile* przejmuje kontrolę nad jelitem.

---

[1] W Polsce pierwszą transplantację stolca przeprowadzono we wrześniu 2012 r. w ramach Programu Przeszczepiania Flory Jelitowej. Obecnie (2015 r.) program jest prowadzony w szpitalach w Wejherowie, Wołominie, Makowie Maz., dwóch szpitalach w Warszawie oraz w placówce ambulatoryjnej – Centrum Medycyny Zapobiegawczej i Rehabilitacji w Warszawie (przyp. tłum.).

ANTYBIOTYK – MASOWY ZABÓJCA

Termin „antybiotyk" dosłownie oznacza „przeciwko życiu". Brzmi dość złowrogo i rzeczywiście medykamenty te skutecznie eliminują „bandziorów" – bakterie wywołujące choroby. Większość z nas często stosuje antybiotyki i podaje je swoim dzieciom bez głębszego zastanowienia. Uważamy te leki za ratujące życie, i faktycznie takie są. Jednak ostatnie badania pokazują, że antybiotyki, zgodnie z ich nazwą, mają dużo większy wpływ na naszą fizjologię, niż wcześniej podejrzewano, i nie jest on wyłącznie pozytywny, ponieważ okalecza rezydujące w nas pożyteczne bakterie.

Ludzie używali antybiotyków od tysięcy lat. Nawet starożytni Grecy wykorzystywali ich antyseptyczne właściwości, nakładając papkę ze spleśniałego chleba na rany, aby uchronić je przed infekcjami. Od jednego z rodzajów takiej pleśni, *Penicillium*, pochodzi medyczna nazwa najbardziej znanego antybiotyku – penicyliny. Biorąc pod uwagę zdolność do leczenia uprzednio zagrażających życiu chorób, nie będzie przesadą twierdzenie, że antybiotyki są absolutnie największym odkryciem w medycynie. Ich efektywność i względnie nieliczne skutki uboczne napędzały producentów leków do rozwijania i wytwarzania coraz to nowych antybiotyków, przeznaczonych do leczenia całego szeregu chorób zakaźnych. Jednak ponieważ proces tworzenia nowych leków jest niezwykle kosztowny, producenci skupili wysiłki na badaniu i rozwijaniu związków o szerokim spektrum działania – antybiotyków, które naraz zabijają wiele różnych mikrobów. Dlatego jeden antybiotyk może niszczyć mnóstwo różnych bakterii wywołujących infekcje, począwszy od ucha po układ moczowy. Dzisiaj Amerykanie są w grupie konsumentów zużywających najwięcej antybiotyków na świecie. W 2010 roku lekarze zaordynowali nie mniej niż 258 milionów serii antybiotyków, czyli na każdych 10 statystycznych Amerykanów 8,5 dostało receptę. Jednym z najlepiej udokumentowanych skutków ubocznych tak powszechnego ich używania jest rozwój opornych na antybiotyki superbakterii. Ale być może bardziej istotny – i dużo rzadziej omawiany publicznie – jest wpływ tych leków na nasze rezydujące mikroby.

Najwięcej antybiotyków zażywa się doustnie, niezależnie od tego, gdzie patogenna bakteria wywołała problem. Na pierwszy rzut oka może to mieć sens. Na przykład po połknięciu antybiotyku jego część dostanie się do krwiobiegu i będzie krążyła z krwią, aż dotrze do ucha i tam zabije powodującego ból ucha bakcyla. Ale takie rozprzestrzenianie leku na cały organizm wystawia absolutnie wszystkie twoje bakterie pod ostrzał. Doustna droga podania powoduje, że bezpośrednio na celowniku znajdują się zwłaszcza bakterie jelitowe. A ponieważ gros antybiotyków zostało stworzonych do zabijania jak największej liczby różnych rodzajów bakterii, każda dawka wywołuje spore zdziesiątkowanie mikroflory. U niektórych osób mogą minąć miesiące, zanim flora jelitowa się zregeneruje, w tym zaś czasie dramatycznie rośnie ryzyko zaburzeń biegunkowych.

David Relman i Les Dethlefsen, dwaj nasi koledzy z Uniwersytetu Stanforda, byli ciekawi, co się stanie z mikroflorą po podaniu kilku serii silnego antybiotyku ciprofloksacyna (w Polsce dostępny pod nazwą handlową Cipronex lub Ciprinol). Ten bardzo często przepisywany antybiotyk o szerokim spektrum działania jest używany do leczenia wielu różnych infekcji bakteryjnych. Mechanizm jego działania polega na zahamowaniu zdolności mikroba do podziału jego DNA, co skutecznie zatrzymuje podziały komórkowe. Ponieważ Cipronex ma szerokie spektrum, skutecznie zabija większość rodzajów bakterii, zarówno tych wywołujących infekcję, jak i tych przyjaznych, mutualistycznie bytujących w jelitach. David i Les chcieli oszacować, jak dalece pięciodniowa kuracja Cipronexem zniszczy mikroflorę i czy będzie ona w stanie się w pełni zregenerować.

Po podaniu antybiotyku liczba i różnorodność bakterii w jelitach drastycznie spadła. Liczba bakterii zmniejszyła się 10–100-krotnie, a ocalała społeczność stała się zdecydowanie mniej różnorodna niż przed terapią. Mikroflora była także zauważalnie przeorganizowana, wymiecionych zostało około 25–50 procent z puli początkowych bakterii. Rezultaty te nie powinny zaskakiwać, choć skala zniszczeń mikroflory okazała się znacznie większa, niż ktokolwiek mógł przypuszczać nawet w najczarniejszych scenariuszach. Cipronex, tak jak wszystkie antybiotyki o szerokim spektrum działania, został stworzony w sposób nieuwzględniający oszczędzania bakterii jelitowych. Mimo wiedzy, jak bardzo ważne dla zdrowia człowieka są rezydujące w nim mikroby, wciąż często i lekką ręką przepisuje się antybiotyki o szerokim zakresie działania, bazując na wierze, że przecież im więcej mikrobów się zabije, tym lepiej, a mikroflora może się odtworzyć. Ale czy założenie, że dobre bakterie mogą spokojnie powrócić i zasiedlić jelita, jest uzasadnione? Niekoniecznie. Kilka tygodni po terapii Cipronexem flora jelitowa zaledwie jednego uczestnika powróciła do swojej formy sprzed leczenia. Pozostałe dwa przypadki nie przedstawiały się już tak optymistycznie. U jednego z uczestników nastąpiła niemal całkowita regeneracja, ale pacjent wciąż posiadał widoczne poantybiotykowe uszkodzenia. A trzeci nawet po upływie dwóch miesięcy od zaprzestania podawania antybiotyku nie miał w pełni zregenerowanej mikroflory.

Mikroflora wielu osób jest narażana na częste serie antybiotyków, nawet w ciągu zaledwie jednego roku, więc Relman i Dethlefsen sprawdzili, co stanie się z tymi samymi osobnikami, gdy otrzymają drugą serię Cipronexu. Jeśli chodzi o mikroflorę, zniszczenia były jeszcze poważniejsze. Po drugiej rundzie leku ponownie spadła liczba bakterii, zmieniła się kompozycja, a i różnorodność została rozstrzelana, podobnie jak po pierwszej serii. Ale tym razem żaden z uczestników nie wyszedł cało. Wszyscy trzej mieli trwałe i widoczne nawet po dwóch miesiącach od zakończenia kuracji uszkodzenia mikroflory wywołane antybiotykiem.

Co zastanawiające, pomimo tak masowej reorganizacji w jelitach, żaden z uczestników badania nie zgłaszał problemów gastrycznych. Wydaje się więc jasne, że odczuwalne przez pacjenta symptomy nie są najbardziej wiarygodnym wskaźnikiem wielkości szkód w mikroflorze wywołanych antybiotykami. Naukowcy także nie potrafili przewidzieć, czyja mikroflora będzie bardziej wrażliwa na takie zniszczenia. Nawet więc, jeśli lekarz nie dysponuje żadnymi wynikami badań mówiącymi, jak wielkiemu uszkodzeniu ulegnie twoja mikroflora po serii antybiotyków, możesz założyć, że będzie ono na pewno znaczne. A druga seria antybiotyków z dużym prawdopodobieństwem pogłębi zaburzenie wywołane przez pierwszą. W większości przypadków kuracja antybiotykowa wydaje się przynosić ogromne korzyści (zwalczanie infekcji) praktycznie bezboleśnie. Ale nawet jeśli sam nie odczułeś różnicy, twoja mikroflora otrzymała wielki cios. Lwia część zniszczeń będzie naprawiana przez kilka tygodni, a są pewnie rodzaje bakterii, które już nigdy zupełnie się nie odtworzą. W związku z tym zdolność mikroflory do obrony ludzkiego ciała przed patogenami się zmniejszy, co z kolei zwiększy twoją wrażliwość na kolejne niebezpieczne infekcje. Nawet jeśli postarasz się zminimalizować poantybiotykowe uszkodzenia, zażywając w trakcie kuracji i po niej bakterie probiotyczne, fakt pozostaje faktem – wciąż nie wiemy, jak skutecznie przywrócić mikroflorę do jej stanu sprzed antybiotykowego ataku.

W LICZEBNOŚCI SIŁA

Patogen starający się przeniknąć przez jelita jest jak obcy najeźdźca atakujący regularną armię (mikroflorę). Jeśli siły agresora są nieliczne, istnieje małe ryzyko, że pokonają znacznie większe i regularne oddziały rezydujących żołnierzy. Aby atak był skuteczny, potrzebna jest znacznie większa liczba najeźdźców posiadających jakąś broń. Ale kiedy własne siły są osłabione, nawet niewielka grupka bandytów może dokonać skutecznej napaści. Nasz organizm jest nieustannie narażony na atak bakterii patogennych, takich jak *Salmonella*, jednak dzięki dużej sile oporu, gwarantowanej przez mikroflorę, potrzeba bardzo wielkiej liczby patogenów, by wywołać chorobę. Miliardy korzystnych mikrobów żyjących w jelitach utrudniają kilku pałeczkom *Salmonelli*, czającym się w niedogotowanym jajku, podbicie naszego organizmu. Jednak mikroflora ze zredukowaną liczbą członków, w wyniku na przykład kuracji antybiotykowej, jest zdecydowanie bardziej narażona na pokonanie nawet przez niewielką dozę patogenów. W tym świetle zażywanie antybiotyków wydaje się przypominać grę w rosyjską ruletkę. W większości przypadków, jak wspomnieliśmy wcześniej, szkody nie są od razu przez człowieka odczuwalne. Ale uderzenie otrzymane przez mikroflorę może nawet zagrażać twojemu życiu.

Interakcje metaboliczne pomiędzy różnymi gatunkami składającymi się na mikroflorę tworzą niezwykle zawiły łańcuch pokarmowy, w którym wszystkie dostępne cząsteczki pożywienia są zużywane. Jeśli wszystko jest w porządku, bioreaktor ten funkcjonuje jak perfekcyjnie ustawiony system przydziału zasobów, który umożliwia bytowanie wielkiej różnorodności gatunków bakterii na ograniczonej ilości pożywienia. Tak ciasno upleciona sieć pokarmowa, stworzona przez mikroflorę, zapobiega namnażaniu się obcych patogennych bakterii, ponieważ błyskawicznie zagospodarowuje wszelkie dostępne pokarmy, nie pozostawiając żadnych okruchów, którymi mogłyby się posilić patogeny. W takim idealnym stanie wewnętrzny bioreaktor jest stabilny i odporny na ataki chorobotwórczych mikroorganizmów. Jednak, jak wielu z nas nieraz doświadczyło, w pewnych okolicznościach te siły obronne zawodzą i patogeny wkręcają się w ową sieć pokarmową, namnażają się i kradną pokarm do własnych celów.

Kiedy normalne myszy są narażone na *Salmonellę* lub *C. difficile*, nie dochodzi do infekcji. Ale jeśli myszy były wcześniej poddawane kuracji antybiotykowej, w jelicie tworzył się stan zapalny. Gdy *Salmonella* pojawi się w jelicie sama, bez żadnych innych rodzajów mikrobów, jest zmuszona do polegania na zdolnościach do fermentacji zakodowanych w jej własnym genomie zawierającym zaledwie kilka enzymów, które jak nożyczki potrafią rozcinać błonnik pokarmowy (MAC) czy mucynę, w przeciwieństwie do świetnie wyposażonych mikrobów jelitowych. Kiedy pożyteczne bakterie trawią i zjadają swój posiłek, wytwarzają całą górę odpadków. W zdrowej, odpornej na kolonizację mikroflorze walka o zasoby jest niezwykle zażarta, a odpadki wyrzucane przez jeden typ mikrobów są natychmiast zjadane przez inny, i nie zostaje nic, co nieproszony gość, jak *Salmonella*, mógłby ukraść dla siebie.

Kradzież zasobów jest możliwa wtedy, gdy coś osłabi naturalnych konsumentów, a tym czymś są właśnie antybiotyki. Niszczą one powiązania w złożonej sieci pokarmowej, tworząc dziurę, w którą mogą wskoczyć *Salmonella* i *C. difficile*. Ale by skorzystać z tej nadarzającej się okazji, bakterie patogenne – ci nieproszeni goście – muszą już być na miejscu i czekać. Tak więc jeśli ostatnio dostałeś serię antybiotyków, naprawdę powinieneś unikać sytuacji, w których możesz się narażać na kontakt z *Salmonellą*, jak na przykład jedzenie w restauracji jajek czy bawienie się w ogólnie dostępnej piaskownicy. Z czasem po kuracji antybiotykowej flora jelitowa odbuduje się, po czym lepiej lub gorzej odtworzy wydajną sieć zależności pokarmowych i znów będzie odporna na inwazję patogenów.

Sukces wielu patogenów wymaga wyrafinowanej strategii napaści na ekosystem jelitowy, ale też planu na przetrwanie. Jaki jest sens wdzierania się i psucia czyjegoś przyjęcia, jeśli nie będziesz mógł zostać wystarczająco długo, aby nacieszyć się wywartym wrażeniem? *Salmonella* potrafi przetrwać, niszcząc środowisko jelitowe w sposób, który będzie jej zapewniał ciągły dostęp do pożywienia. Poprzez niszczenie rozumiemy wywoływanie biegunki i stanu zapalnego jelit. Takie radykalne zmiany w środowisku jelita powodują, że korzystnym mikrobom jest niezwykle trudno utrzymać swoje pozycje i odbierać *Salmonelli* pożywienie. Zmieniając podstawowe zasady funkcjonowania ekosystemu jelitowego, czarne charaktery zdobywają coraz większą przewagę nad pozytywnymi bohaterami. Zwykle wydaje się nam, że reakcja układu odpornościowego (jak stan zapalny) na atakujące patogeny pomaga organizmowi w ich pozbyciu się. Ale niektóre bakcyle wykombinowały, jak obrócić reakcję immunologiczną na własną korzyść. *Salmonella* musi stawić czoło pierwszej przeszkodzie, jaką jest zwiększenie swojej liczebności w jelicie, a pokonanie tej bariery ułatwia uszkodzenie mikroflory za pomocą antybiotyków. Gdy *Salmonella* skutecznie rozprawi się z tym pierwszym utrudnieniem, jej następnym celem jest wywołanie stanu zapalnego w jelicie. Pojawiające się zapalenie zmienia reguły gry na korzyść *Salmonelli*. Bakteria ta, jak wiele innych patogenów, jest mistrzem w regulowaniu i podporządkowywaniu reakcji odpornościowej gospodarza, wykorzystując ją na swoje potrzeby.

Siła tkwiąca w liczebności to tylko jeden z mechanizmów obronnych zapewnianych przez mikroflorę. Wraz z pogłębianiem się naszej wiedzy na temat pomocy, jaką mikroflora świadczy, regulując układ odpornościowy, zrozumieliśmy, że odporność na kolonizację nie polega tylko i wyłącznie na grze w „kto pierwszy zajmie wszystkie krzesła". Mikroflora jest zaangażowana w nieustanny dialog z jelitami. Mikroby potrafią pobudzić układ odpornościowy do uruchomienia reakcji odpowiednio dużej, aby poradzić sobie z zagrożeniem, ale nie za wielkiej, żeby nie wywołać reakcji autoimmunologicznej czy nie spowodować nadmiernych szkód. Niektóre nasze drobnoustroje jelitowe umieją samodzielnie i bezpośrednio walczyć z patogenami poprzez wydzielanie własnych antybiotyków. W przeciwieństwie do zmasowanego nalotu, którym jest doustne podawanie wysokich dawek antybiotyków o szerokim spektrum działania, antybiotyki produkowane przez mikroby jelitowe wydają się powodować znacznie mniej niepożądanych efektów.

Nadużywanie antybiotyków, oprócz niszczenia odporności na kolonizację, niesie jeszcze drugie niezwykle niebezpieczne zagrożenie – pojawianie się tzw. superbakterii opornych na antybiotyki. Lekkomyślne stosowanie leków przeciwbakteryjnych przyczyniło się do stworzenia wysoce uzbrojonych patogenów, które potrafią przeżyć atak najskuteczniejszych na świecie antybiotyków. Jak doszło do stworzenia tych mikroskopijnych frankensteinów? Kiedy grupa bakterii, jak te żyjące w jelicie, jest narażona na kontakt z antybiotykiem, może się okazać, że któraś z nich przypadkowo będzie posiadała gen pozwalający jej na przeżycie. Ponieważ ta jedna bakteria będzie mogła przetrwać, zacznie się namnażać nawet w obecności antybiotyku i da początek nowemu szczepowi bakterii, kolonii mutantów opornych na działanie tego leku. Drobnoustroje niezwykle chętnie wymieniają się swoimi genami w procesie zwanym horyzontalnym transferem genów. Tak więc jeśli bakterie wrażliwe na antybiotyk znajdą się w pobliżu bakterii opornych, będą mogły pobrać ten wysoce pożądany gen oporności i nabyć ogromnie istotną do przetrwania zdolność. Wyobraź sobie taką sytuację, gdy po wielu seriach antybiotyków geny oporności stają się coraz powszechniejsze w jelicie. Jeśli jakiś patogen, przechodząc przez jelita, pobierze od mikroflory jeden lub więcej takich genów, to właśnie uruchomi się proces powstania potencjalnie nowej superbakterii.

Infekcja patogenem o oporności na wiele leków oznacza prawdziwy koszmar, bez możliwości znalezienia dobrego rozwiązania. Obecnie po raz pierwszy od początków ery antybiotyków obserwujemy wzrost śmiertelności ludzi z powodu infekcji bakteriami, które mogłyby być wyleczone antybiotykami, gdyby nie ich ekstremalnie wysoka oporność na dostępne na rynku leki. Oczywiście możemy stworzyć nowe antybiotyki, które zlikwidują ten problem, ale i one nie sprawią, że da się zapomnieć o wyścigu zbrojeń, jaki prowadzimy z bakteriami chorobotwórczymi. Aby pozostać o krok przed patogenami, potrzebujemy wielopłaszczyznowego podejścia. Po pierwsze, niezbędny jest nieustanny dopływ nowych antybiotyków, których bakterie nigdy wcześniej nie widziały, więc nie mogły rozwinąć na nie oporności. Po drugie, należy wzmocnić naszą wewnętrzną linię obrony poprzez zbudowanie oraz utrzymanie silnej i zróżnicowanej mikroflory, co już samo w sobie zminimalizuje konieczność stosowania antybiotyków.

PŁYNĄĆ Z PRĄDEM

Doktor Purna Kashyap z Kliniki Mayo przyjmuje wielu pacjentów cierpiących na problemy motoryczne jelit, takie jak nawracające biegunki czy zaparcia. Istnieje wiele różnych chorób, których objawami są powyższe dolegliwości, jak stany zapalne jelit (IBD) czy zespół jelita drażliwego (IBS). Doktor Kashyap uważał, że te chroniczne niedomagania będą zaburzały równowagę mikroflory i jeszcze bardziej pogarszały stan chorego. Kiedy w 2010 roku zaczął pracować w naszym laboratorium, mieliśmy tylko garstkę informacji o tym, jak zmiany w pasażu jelitowym oddziałują na mikroby jelitowe.

Jelito, jak wspominaliśmy wcześniej, jest jak wewnętrzny bioreaktor. Wypełnia je treść jelitowa i woda, które przesuwając się wzdłuż tego przewodu, są obrabiane przez komórki ludzkie i mikroflorę. Szybkość, z jaką ten strumień płynie wzdłuż jelita, może znacząco oddziaływać na warunki środowiska, w którym żyją mikroby. Jeśli pasaż jest bardzo szybki, mikroby mają ograniczony czas na konsumpcję przesuwającego pożywienia i mogą łatwiej zostać wypłukane z jelit. W sytuacji przeciwnej, gdy pasaż jest bardzo powolny, mikroflora staje w obliczu innych wyzwań. W obu przypadkach zmiany szybkości przepływu treści jelitowej ekstremalnie odbiegające od normy stwarzają ryzyko zakłóceń poprawnego funkcjonowania mikroflory.

Doktor Kashyap zastanawiał się, czy pacjenci z przewlekłą biegunką, u których przepływ jest zbyt szybki, albo z zaparciami, u których przepływ jest zbyt wolny, doświadczają zaburzeń funkcjonowania swojego wewnętrznego bioreaktora. Odkrył, że i biegunka, i zaparcia zmieniają warunki panujące w jelicie. W czasie biegunki namnażają się mikroby lepiej przystosowane do szybkiego przepływu. Natomiast przy zaparciach przewagę zdobywają mikroby sprawniej działające przy wolniejszym pasażu. W obu przypadkach, zarówno przy szybszym przepływie, jak i przy wolniejszym, różnorodność mikroflory maleje. Taka sytuacja ma bardzo destabilizujący wpływ na sieć pokarmową, co z kolei stwarza pewne luki w systemie, które mogą zostać wykorzystane przez bakterie chorobotwórcze. Antybiotyki nie są więc jedyną przyczyną zaburzeń mikroflory i spadku oporności na kolonizację.

Biegunki, antybiotyki, a prawdopodobnie także inne czynniki mogą być początkiem tworzenia się błędnego koła. Infekcja jednym patogenem zwykle przyspiesza pasaż jelitowy, co sieje dalsze spustoszenie w równowadze mikroflory, a to z kolei zwiększa wrażliwość na atak kolejnego patogenu. W przypadku zakażenia *C. difficile* FMT stanowi dość brutalną, ale wysoce skuteczną terapię. Ale jeśli musiałbyś się poddać przeszczepowi fekaliów, to kogo wskazałbyś jako dawcę? I co należy wziąć pod uwagę, omawiając bezpieczeństwo oraz efektywność tego zabiegu?

NIE PRÓBUJ TEGO W DOMU

W 2013 roku FDA ogłosiła, że regulacje dotyczące terapii FMT będą podlegały takim samym przepisom, jak nowe eksperymentalne leki. A kiedy pacjenci i środowisko medyczne głośno wyrazili swoje obawy, że owe regulacje skutecznie ograniczą możliwość korzystania z tej ratującej życie terapii, FDA zweryfikowała swoje stanowisko i pozwoliła do woli stosować terapię FMT, ale wyłącznie u pacjentów z nawracającymi zakażeniami *C. difficile*.

Jeśli już taka sytuacja jest dla ciebie przykładem szkodliwej biurokracji, czytaj dalej. Nałożeniu przez FDA restrykcji dotyczących stosowania terapii FMT na wszelkie inne choroby oprócz zakażeń *C. difficile* towarzyszy brak jakichkolwiek regulacji co do materiału używanego do przeszczepu. A chodzi na przykład o wykonanie ujednoliconych testów sprawdzających, czy odchody dawcy nie zawierają czynników zakaźnych. Większość lekarzy przeprowadza testy bezpieczeństwa próbek do FMT, ale sposób i zakres ich wykonywania zależy od placówki, w której odbywa się transplantacja. Obecnie nie ma konsensu, jakim badaniom należy obowiązkowo poddać próbki pochodzące od dawców. Rzecz jasna, materiał do przeszczepu nie może zawierać takich patogenów jak wirus HIV, pasożytów czy innych mikroorganizmów, które mogłyby przenieść chorobę. Ale czy to wystarcza? Mikroflora ma przecież wpływ na procesy fizjologiczne i psychiczne u zwierząt laboratoryjnych, prawdopodobnie więc też i u ludzi, czy więc dawcy nie powinni być szczupli, wolni od chorób psychicznych i niecierpiący na żadne alergie? Jak ważne są takie aspekty, że donor powinien być urodzony siłami natury, jako niemowlę karmiony piersią, nie dostawać wielokrotnych serii antybiotyków i żywić się dietą bogatą w rośliny? Znalezienie dawcy mikroflory, który spełniłby wszystkie te wymagania, może sprawiać nieco trudności.

Nowo powstałe firmy już teraz oferują szpitalom, przeprowadzającym zabiegi FMT, wstępnie przebadany materiał fekalny. Firmy te działają podobnie jak banki krwi. Zbierają próbki odchodów od dawców, którzy pozytywnie przejdą testy bezpieczeństwa, i sprzedają je placówkom mającym FMT w swojej ofercie. Dzięki temu szpitale nie muszą zajmować się pozyskiwaniem i selekcją materiału samodzielnie. Obecnie jednak FDA zaczęła interesować się procedurami bezpieczeństwa obowiązującymi w tych bankach stolców i jest całkiem możliwe, że wkrótce pojawią się nowe regulacje.

Procedura FMT stanowi niezwykle proste rozwiązanie niezwykle skomplikowanego problemu. FMT jest jak klawisz resetu, który pozwala schorowanej mikroflorze odzyskać zdrowie. Dlaczego nie można spróbować takiego podejścia w przypadku innych chorób, którym towarzyszą zaburzenia w mikroflorze, jak na przykład IBD, autyzm, choroby autoimmunologiczne czy nawet otyłość? Wyobraź sobie, że opanowanie światowej epidemii otyłości mogłoby być tak proste jak wykonanie przeszczepu stolca. Niestety, FMT raczej nie stanie się terapią, na którą wszyscy z nadzieją czekają.

Pilotażowe, przeprowadzone na małą skalę badanie skuteczności FMT w leczeniu chorób związanych z otyłością przyniosło obiecujące, chociaż nie spektakularne, wyniki. Osoby otyłe otrzymujące FMT od szczupłych dawców wykazały tylko czasową poprawę oporności na insulinę, ale ani ich BMI, ani procentowa ilość tkanki tłuszczowej nie obniżyły się. Zastosowanie FMT u osób ze stanami zapalnymi jelit także nie przyniosło tak wysokich współczynników wyleczenia jak w przypadku CDAD. Nawet u pacjentów, u których nie było nawrotów choroby, pojawiały się czasem niekomfortowe skutki uboczne, takie jak gorączka czy bolesne przelewanie się w brzuchu. Wszystkie te badania są tylko badaniami wstępnymi, nie wiadomo więc na pewno, czy FMT nie pomógłby niektórym ludziom z IBD lub IBS. Obecnie prowadzi się kilka zakrojonych na szeroką skalę badań klinicznych, które mają ocenić, jaka przyszłość stoi przed procedurą FMT, oprócz leczenia CDAD.

Choroby związane z mikroflorą są złożone i różnią się między sobą. Niektóre zaburzenia flory jelitowej, jak te związane z infekcją wywołaną *C. difficile*, objawiają się bardzo niską różnorodnością mikroorganizmów, co przypomina dość pustawe i monotonne poletko. W takich przypadkach zasiewanie nowych ziaren ma spore szanse powodzenia, jeśli chodzi o zmianę całego ekosystemu. Ale odwrotnie – jeśli ekosystem przypomina zarośnięty ogródek pełen głęboko zakorzenionych, a niechcianych chwastów, posianie tam dodatkowych dobrych nasionek raczej nie pomoże w zmianie całego krajobrazu. Aby umożliwić wzrost właściwym roślinom, należałoby albo przed zasianiem usunąć chwasty, albo zmienić warunki, w których chwasty rosną tak bujnie. W naszym przypadku oczyszczanie jelit z niechcianych mikrobów za pomocą antybiotyków lub lewatywy mogłoby zwiększyć skuteczność i trwałość nowo przeszczepionej mikroflory. Można byłoby też zastosować specjalne nawozy (jak pokarmowe MAC), które zwiększyłyby wzrost nowych, korzystnych mikroorganizmów. Te dwa rodzaje zaburzeń w mikroflorze – ubogi albo zarośnięty chwastami ogródek – to tylko uproszczenia wielu problemów dotykających mikroflorę jelitową. Wraz z lepszym rozumieniem niuansów poszczególnych chorób, zwiększają się szanse dopasowania do nich różnych wariantów terapii FMT.

SCHYŁEK MROCZNYCH WIEKÓW DLA TRANSPLANTACJI FEKALIÓW

Czy byłoby możliwe przeniesienie leczących, pożytecznych mikrobów do schorowanej mikroflory bez ryzyka wprowadzenia czynników infekcyjnych lub zwiększania podatności na inne choroby? Na pewno nieidealna forma dzisiejszej procedury FMT jest tylko początkiem nowej rewolucyjnej drogi leczenia chorób, w których mikroflora została zaatakowana albo zniszczona. Jak wygląda przyszłość w leczeniu chorej mikroflory jelitowej?

Jednym sposobem zmniejszenia ryzyka związanego z terapią FMT jest przechowywanie próbki swojego własnego stolca, w razie gdyby w przyszłości zaszła konieczność przeszczepu, podobnie jak można zachować krew pacjenta pobraną przed jego operacją. Terapia FMT własnym stolcem wykluczyłaby zagrożenie przekazywania patogenów z jednej osoby na drugą. Kanadyjski szpital North York General Hospital w Toronto rozpoczął pilotażowy program zbierania próbek stolców od przyjmowanych pacjentów. I tak jak wykonywanie kopii zapasowych danych z twardego dysku komputera na wypadek awarii, tak i tutaj zbieranie próbek zazwyczaj nie okazuje się potrzebne, ale w przypadku rozwinięcia się u pacjenta CDAD w wyniku pobytu w szpitalu taka kopia zapasowa jego mikroflory mogłaby ratować życie. Z powodu stosowania wielu antybiotyków i obecności lekoopornych szczepów *C. difficile* szpitale mogą być wylęgarnią choroby CDAD. Przechowując próbkę odchodów każdego pacjenta, lekarze mieliby łatwy dostęp do materiału FMT, bez konieczności pokrywania kosztów znajdowania i testowania dawców, a także bez ryzyka nieumyślnego rozprzestrzeniania chorób. Pozyskiwanie próbek od pacjentów na wszelki wypadek wydaje się obecnie zbyt wydumaną ostrożnością, ale niedługo może stać się powszechną praktyką w coraz większej liczbie szpitali.

Ale nawet gdybyśmy przechowywali próbki własnego kału, to istnieje wiele innych kłopotów związanych z procedurą FMT. Aby nie narażać biorcy na nowe zakażenia, materiał fekalny wciąż musi być przygotowywany do przeszczepu przez pracowników służby zdrowia, co z kolei wystawia ich na kontakt z ewentualnymi patogenami. Ponadto (odłóżmy żarty na bok) dość dużym problemem jest sam zapach związany z zajmowaniem się fekaliami, zniechęcający zarówno laborantów, jak i pacjentów. Jednym ze sposobów na pozbycie się tych kłopotów byłoby używanie, zamiast próbek odchodów, mieszanki specjalnych mikrobów wyhodowanych w laboratorium. Stosowanie takiego gotowego koktajlu dawałoby pewność, że nie zawiera on żadnych bakcyli chorobotwórczych i pozwoliłoby ujednolicić całą procedurę.

Grupa naukowców stworzyła mieszankę 33 szczepów bakterii używaną do leczenia CDAD, którą nazwali „zaKUPienie". Badacze wybrali te konkretne szczepy bakterii, ponieważ były one znane z korzystnego działania i często brakowało ich w składzie mikroflory pacjentów z CDAD. Bakterie te były nawet przetestowane na ewentualną obecność genów oporności na antybiotyki, aby zyskać pewność, że nie przeniosą żadnych niechcianych cech do innych mikrobów bytujących w jelicie. Przeprowadzone na małą skalę próby badawcze z zaKUPieniem pacjentów chorych na CDAD przyniosły obiecujące wyniki. Dwóch pacjentów zostało wyleczonych takim bakteryjnym koktajlem i w obu przypadkach w mikroflorze utrzymały się wszystkie 33 szczepy mikrobów zaKUPienia nawet sześć miesięcy po przeszczepie. W efekcie bakterie te stanowiły niemal jedną czwartą wszystkich szczepów obecnych w obu mikroflorach. Przeszczepione bakterie nie tylko z sukcesem skolonizowały jelita, lecz także umiały się tam zasiedlić na dłużej. Niesamowity jest fakt, że obaj pacjenci otrzymali później wiele serii antybiotyków na infekcje niezwiązane z ich CDAD, ale w obu przypadkach objawy CDAD nie wróciły. Nowa zaKUPieniowa mikroflora albo umiała trzymać *C. difficile* w szachu w czasie nalotu antybiotykowego, albo całkowicie go unicestwiła.

Wstępny sukces używania zdefiniowanej mieszanki mikrobów zamiast prymitywnej próbki kału wskazuje na przyszłe kierunki celowanych terapii. Wiele raczkujących przedsiębiorstw już teraz bierze na siebie ryzyko tworzenia komercyjnych mieszanek mikrobów, mogących mieć zastosowanie w przeszczepach mikroflory. Niektóre z tych koktajli są nawet pakowane w kapsułki, co znacznie obniżyłoby koszty i ryzyko związane ze stosowaniem lewatywy czy wlewki przez zgłębnik nosowo-żołądkowy. Te „KUPsułki" (jak je się czasem nazywa) mogą stać się rutynową poantybiotykową terapią łagodzącą uszkodzenia mikroflory.

Mimo że bakterie są znacznie czystsze niż próbki odchodów, leczenie ludzi za pomocą żywych organizmów wciąż napotyka trudności w regulacjach prawnych. Podawanie żywych organizmów jest jak otwieranie puszki Pandory wewnątrz jelit. Fakt, że bakterie z badania zaKUPieniowego były obecne w jelitach biorców nawet sześć miesięcy po przeszczepie, stwarza ryzyko, że jeśli coś pójdzie nie tak, pozbycie się ich będzie niezwykle trudne.

Firmy farmaceutyczne hołdują zasadzie, że najlepszy lek stanowią związki chemiczne, a nie żywe organizmy. Związki można poddać regulacjom, opatentować, a ponieważ nie są żywe, łatwiej kontrolować ich dawkę. W badaniu z zaKUPieniem nie wiadomo, co mogłoby się wydarzyć, jeśli nowo osiedlone bakterie rozrosłyby się do połowy masy całej mikroflory lub nawet bardziej. Czy stworzyłoby to problemy? A jeśli tak, to w jaki sposób dałoby się zredukować liczbę tych bakterii? Po podaniu żywe organizmy mogą się namnażać samodzielnie, co jest podstawową zaletą skutecznej terapii. Ale brak dozoru nad ich dzieleniem się utrudnia prawidłowe dobranie dawki. Taki problem nie dotyczy związków chemicznych, bo ich dawkę można określić z aptekarską precyzją.

Mikroby jelitowe produkują pewne związki (pamiętasz naszą nienadzorowaną fabrykę leków?), które między innymi wpływają na procesy zapalne i naprawę szczelin w wyściółce jelit. Kolejnym więc sposobem unikania podaży żywych organizmów może być zastosowanie samych związków wytworzonych przez mikroflorę. Takie podejście byłoby podobne do poprawiania stanu gleby w nadziei, że obecne już w niej nasiona kwiatów będą mogły jeszcze raz wyrosnąć i zakwitnąć. Prawdopodobnie w nadchodzących latach odkryjemy wiele nowych, wytwarzanych przez mikroorganizmy, związków.

AKTUALIZACJA JELITOWEGO SYSTEMU OPERACYJNEGO

Początkowe triumfy transplantacji odchodów i terapii opartych na podaży mikroflory umocniły dział nauki związany z florą jelitową, a naukowcy i lekarze przekonali się, że siła tkwiąca w kupie, a konkretnie w jej mieszkańcach, może wyleczyć uprzednio nieuleczalne choroby. W ciągu nadchodzących kilku lat strategie reprogramowania mikroflory jelitowej wykroczą daleko poza stosowanie odchodów czy zmian w diecie. Firmy farmaceutyczne zaczynają poszukiwać leków, które będą oddziaływały na poszczególnych członków mikroflory, aby zmienić jej kompozycję lub funkcje. Projektowane mikroby, potrafiące wykryć chorobę albo dostarczyć lek, staną się również częścią arsenału używanego do reprogramowania mikroflory.

Chociaż nieustannie powstają nowe narzędzia, uwaga wciąż jest skupiona na terapii FMT, bo wiele możemy się z niej nauczyć. Nie wiadomo jeszcze, jak łatwe okaże się podmienianie złej mikroflory na dobrą. Mikroflorę zainfekowaną *C. difficile* można w prosty sposób zresetować, podając odchody zdrowej osoby, ale wymiana mikroflory osoby otyłej na mikroflorę pochodzącą od szczupłego dawcy nie jest już tak spektakularna. Wstępne doniesienia wskazują, że „szczupła" mikroflora zyskuje przewagę tylko na krótki czas i że w ciągu trzech miesięcy flora powraca do swojej poprzedniej „otyłej" kompozycji. Ważnym czynnikiem uniemożliwiającym dłuższe utrzymanie się dobrej mikroflory mogła być niezdolność otyłych pacjentów do wytrwania w zmianie nawyków żywieniowych. Jak wspomnieliśmy wcześniej, badania na myszach przekonująco pokazały, że zasilenie „szczupłej" mikroflory dietą bogatą w warzywa i owoce jest najważniejsze w procesie zdobywania przewagi nad złą florą, sprzyjającą tyciu. Dieta, która pomaga odżywiać szczupłe mikroby, umożliwia im skuteczne atakowanie otyłej flory, co chroniło myszy przed ponownym przybieraniem na wadze i zmieniało losy gospodarza. Może w badaniach z udziałem ludzi, jeśli biorca szczupłej mikroflory zmieniłby nawyki żywieniowe na wspierające jej przetrwanie, ta przeszczepiona flora utrzymałaby się i wpłynęła na poprawę zdrowia człowieka? Wiemy, że dzięki modyfikacji sposobu żywienia otyli ludzie są w stanie zrzucać kilogramy i zmniejszać ryzyko schorzeń związanych z otyłością, a więc może wskazówki dietetyczne towarzyszące terapii FMT stałyby się ratunkiem dla tej podupadającej mikroflory? To dwuelementowe działanie: nowa mikroflora plus nowa dieta, mogłoby rozwiązać ów pozornie niełatwy problem.

Ale nawet bez przeszczepiania nowego zestawu mikrobów sama dieta może pomóc w pozbywaniu się patogenów jelitowych. Szigelozę (inaczej dyzenteria, czerwonka bakteryjna), infekcję spotykaną głównie w krajach rozwijających się, wywołuje bakteria *Shigella*, a jej głównym objawem jest krwawa biegunka. Standardową terapię stanowi oczywiście podawanie antybiotyków, ale naukowcy odkryli, że jeśli razem z antybiotykami poda się do jedzenia ugotowane zielone banany, pacjenci odzyskują zdrowie zdecydowanie szybciej. W tym przypadku gotowane zielone banany (a konkretnie zawarte w nich MAC) działają jak odżywka dla zdziesiątkowanej mikroflory, co sprzyja rozrastaniu się dobroczynnych gatunków. Podobnie jak w terapii FMT, taka procedura pomaga przywrócić zdrową florę i usunąć patogeny przy wykorzystaniu dodatkowo interwencji dietetycznej. Jest to także ważne przypomnienie, że dieta stanowi potężne i łatwo dostępne narzędzie, które umożliwia każdemu człowiekowi przejęcie do pewnego stopnia kontroli nad programowaniem (czy reprogramowaniem) mikrobów rządzących tak wieloma aspektami naszego życia.

ROZDZIAŁ 8

Starzejąca się mikroflora

TOWARZYSZE NA CAŁE ŻYCIE

Walka z oznakami starzenia jest niezwykle potężną siłą napędową w przemyśle. Poddajemy się torturom takim jak wstrzykiwanie botoksu, kwasowe peelingi i mikrodermabrazja w nadziei na odzyskanie młodzieńczego wyglądu. Aby zachować ostrość umysłu, rozwiązujemy krzyżówki, diagramy sudoku i gramy w gry komputerowe, gimnastykujące pamięć. Trenując gibkość ciała (na przykład dzięki jodze) i dbając o siłę mięśni dzięki ćwiczeniom z ciężarkami, staramy się spowolnić postępujące niedomagania fizyczne i zdrowotne ciała. Najnowsze badania ujawniają jednak, że jest jeszcze jeden ważny składnik wpływający na zachowanie młodzieńczej energii: właściwe odżywianie starzejącej się flory jelitowej. Tak jak wszystkie inne fizyczne i psychiczne elementy ludzkiego organizmu, także mikroflora podlega nieubłaganym procesom zużywania się. Obserwując tempo jej starzenia, można przewidzieć, jak szybko zestarzeje się reszta twojego ciała. Istnieją liczne sposoby zwalczania (albo chociaż spowalniania) oznak starzenia się skóry, umysłu i ciała, podobnie też są metody, by utrzymać młodzieńczość mikroflory.

Zbiór bakterii mieszkających w jelitach jest niezwykle stabilny w czasie. Oczywiście występują nieraz przejściowe zmiany, gdy z dnia na dzień jakiś gatunek nagle zacznie się rozmnażać, a potem zaniknie. Często takie fluktuacje mogą być wytłumaczone czynnikami zewnętrznymi jak antybiotyki, zmiana diety, a nawet gorączka. Jednak nieraz przyczyny wahań są ukryte głębiej. Jeśli pobrałbyś próbkę swojej mikroflory teraz i ponownie za pięć lat, to pominąwszy pojawiające się niewielkie zmiany – jej skład wciąż byłby niepowtarzalny i charakterystyczny wyłącznie dla ciebie. Każdy człowiek posiada trzon podstawowych gatunków mikroorganizmów, który jest stabilny w czasie, podobnie jak inne fizyczne cechy, na przykład kolor oczu czy włosów. Osoby mające skład mikroflory podobny do twojej to twoi najbliżsi krewni, co tworzy pewnego rodzaju podobieństwo rodzinne. Szczepy jelitowe bakterii stanowiące trzon składają się na jedną trzecią do dwóch trzecich wszystkich gatunków mikroflory i są jak odcisk jej palca, który pozostaje niezmienny przez dziesięciolecia. Naukowcy wierzą, że wiele z tych fundamentalnych szczepów bakterii towarzyszy nam w ciągu całego życia, podobnie jak przez całe życie jesteśmy skazani na oglądanie w lustrze tego samego swojego nosa (oczywiście wyłączamy tu możliwości chirurgii plastycznej). Dowody świadczą, że tak jak w przypadku kształtu nosa, tak też wiele z gatunków mikrobów dziedziczysz po rodzicach i są one podobne do tych u twojego rodzeństwa. Niektóre dostaniesz w czasie porodu albo we wczesnym dzieciństwie i zostaną z tobą przez całe życie – to jak mikrobowy ślad przekazywany z pokolenia na pokolenie. Dodatkiem do bazowego składu mikroflory są gatunki mikrobów bardziej przejściowe, które mogą się zmieniać z czasem, tak jak fryzura czy ubranie. Ale te przeobrażenia nie ukryją niepowtarzalnego dla każdego człowieka, składu zasadniczego. Podobieństwa składu mikroflory wśród członków rodziny są nieco mniejsze, a z obcymi ludźmi dzielimy zdecydowanie mniej wspólnych rodzajów bakterii.

Biorąc pod uwagę ekspozycję na różne mikroorganizmy środowiskowe, kaprysy żywieniowe i używanie antybiotyków, co dzieje się przez całe życie, aż trudno uwierzyć, że ten podstawowy skład mikroflory jest tak trwały. Wydaje się, że jeśli pewne gatunki mikrobów wprowadzą się do naszych jelit, potrafią skutecznie uniemożliwiać zasiedlenie się innych, podobnych do nich gatunków. Każdy gatunek bakterii ma w ludzkich jelitach typową dla siebie niszę czy też zadanie do wykonania. Niektóre bakterie mają wszechstronne umiejętności, co oznacza, że mogą występować w wielu różnych niszach w jelicie. Mikrob żywiący się pektynami będzie dobrze się rozwijać wtedy, gdy będziemy jeść jabłka. Ale ten sam mikrob umiejący żywić się też węglowodanami wytwarzanymi przez ścianę jelita, będzie mógł przetrwać, albo nawet dalej namnażać się, nawet kiedy zabraknie jabłek. Taka bakteria wykorzystuje zróżnicowane nisze i może dopasować się do rodzaju diety albo do występujących w jelicie ewentualnych konkurentów. Inne gatunki bakterii są jednak bardziej wyspecjalizowane. Jeśli jakaś bakteria naprawdę żywi się wyłącznie pektynami, to gdy tylko jabłko zostanie zjedzone, ona będzie się szybko namnażać, nie pozostawiając wiele dla innych, zjadających pektyny mikrobów, które mogły zostać połknięte razem z owocem. W takim przypadku przytłaczające zwycięstwo odnoszą bakterie na dobre zadomowione w jelicie.

Nawet w obliczu wielkich wyzwań, jakim jest infekcja patogenami czy kuracja antybiotykowa, pewne bakterie jelitowe potrafią ukryć się w niewielkich „jaskiniach", zwanych kryptami jelitowymi, które są zlokalizowane na całej powierzchni jelita. Kiedy zagrożenie mija, te pochowane mikroby stają się swego rodzaju rezerwuarem na nowo zasiewającym jelita. Taka strategia, czyli szczelne wypełnienie wszystkich nisz jelitowych, zapobiegające zasiedleniu się tam innych bakterii o podobnych możliwościach metabolicznych, oraz schodzenie do podziemi, gdy zagrożenia dziesiątkują mikroflorę, tworzy wytrzymały ekosystem zdolny do utrzymania stabilności w czasie.

Ale starzenie się nie jest nagłym atakiem, tak jak w przypadku działania patogenów czy antybiotyków. Rozciągnięte w czasie i obejmujące cały system podupadanie związane ze starzeniem się dotyka także mikroflory – i może ono wpłynąć na nasze zdrowie.

GRUPA EMERYTÓW

Dla mikroflory starzejące się jelito może stanowić przyczynę wielkich zmian środowiskowych. Szybkość, z jaką treść pokarmowa jest przesuwana w jelitach, maleje, co może prowadzić do chronicznych zaparć. Związane z wiekiem pogarszanie się naszego węchu i smaku, a także malejąca zdolność dokładnego przeżuwania pokarmu może diametralnie zmienić nasz sposób odżywiania się na dietę ubogą we włókniste rośliny czy żylaste mięso. Spędzanie większej ilości czasu w szpitalach i częstsze kuracje antybiotykowe mogą zwiększyć ryzyko, że patogeny takie jak *C. difficile* dadzą o sobie znać. Wszystkie z tych czynników tworzą środowisko jelitowe, które może znacznie odbiegać od tego z lat naszej młodości. Wzdęcia – bardzo często pojawiający się objaw u osób starszych – są jedną z najwyraźniejszych wskazówek, że mikroflora przechodzi gruntowną reorganizację.

Naukowe zrozumienie zmian zachodzących w mikroflorze u schyłku naszego życia jest, jak na ironię, wyjątkowo niedojrzałe. Jednak ostatnie badania zaczęły rozszyfrowywać zagadkę losów mikroflory u starzejących się ludzi. W 2007 roku grupa naukowców z uniwersytetu College Cork w Irlandii rozpoczęła badanie zwane ELDERMET, które miało pochylić się nad zależnościami między dietą, mikroflorą i stanem zdrowia kilkuset osób w wieku powyżej 65. roku życia. Wyniki badań dają pewne wskazówki dotyczące tego, jak starzeje się mikroflora, jaki wpływ ma związany z wiekiem spadek kondycji mikroflory na długość naszego życia i zdrowie oraz jak możemy poprawić żywotność mikroflory w tym okresie.

Badanie ELDERMET pokazało, że flory u poszczególnych seniorów są znacznie bardziej zróżnicowane w porównaniu ze względnym podobieństwem flor młodych dorosłych osób. Sytuacja ta jest lustrzanym odbiciem tego, co dzieje się na początku naszego życia, gdy w okresie dzieciństwa formująca się mikroflora jest bardzo chaotyczna. Możesz przyrównać losy mikroflory każdego człowieka do ziarenka piasku w klepsydrze. Na górze klepsydry, jak na początku życia, piasek zajmuje dość dużo miejsca. Znaczne odległości między poszczególnymi ziarenkami piasku odpowiadają dużym różnicom obserwowanym w mikroflorach dwóch różnych niemowląt. Do piątego roku życia i przez całą dorosłość skład mikroflory każdego człowieka zbiega się do jednego punktu, w ten sam sposób, w jaki przewężenie klepsydry zbiera razem ziarenka piasku. Gdy się starzejemy, skład każdej mikroflory zaczyna się ponownie bardzo różnić od tej u innych ludzi, tak jak upadające na dno klepsydry ziarenka piasku odskakują od siebie nawzajem.

Gdy naukowcy przyjrzeli się temu dokładniej, odkryli, że różnice w składzie mikroflory uczestników badania nie były przypadkowe. Wyodrębnili trzy główne typy składu flory. Jeden typ mieli ludzie wciąż żyjący w lokalnych wspólnotach – ich mikroflora przypominała tę u młodszych ludzi mieszkających na tym samym obszarze. Pozostałe dwa typy zaobserwowano u osób przebywających w domach dziennego pobytu lub ośrodkach całodobowej opieki dla seniorów. Wygląda więc na to, że jeśli chodzi o mikroflorę, miejsce zamieszkania ma znaczenie. Ale co w tym może być takiego ważnego? Gdy ludzie przeprowadzają się ze swojego niezależnego mieszkania do ośrodka opieki, zmienia się także ich dieta. Wysokobłonnikowa dieta mieszkańców wspólnoty i klientów dziennych ośrodków opieki medycznej ustępuje niskobłonnikowej diecie pensjonariuszy domów stałego pobytu. Chociaż nie jest jasne, dlaczego w takich placówkach serwuje się dietę niskobłonnikową, mniejsza ilość włókien roślinnych jest typowa dla żywienia zbiorowego, a to dodatkowo może być związane z chęcią przygotowania potraw łatwych do przełknięcia dla starszych osób. Różnica w zawartości błonnika w diecie odpowiadała różnicom w składzie mikroflory. Osoby spożywające mało błonnika miały florę o niskiej różnorodności, a te jedzące więcej błonnika miały bardziej zróżnicowany skład mikroflory. Seniorzy na diecie wysokobłonnikowej mieli także większy poziom korzystnych dla zdrowia SCFA, niższy poziom markerów stanów zapalnych i byli ogólnie zdrowsi.

Te różnice w mikroflorze mogą być skutkiem tego, że pensjonariuszami domów stałego pobytu zostają przede wszystkim ludzie o słabszym zdrowiu. Jaki jest więc związek między dietą, mikroflorą i zdrowiem? Czy zanikanie mikroflory wynika z podupadania na zdrowiu czy do niego prowadzi? Czy jest prawdopodobne, że mniej zdrowi ludzie częściej trafiają do domów stałego pobytu, jedzą pokarmy niskobłonnikowe i dlatego ich flora słabnie? Aby rozstrzygnąć ten kolejny dylemat z serii „co było pierwsze: jajko czy kura?", niezbędne jest zwiększenie liczby badań. Jednak gdy oprzemy się na tym, co już wiemy o wpływie mikroflory na zdrowie (nawet jeśli zmiany we florze są drugorzędne wobec zmian zdrowotnych), to z dość dużym prawdopodobieństwem można przyjąć, że jej wyraźne pogorszenie się będzie co najmniej przyczyniało się do wystąpienia problemów ze zdrowiem.

Naukowcy prowadzący badanie ELDERMET przeczuwali, że pogorszenie się diety jest początkiem całej dalszej kaskady zmian. Najważniejsze wskazówki uzyskali, gdy przyjrzeli się kolejności zmian zachodzących w diecie oraz w mikroflorze i pogarszaniu się zdrowia. Kiedy ktoś pojawiał się po raz pierwszy w domu opieki, jego dieta znacznie różniła się od diety osób mieszkających tam dłużej niż rok. Ale już po miesiącu sposób odżywiania się nowicjusza upodabniał się do stylu żywienia stałych mieszkańców. Mikroflora świeżo przybyłych potrzebowała jednak niemal roku, by upodobnić się do flory długoletnich rezydentów. Choć nagłe zmiany w diecie mogą przyczynić się do nagłych zmian w mikroflorze, to rdzeń utworzony z przebywających tam wiele lat mikrobów może ulegać powolnym zmianom w wyniku stałego zmniejszania się ilości błonnika dostępnego dla mikroflory (MAC). W tym przypadku zmiana diety była pierwsza, a za nią podążały zmiany w mikroflorze. Co ważniejsze, markery utraty zdrowia odpowiadały największym różnicom w zmianach mikroflory. Wyniki badania ELDERMET wskazują na pewną sekwencję zdarzeń u osób starszych, zaczynającą się od zmiany diety, po której następowały zmiany w mikroflorze, a to kolei powodowało pogorszenie się stanu zdrowia.

Możesz sobie wyobrazić, że firmy farmaceutyczne byłyby zainteresowane stworzeniem pigułki zawierającej „mikroflorę młodości", która stałaby się wsparciem dla starej, podupadającej mikroflory. Niestety, ponieważ mikroflora jest niezwykle złożonym systemem, odpowiedzi na te wątpliwości są równie złożone. Podobne badania prowadzone na populacjach seniorów we Włoszech, Francji, Niemczech i Szwecji potwierdziły, że mikroflora seniorów różni się od tej u młodych, tak jak w badaniu irlandzkim, ale owe odmienności były inne. „Stare" bakterie obecne u Irlandczyków nie były tymi samymi, które żyły u seniorów w innych europejskich krajach. Podobnie porównując różne regiony świata, nie odnaleziono żadnego wyraźnego wzorca dla „młodej" mikroflory.

Oczywiście stosując strategię „znajdź i zastąp", nie jest tak łatwo utrzymać młodzieńczą mikroflorę. Ale gdy popatrzymy wstecz, okazuje się, że różnice te nie powinny zaskakiwać. Każda populacja oddalona geograficznie i kulturowo posiada w pewnym sensie swoją unikatową mikroflorę, która jest wynikiem typowej dla tej populacji diety oraz ekspozycji na dane rodzaje mikrobów występujące w konkretnym środowisku. Starzenie się konkretnej mikroflory najprawdopodobniej zachodzi na jej własnych zasadach. Z tych badań można wyciągnąć cenny wniosek: że bardzo ważnym czynnikiem utrzymania młodości żyjących w tobie mikrobów wraz z postępującymi latami jest twoja dieta.

IMMUNOSTARZENIE SIĘ

Wiemy, że obserwując proces starzenia się, można zauważyć związek między stanem mikroflory a słabnącym zdrowiem. Konkretnie – bardziej zróżnicowana flora jelitowa jest związana z lepszymi parametrami zdrowia, takimi jak mniejsza liczba stanów zapalnych i ich łagodniejszy przebieg, większa masa mięśniowa, wolniejszy spadek zdolności poznawczych. Ale nie jest jasne, na czym ten związek polega. Jaka cecha mikroflory prowadzi do lepszego starzenia się? Gdybyśmy zrozumieli, j a k, to moglibyśmy wkroczyć na drogę wykorzystywania mikrobów do łagodzenia schorzeń związanych z wiekiem.

Wraz ze starzeniem się człowieka pogarsza się praktycznie każdy element jego organizmu: nerki nie filtrują toksyn tak skutecznie jak kiedyś, serce jest zmęczone długoletnim mechanicznym wysiłkiem, nawet przechowywane w mózgu wspomnienia z czasem zaczynają się zacierać. Ale jedno z najbardziej uderzających zwyrodnień dotyczy układu odpornościowego. Układ immunologiczny zbiera cięgi przez całe nasze życie, cięgi związane z nieustanną czujnością w wyszukiwaniu potencjalnych patogenów aż do szkód otrzymywanych w każdej walce, w którą jest zaangażowany. Niektóre z tych szkód nigdy nie zostaną w pełni zrekompensowane, a z czasem kumuluje się ich tak dużo, że cały system odpornościowy staje się słabszy. Związany z wiekiem spadek wydajności owego układu jest nazywany w nauce immunostarzeniem się. Spotyka to wszystkich nas, nawet nasze zwierzęta; nikt nie jest nań odporny, że tak to ujmiemy. Immunostarzenie się to proces bardzo złożony, angażuje wiele odgałęzień układu odpornościowego, ale jednym z jego głównych objawów jest co prawda niski, ale chroniczny stan zapalny, zwany *inflammaging* (starcze przewlekłe zapalenie). W starczym zapaleniu szala równowagi między pro- i antyzapalnymi reakcjami układu odpornościowego wychyla się na stronę prozapalną. Taki stan zapalny jest kojarzony z wieloma schorzeniami związanymi z wiekiem, jak demencja, choroba Alzheimera czy zwyrodnienie stawów, i może mieć także negatywny wpływ na mikroflorę. Ponieważ wiele mikrobów lubiących lekki stan zapalny w jelitach potrafi także go przedłużać, omawiane przechylanie szali na stronę prozapalną może być początkiem samonakręcającej się spirali zniszczeń w mikroflorze, a to z kolei napędza przewlekłe starcze zapalenie i niszczy zdrowie. Dodaj do tego mniejsze spożywanie błonnika i mniejszą ilość wysiłku fizycznego, a zdolność podupadającej mikroflory do zaostrzania i przyspieszania utraty zdrowia staje się ogromna.

Jedną z podstawowych cech starzejącej się mikroflory jest zwiększona obecność patobiontów, bakterii mających zdolności do zachowywania się jak patogeny lub bakterie chorobotwórcze. Patobionty czają się we florze każdego z nas. W normalnym, zdrowym stanie te bakterie zachowują się grzecznie i łagodnie albo nie ma ich wystarczająco dużo, by wywoływać problemy. Jednak, gdy tylko w jelicie pojawia się stan zapalny, patobionty mogą się rozpleniać i go wzmacniać. Występują powszechnie u seniorów, ale mogą też rosnąć w pewnych warunkach zależnych od diety. Myszy laboratoryjne, karmione dietą bogatą w nasycone tłuszcze zwierzęce, wykazują służy wzrost liczby patobiontów w składzie ich mikroflory. Taki wzrost nie był obserwowany u zwierząt karmionych równoważną ilością wielonienasyconych tłuszczów pochodzenia roślinnego.

Jak można zminimalizować przewlekłe starcze zapalenie i wyrwać się z tego błędnego koła? Poprzez spożywanie pokarmów bogatych w MAC i unikanie nasyconych tłuszczów pochodzenia zwierzęcego. Większe spożycie błonnika pokarmowego i niższe spożycie tłuszczów nasyconych przez osoby starsze jest skorelowane z większą produkcją SCFA i mniejszym stanem zapalnym w jelitach. Mikroby konsumujące MAC z błonnika pokarmowego wytwarzają SCFA, które z kolei łagodzą zapalenie. Podobnie niskotłuszczowa dieta może zmniejszyć stan zapalny poprzez hamowanie namnażania się patobiontów. Zdrowe środowisko jelita nie sprzyja rozwojowi patobiontów, które podtrzymują stan zapalny, by móc funkcjonować.

TRENING DLA TWOJEJ MIKROFLORY

Człowiek Zachodu zazwyczaj korzysta z samochodu, by przemieścić się do siedzącej pracy, z której wraca wieczorem, zbyt zmęczony, by zrobić coś więcej niż klapnięcie na kanapę przed telewizorem. Nawet chodzenie do klubu fitness kilka razy w tygodniu w drodze z pracy do domu, choć daje pewne korzyści, nie wystarcza, aby zrekompensować ogólny brak aktywności fizycznej w naszym nowoczesnym życiu. Wraz z wiekiem zapewnianie sobie wystarczającej ilości wysiłku może stać się coraz trudniejsze. Organizm nie potrafi już tak szybko się zaadaptować, starszy człowiek jest mniej elastyczny i ma mniej motywacji. Ale przytłaczająca liczba dowodów wskazuje na to, jak ważne jest utrzymanie kondycji fizycznej właśnie wtedy. Ćwiczenia mogą opóźniać procesy starzenia i obniżać ryzyko wystąpienia wielu wyniszczających chorób, takich jak otyłość, choroby serca, nowotwory, cukrzyca czy nawet depresja. Wysiłek fizyczny stanowi przeciwwagę dla jedzenia dzięki konieczności spalania nadmiernej liczby kalorii, wzmacnianiu siły mięśnia sercowego, poprawianiu nastroju i hamowaniu spadku formy związanego z wiekiem. Ale wydaje się też, iż aktywność fizyczna może pomóc zminimalizować efekty immunostarzenia się oraz przewlekłego starczego zapalenia, a także wpływać na mikroflorę.

Wraz z wiekiem ludzie stają się mniej ruchliwi, co przyczynia się do spowolnienia pasażu jelitowego. Wiemy już, że czas przepływu treści pokarmowej oddziałuje na środowisko jelita, a przez to na skład mikroflory, logiczne więc jest, że przyspieszanie pasażu do wartości optymalnych dzięki aktywności fizycznej znajdzie odbicie w kondycji flory. Niezwykle trudno jest szczegółowo zbadać związek ruchu z mikroflorą, bo osoby uprawiające sport najczęściej stosują zdecydowanie zdrowszą dietę, a nie da się rozdzielić wpływu tych dwu aspektów stylu życia na mikroflorę. Badania na myszach laboratoryjnych, stwarzające lepsze możliwości kontroli diety i ćwiczeń, pokazują, że każdy z tych czynników samodzielnie może poprawić stan flory jelitowej. Ale połączenie lepszej diety z aktywnością fizyczną wywiera największy wpływ na mikroflorę i na nasze zdrowie.

NASI MIKROBOWI SPRZYMIERZEŃCY W WALCE Z RAKIEM

Nowotwory, definiowane jako niekontrolowane namnażanie się komórek, są w wielu aspektach chorobą układu odpornościowego. Komórki nowotworowe powstają spontanicznie w naszym organizmie przez całe życie, ale zazwyczaj układ immunologiczny odnajduje je i likwiduje. Gdy system „znajdź i zabij" zawodzi, nowotwór może rosnąć i się rozprzestrzeniać. Im dłużej komórki rakowe swobodnie się namnażają, tym stają się mądrzejsze, wypróbowując coraz to nowe sposoby ukrywania się przed układem odpornościowym, aż znajdą metodę, która zadziała. Guz nowotworowy może stworzyć sobie bezpieczny port dzięki umiejętności zmieniania swojego mikrootoczenia tak, aby komórki układu immunologicznego, szukające nowotworów, omijały ten obszar. Takie ochronne mikrośrodowisko pozwala komórkom rakowym bezpiecznie rosnąć pod osłoną przed układem odpornościowym.

Niektóre strategie przeciwnowotworowe pobudzają układ odpornościowy do uważniejszego wypleniania poukrywanych komórek rakowych. Jedną z takich metod jest chemioterapia z cyklofosfamidem. Lek ten stymuluje układ odpornościowy i blokuje zdolność komórek rakowych do tworzenia nowych naczyń krwionośnych (angiogeneza), które są dla niego najważniejszym dostawcą składników odżywczych. Jednym z nieprzewidzianych skutków ubocznych tego leku jest powstawanie niewielkich otworków w wyściółce jelita, przez które bakterie mogą uciekać poza jelito. Naukowcy badający myszy, którym podawano cyklofosfamid, znaleźli mikroby jelitowe nawet w trzustce i węzłach chłonnych tych gryzoni. Na pierwszy rzut oka wydawałoby się, że to katastrofalny skutek chemioterapii – uwolnione mikroby szalejące po całym organizmie i atakujące inne tkanki. Jednak zamiast powodować problemy, mikroby te okazały się pomocne. Gdy znalazły się w tkankach, w których nie powinny być, pobudzały układ odpornościowy, a ten w odpowiedzi na alert rozpoczynał działania wojenne. Z powodu zaś nieuniknionego braku precyzji szaleńczo atakującego układu odpornościowego niektóre z tych reakcji zostały skierowane przeciwko komórkom rakowym, co spowodowało zmniejszenie się nowotworu. Gdy myszy przed podaniem cyklofosfamidu zostały potraktowane antybiotykami, sukces terapii był znikomy. Antybiotyki paraliżowały głównych i potrzebnych wspólników, czyli mikroby jelitowe, na skutek czego aktywacja układu immunologicznego i jej antynowotworowy efekt były dużo mniejsze.

Jak to badanie odnosi się do leczenia raka u ludzi? Wiele terapii skierowanych na niszczenie komórek rakowych często powoduje dotkliwe skutki uboczne. Większość z tych pobocznych uszkodzeń dotyczy układu odpornościowego, przez co pacjenci stają się bardzo podatni na zakażenia oportunistyczne. Aby obniżyć to ryzyko, wraz z terapią przeciwnowotworową profilaktycznie podaje się antybiotyki. Ale wyniki powyższych badań, które pokazują pozytywną rolę mikroorganizmów w aktywacji systemu immunologicznego, mogą skłonić klinicystów do zmiany postępowania. Jeśli leki działają poprzez pobudzanie układu odpornościowego, stan flory jelitowej musi być brany pod uwagę. Różnice w mikroflorze występujące u różnych ludzi mogą także, chociaż częściowo, tłumaczyć, dlaczego niektórzy pacjenci reagują inaczej na immunoterapię w leczeniu raka czy innych chorób, pomimo stosowania takiej samej strategii.

Ale nie wszystkie terapie antynowotworowe działają poprzez aktywację systemu immunologicznego. Celem naświetlania lub niektórych chemioterapii jest przede wszystkim zabijanie komórek dzielących się najszybciej – to jedna z charakterystycznych cech komórek rakowych. Co zaskakujące, nawet na te rodzaje terapii mikroflora może wywierać wpływ.

Grupa naukowców badała dwa leki chemioterapeutyczne zwane cisplatyną i oksaliplatyną. Medykamenty te używane są do leczenia wielu rodzajów nowotworów, łącznie z rakiem jelita grubego, limfomy i sarkomy. Ich funkcjonowanie przypomina wrzucenie metalowego klina (rdzeń tych leków jest zbudowany z platyny) w maszynerię replikacyjną komórek, co skutecznie powstrzymuje ich dalsze namnażanie. Ponieważ komórki rakowe dzielą się szybciej niż zdrowe, leki te hamują namnażanie się głównie komórek nowotworowych (ale także i innych szybko dzielących się zdrowych komórek, na przykład tych tworzących włosy). Drugim etapem koniecznym, by leki te zadziałały, jest zaangażowanie układu odpornościowego, którego zadanie polega na posprzątaniu złapanych w pułapkę komórek. Aby tego dokonać, układ immunologiczny musi mieć dostęp do tych komórek, które przecież mogą być głęboko schowane pod płaszczykiem mikrośrodowiska wytworzonego przez raka.

Mikrośrodowisko wokół guza nowotworowego bywa całkiem dobrze umocnioną twierdzą, ale nie niemożliwą do zdobycia. Układ odpornościowy, rozhuśtany aż do szczytu swoich agresywnych możliwości, potrafi przebić tę barierę. Mikroflora bowiem osiągnęła mistrzowski poziom w zdolności do wkurzania układu odpornościowego. Naukowcy zastanawiali się, czy mogłaby ona stanowić swego rodzaju ostrogę pobudzającą system immunologiczny do skuteczniejszego zabijania komórek nowotworowych w rakowym mikrośrodowisku. Zauważyli, że u myszy dostających antybiotyki mikrośrodowisko rakowe wyglądało na bardziej gościnne dla złośliwych komórek i dużo trudniejsze do zdobycia przez układ odpornościowy. Gdy chorym na raka myszom podano chemioterapię z platyną, lek nie zadziałał zbyt dobrze, jeśli gryzonie dostały wcześniej antybiotyki. W takim przypadku, w przeciwieństwie do terapii z cyklofosfoamidem, mikroby nie przenikały z jelit do innych tkanek, ale uruchamiały reakcję odpornościową na raka z wnętrza jelita. Gdy obecna była pełna, zdrowa mikroflora, układ immunologiczny potrafił skutecznie przebić się przez rakowe mikrośrodowisko i sprzątnąć zastopowane komórki rakowe.

Należy mieć na uwadze, że badania te zostały przeprowadzone na myszach, konieczne jest więc sprawdzenie, jak te wyniki mogą się przekładać na leczenie nowotworów u ludzi. Z pewnością wpływ naszej mikroflory na skuteczność leków przeciwnowotworowych zdecydowanie zasługuje na dalsze badania. Składniki ekosystemu, czyli komórki ludzkie i mikroorganizmy, są ze sobą niezwykle ściśle powiązane. Można oczekiwać, że zaburzenie jednej części systemu przez leki wywoła nieprzewidziane konsekwencje w drugiej części lub w całym systemie.

Podawanie antybiotyków łącznie z chemioterapią, w celu zmniejszenia ryzyka infekcji, w niektórych przypadkach może nie być zbyt rozsądne. Może w przyszłości, zamiast niszczącej mikroflorę antybiotykoterapii, u pacjentów będzie stosowana terapia wzmacniająca mikroflorę w celu zwiększenia skuteczności chemioterapii? Wraz z lepszym zrozumieniem różnic w kompozycji mikroflory między poszczególnymi ludźmi, także i chemioterapia mogłaby być dopasowywana nie tylko do rodzaju raka, lecz i do typu mikroflory danego pacjenta.

Możliwe jest też, że mikroflora, poprzez swoje silne powiązanie z układem odpornościowym, może wpływać na stopień złośliwości i tempo namnażania się nowotworów. Czy istnieją mikroby przyspieszające rozwój raka? Czy poprawiając stan mikroflory, da się zmniejszyć ryzyko zachorowania na nowotwór albo agresywność już istniejącego? Jeszcze nie znamy odpowiedzi na te pytania. Ale gdy myślimy o sposobach zapobiegania różnym chorobom (w tym nowotworom) lub pozbywania się ich z naszego ciała, dobrze jest wziąć pod uwagę strategie, które minimalizują szkody wyrządzone sprzyjającym nam czynnikom, jakimi są na przykład mikroby jelitowe. Jeśli masz problem z mrówkami, to zamiast używać pestycydu o szerokim spektrum działania, który pozabija wszystkie żywe insekty w obrębie trzech metrów od domu, mógłbyś wykorzystać środek przeznaczony do eksterminacji wyłącznie mrówek, a do tego wzmocnić naturalnych wrogów mrówek, jak pająki, osy czy żuki. Podobnie w przypadku chorób nowotworowych – sprzęganie różnych terapii, jak chemioterapia i naświetlanie, ze sposobami poprawiania zdolności mikroflory do aktywacji układu odpornościowego może dać znacznie lepsze wyniki.

MIKROFLORA NAFASZEROWANA LEKAMI

Mikroflora wywiera wpływ także na działanie wielu farmaceutyków. Wraz z napływającymi wynikami badań nad interakcjami między mikroflorą a nowymi lekami, lista tych oddziaływań wciąż się wydłuża. Mikroflora może bezpośrednio wpływać na siłę działania niektórych leków, co czyni je bardziej lub mniej efektywnymi u niektórych osób, w zależności od cech ich osobistej mikroflory. Na inne leki flora może wpływać bardziej pośrednio. Niepowtarzalność mikroflory każdego człowieka i sposób, w jaki wchodzi w interakcje z pewnymi lekami, może być przyczyną niewyjaśnionych dotąd różnic w skuteczności działania medykamentów i ich efektów ubocznych.

Wraz z wiekiem dotyka nas coraz więcej problemów zdrowotnych, wymagających stosowania leków. Musimy w końcu zrozumieć, że zażywając farmaceutyki, wprowadzamy do organizmu jakiś czynnik wpływający na ten wysoce skomplikowany system, na który składa się wiele wciąż niepoznanych powiązań między komórkami ludzkimi i mikrobami.

Acetaminofen, lepiej znany jako paracetamol, jest powszechnie używanym już od lat 50. XX wieku środkiem przeciwbólowym i obniżającym gorączkę. Znane są molekularne szczegóły mechanizmu jego działania na ludzkie komórki, ale niewiele wiadomo, dlaczego obserwuje się różną skuteczność i tak dużą rozmaitość skutków ubocznych u poszczególnych ludzi. Przedawkowanie paracetamolu jest główną przyczyną ostrej niewydolności wątroby w USA, ale podstawa tej niewydolności pozostaje w mniej więcej 20 procentach przypadków niewyjaśniona. Poznanie tego brakującego elementu układanki jest istotne, aby mieć pewność, że każda osoba dostanie dawkę, która jest dla niej zarówno skuteczna, jak i bezpieczna. Jedną zmienną, wpływającą na dawkowanie, stanowi szybkość, z jaką lek jest usuwany z ciała. Jeśli to tempo jest duże, może się okazać, że potrzeba większej jego dawki, by zapewnić odpowiednio wysokie stężenie medykamentu w docelowym organie bądź we krwi. Jednak, jeśli lek wędruje po ciele dłużej, niż powinien, wzrasta ryzyko wystąpienia niekorzystnych skutków ubocznych lub nawet przedawkowania.

Na szybkość wydalania leku z organizmu częściowo wpływa tempo, w jakim jest on metabolizowany przez wątrobę. Wątroba pełni funkcję systemu odtruwającego cały organizm. Związki chemiczne obecne w ciele, które pojawiają się wraz ze spożywanymi przez nas pokarmami, przyjmowanymi lekami, a także produkty przemiany naszego własnego metabolizmu bądź metabolizmu naszej mikroflory, są obrabiane w wątrobie jak na taśmociągu. Maszyneria molekularna w wątrobie dołącza chemiczne „etykietki" do potencjalnie szkodliwych substancji, aby usprawnić ich usuwanie z organizmu. Na szybkość, z jaką związki te są przetwarzane, mają wpływ geny danego człowieka oraz liczba innych związków chemicznych krążących w systemie. Jeśli związków czekających na dolepienie etykietki jest zbyt wiele, może dojść do nawarstwienia się zaległości. Jednak substancje te, zamiast grzecznie czekać w wątrobie na swoją kolej, cały czas krążą we krwi, aż przyjdzie moment, w którym wątroba będzie miała większe możliwości przerobowe. Dodatkowy czas krążenia tych związków we krwi przekłada się na zwiększoną ekspozycję tkanek na owe substancje i ewentualne skutki uboczne odczuwalne w całym organizmie.

Producenci leków i lekarze, myśląc nad nowymi lekami i określaniem właściwej dawki, zawsze biorą pod uwagę czas wydalania leku. Jeśli medykament jest zazwyczaj metabolizowany i usuwany szybko, potrzeba większej dawki do osiągnięcia oczekiwanego efektu terapeutycznego. Jednak różnice osobnicze pomiędzy etykietowaniem i wydalaniem mogą prowadzić do sytuacji, w której niektórzy pacjenci otrzymają wyższą lub niższą „skuteczną" dawkę leku, niż zamierzono. Powiedzmy, że przepisano ci lekarstwo na pewną dolegliwość. Jeśli jesteś osobą, która etykietuje i wydala leki wolniej niż statystyczna średnia, będziesz narażony na wyższą dawkę leku, co może zwiększyć ryzyko pojawienia się skutków ubocznych. I odwrotnie, jeżeli wydalasz lekarstwo zbyt szybko, twoje schorzenie może nie zostać wyleczone. Czynniki zewnętrzne także mogą wpływać na szybkość przetwarzania medykamentów w organizmie. Znany jest powszechnie fakt, że osoby zażywające statyny[1] są ostrzegane przed jedzeniem grejpfrutów i piciem soku z tych owoców. Występujące naturalnie w grejpfrutach związki mogą bezpośrednio konkurować z metabolizowaniem statyn w wątrobie, co spowalnia wydalanie tych leków, a to z kolei podnosi ich dawkę do potencjalnie niebezpiecznych poziomów. Ale nie tylko związki dostarczane z pożywieniem wpływają na skuteczność leku. Związki wytwarzane przez mikroby jelitowe również mogą wywierać efekt na to, jak nasz organizm metabolizuje lekarstwa.

Badając, jak szybko paracetamol jest wydalany z organizmu, naukowcy odkryli, że pewne znaczenie ma związek p-krezol, produkowany przez bakterie. Ilość p-krezolu wytwarzanego przez daną mikroflorę zależy od typów mikrobów obecnych w jelicie i ilości spożywanych aminokwasów (cząsteczek budujących białka). Mikroby żyjące w jelicie metaboli-

[1] Leki obniżające poziom cholesterolu we krwi (przyp. tłum.).

zują aminokwasy i wytwarzają p-krezol jako produkt końcowy, odpadek. P-krezol, po wytworzeniu go w jelicie grubym, jest wchłaniany do krwi i powinien być oznakowany przez wątrobę jako toksyczny, po czym wydalony z organizmu. Ponieważ enzym wątrobowy odpowiedzialny za etykietowanie p-krezolu jest tym samym, który odpowiada za metabolizowanie paracetamolu, duża ilość p-krezolu może spowodować zator w przerabianiu leku. Osoba posiadająca mikroflorę wytwarzającą dużo p-krezolu najprawdopodobniej będzie narażona na wyższe dawki paracetamolu niż ktoś, czyja mikroflora wytwarza go mniej. Nawet jeśli potrafiłbyś ocenić, czy twoja mikroflora ma zdolność do produkowania dużej ilości p-krezolu, i tak wielkość jego produkcji w danym dniu będzie także zależała od twojej diety, a konkretnie od ilości białka, którą ostatnio spożyłeś.

Mikroflora wpływa więc na reakcje organizmu na paracetamol pośrednio – poprzez tempo usuwania tego leku z ustroju. Ale niektóre medykamenty mogą być metabolizowane bezpośrednio przez mikroorganizmy bytujące w jelitach. Digoksyna, stosowana do leczenia nieregularności pracy serca, jest pochodną digitoksyny wytwarzanej przez naparstnicę, a wykorzystywanej w leczeniu serca od setek lat. Farmaceutyki oparte na digitoksynie mają dość wąski zakres efektywnej dawki, co oznacza, że istnieje cienka linia pomiędzy dawką skuteczną a dawką toksyczną. Uważa się, że Vincent van Gogh cierpiał z powodu zatrucia digitoksyną, czego jednym z objawów bywa utrzymujące się wyczulenie na żółtozielone kolory. Upodobanie van Gogha do żółci jest wyraźnie widoczne w jednej z dwóch wersji *Portretu doktora Gacheta*, obrazie przedstawiającym jego lekarza trzymającego kwiaty naparstnicy purpurowej. Możliwe, że lekarz przepisywał mu zbyt dużo digitoksyny albo też w mikroflorze malarza brakowało jakiegoś gatunku mikroba, który mógłby go ochronić przed skutkami ubocznymi leku.

Bakteria *Eggerthella lenta* (*E. lenta*), znajdująca się w mikroflorze niektórych osób, zawiera wiele genów potrafiących dezaktywować digoksynę. Tak więc wiedza o obecności takiej cechy w twoim mikrobiomie mogłaby pomóc w ustaleniu właściwej dla ciebie dawki digoksyny. Osoba posiadająca *E. lenta* prawdopodobnie potrzebowałaby wyższej dawki leku niż ktoś, kto tej bakterii nie ma. *E. lenta* zjada digoksynę, używając tego samego szlaku metabolicznego, dzięki któremu zjada argininę, jeden z aminokwasów. Myszy mające bakterię *E. lenta* i będące na diecie wysokobiałkowej nie potrafiły dezaktywować digoksyny zbyt efektywnie, bo mikroby były tak zajęte konsumowaniem argininy, że nie miały już mocy przerobowych na nic innego. W takim przypadku zarówno skład mikroflory, jak i ilość białka w diecie wpływa na wysokość dawki leku, jaką faktycznie przyjmie pacjent.

Zastanówmy się przez chwilę, co to oznacza dla przyszłości spersonalizowanej medycyny i jak nasza wiedza o mikroflorze może oddziaływać na postępowanie medyczne. Wyobraź sobie scenariusz, w którym niezbędne jest podanie pacjentowi digoksyny. Zanim jednak lek byłby mu przepisany, lekarz otrzymałby raport zawierający listę genów obecnych w mikrobiomie chorego. Jeśli w tym mikrobiomie występują geny dezaktywujące digoksynę, lekarz przepisałby większą dawkę medykamentu i polecił, aby pacjent zmniejszył spożycie białka. Dzięki temu dawka digoksyny byłaby dobrana indywidualnie i na tyle precyzyjnie, by wywołać zamierzony efekt przy zminimalizowaniu ryzyka skutków ubocznych.

FONTANNA MŁODOŚCI[2] JEST PEŁNA BAKTERII

Podupadaniu na zdrowiu związanemu ze starzeniem się towarzyszy wiele widocznych fizjologicznych objawów, takich jak ograniczona ruchliwość, utrata ostrości umysłu, pogarszanie się wzroku i słuchu. Ale wewnątrz naszych ciał wiek również odciska swoje piętno w postaci immunostarzenia się i przewlekłego starczego zapalenia, a także zmienia mikrobową społeczność jelitową. Prawdopodobnie nie ma możliwości powstrzymania starzenia się, ale są sposoby, aby je opóźnić lub spowolnić. Mikroflora, nierozerwalnie związana z metabolizmem człowieka i jego układem odpornościowym, ma swój udział w procesach starzenia się. Wydaje się, że wykorzystanie jej elastyczności do zmniejszenia rozmiarów szkód i zaburzeń, jakie pociąga za sobą starzenie się, może poprawić jakość życia w później-

[2] Fontanna młodości to mityczne miejsce, z którego bije źródło magicznej wody. Kto się z niego napije, staje się młody i nigdy nie umiera. Opisywał ją Herodot, wzmiankę o niej można także znaleźć w *Romansie o Aleksandrze* i innych tekstach (przyp. tłum.).

szych latach. Może dobrze utrzymana flora jelitowa będzie zastrzykiem nowego życia dla starzejącego się układu odpornościowego, co utrzyma go i resztę naszego ciała w młodzieńczym stanie na dłużej?

Stulatkowie mają profil mikroflory inny niż siedemdziesięciolatkowie. Czy jest coś szczególnego we florze stulatków, co przyczynia się do ich wyjątkowo długiego życia? Czy to geny albo styl życia tych osób nadają pewne cechy ich mikroflorze? Nie znamy jeszcze odpowiedzi na te pytania. Ale może sekretem długiego życia jest osiągnięcie przez komórki ludzkie i mikroby optymalnej symbiozy, w której każde z nich daje czasem kuksańca drugiemu, by utrzymać korzystny dla obu stron, trwały związek?

JAK UTRZYMAĆ MŁODOŚĆ MIKROFLORY

Istnieje wiele sposobów, by zachować młodość przez długie lata. Stosowanie wysoce odżywczej, dobrze zbilansowanej diety, dbanie o właściwą ilość wysiłku fizycznego, podtrzymywanie kontaktów towarzyskich – dawno już udowodniono naukowo istotny wpływ tych czynników na poprawę stanu zdrowia w okresie starzenia się. Oddziaływanie takich zachowań prawdopodobnie zależy od wielu czynników, ale z pewnością wpływają one na wiele aspektów ludzkiej biologii i egzystencji – od utrzymania masy mięśniowej do nadawania naszemu życiu sensu i celu. Podczas gdy naukowcy rozkładają na czynniki molekularne mechanizmy, by wytłumaczyć, w jaki dokładnie sposób owe zdrowe nawyki wydłużają nasze życie, mikroflora okazuje się ważnym elementem współdecydującym o jakości naszego starzenia się.

Znacząca korzyść płynąca ze zdrowej diety polega na tym, że sprzyja ona kwitnieniu mikroflory i zapewnia kaskadę prozdrowotnych efektów. Badanie, w którym wzięli udział irlandzcy seniorzy, pokazuje, że stosowanie diety bogatej w błonnik (czy MAC) i ubogiej w tłuszcze nasycone może chronić mikroflorę przed starzeniem się. W praktyce zwiększenie konsumpcji błonnika u osób w przedziale wieku 76–95 lat jest bezpośrednio związane ze zwiększoną produkcją SCFA w jelitach. Rola, którą odgrywa SCFA w łagodzeniu stanów zapalnych, może być istotną przeciwwagą dla szkodliwych efektów przewlekłego starczego zapalenia. Utrzymanie wysoce odżywczej diety jest niezwykle ważne, zwłaszcza gdy zaczynamy się starzeć, bo zapotrzebowanie kaloryczne z wiekiem się zmniejsza. Każda kaloria dosłownie ma swój ciężar. Naukowcy z Uniwersytetu Tufts opublikowali zmodyfikowaną wersję zaleceń żywieniowych, przedstawionych w formie talerza przez amerykańską USDA (www.choosemyplate.gov), skierowaną do osób starszych, o niższym zapotrzebowaniu energetycznym. Owe zasady żywieniowe skupiają się przede wszystkim na bardzo odżywczych, kolorowych warzywach i owocach oraz bogatych w błonnik pełnych zbożach i nasionach.

Probiotyki stanowią kolejną ścieżkę żywieniową, spowalniającą starzenie się mikroflory. Z powodu rosnącej średniej wieku Amerykanów[3] prawdopodobnie wkrótce pojawi się fala badań naukowych poświęconych efektom działania probiotyków na seniorów. Obecne doniesienia sugerują, że probiotyki mogą pomóc starzejącemu się układowi odpornościowemu. Wraz z rozwojem nowych produktów probiotycznych trzeba będzie wziąć pod uwagę fakt, że mikroflora seniorów różni się od mikroflory dzieci i młodszych dorosłych. Aby zasilić starzejącą się florę, niezbędne stanie się opracowanie probiotyku z bakteriami o specjalnych możliwościach, pozwalających im na przetrwanie w zmienionym środowisku jelitowym osoby starszej. Mijają już czasy stosowania takiej samej strategii u wszystkich. Przyszłe terapie probiotykami będą raczej opierały się na tym, że kondycja ludzkiej mikroflory jest zależna od stadium życia człowieka. Zanim jednak takie dopasowane do wieku i konkretnej osoby probiotyki pojawią się na rynku, decyzje pozostają w naszych (konsumentów) rękach – metodą prób i błędów dobierajmy wyroby pasujące każdemu z nas najbardziej.

Ćwiczenia fizyczne w oczywisty sposób poprawiają stan zdrowia, ale wciąż nie jest znany ich związek z mikroflorą. Niełatwo ocenić wpływ gimnastyki na ludzką mikroflorę, ponieważ osoby ćwiczące zazwyczaj też odżywiają się zdrowiej. Określenie, które z zachodzących w mikroflorze

[3] Problem starzenia się społeczeństwa dotyka także większości krajów europejskich, w tym Polski (przyp. tłum.).

ludzi zmian są związane z ćwiczeniami, a które z dietą, jest właściwie niemożliwe. Jednak wiemy na pewno, że zwierzęta laboratoryjne, aktywne fizycznie, miały inną mikroflorę niż te o nieaktywnym trybie życia, choć obie grupy były na takiej samej diecie. Wysiłek fizyczny powoduje kilka zmian w fizjologii organizmu, spośród których zwiększenie szybkości pasażu jelitowego, wpływ na metabolizm i funkcjonowanie układu odpornościowego są znane z oddziaływania na mikroflorę. Nie będzie więc zbytnim nadużyciem wysnucie wniosku, że ćwiczenia (dzięki ich zdolnościom wpływania na tyle aspektów biologii gospodarza) zmieniają także ludzką mikroflorę. I choć nikt jeszcze nie przedstawił niezbitego dowodu na to, czy aktywność fizyczna przynosi korzyści florze jelitowej, to pewne jest, że uprawianie sportu może poprawić stan mikroflory i pozytywnie oddziaływać na całe nasze zdrowie.

Wyraźnie widoczny jest też związek między kontaktami towarzyskimi starszych ludzi a ich dobrym stanem zdrowia. Nauka dopiero od niedawna zajmuje się tym aspektem, więc przy obecnym stanie wiedzy nie da się jeszcze określić, jaką rolę odgrywa tu mikroflora. Tym większe nadzieje możemy pokładać w dalszych badaniach. Jak pamiętasz, mikroby są absolutnie wszędzie, włączając w to jelita. Bez względu na to, jak bardzo byś się starał wysterylizować środowisko, niemożliwe jest usunięcie warstwy mikrobów pokrywającej powierzchnie, których dotykasz (chociaż wiele osób twierdzi, że warstwa ta jest sukcesywnie niszczona przez chemikalia). Podczas kontaktów z ludźmi, w trakcie gry w karty, przy wspólnym posiłku z przyjacielem czy uściśnięciu ręki sąsiadowi – ciągle stykasz się z mikrobami innych osób. Czy można przyjąć, że jakaś część przeciwstarzeniowego działania więzi społecznych zależy od częstości kontaktowania się z mikrobami otaczających nas ludzi?

Zanim całkowicie odrzucisz tę hipotezę jako wytwór umysłu naukowca mającego obsesję na punkcie mikroflory, zastanów się nad tym: badacze odkryli, że dzięki umieszczeniu razem myszy otyłych i szczupłych „szczupła" mikroflora przeniknęła do mikroflory otyłych gryzoni i uchroniła je przed przybieraniem na wadze. Gdyby otyłe myszy nie kontaktowały się ze szczupłymi, nie miałyby szansy zetknąć się ze

„szczupłymi" mikrobami i już na zawsze posiadałyby otyłą mikroflorę. Czy prawdopodobne jest założenie, że wystawiając siebie (poprzez kontakty towarzyskie) na styczność z mikrobami innych ludzi, możemy zaszczepiać nasze jelita wieloma różnorodnymi pożytecznymi mikrobami? Może to tylko zwariowana teoria, ale jeszcze 10 lat temu tak samo niedorzecznie brzmiała hipoteza, że flora jelitowa ma wpływ na otyłość. Bez wątpienia na starość odnosimy wiele korzyści z podtrzymywania kontaktów towarzyskich. Następnym razem gdy będziesz się zastanawiać, czy odwiedzić klub brydżowy, pomyśl, że część z nowych przyjaciół, których tam spotkasz, może okazać się twoimi mikroskopijnymi ratownikami.

ROZDZIAŁ 9

Zarządzanie własnym bioreaktorem fermentacyjnym

TWÓJ GENOM NIE JEST TWOIM PRZEZNACZENIEM

Chociaż nie można zmienić genów składających się na ludzki genom, to geny obecne w mikrobiomie mogą być wymieniane, podobnie jak karty podczas gry w pokera. Zmiany w mikrobiomie nie będą miały wpływu na kolor twoich oczu ani kształt nosa, ale inne elementy naszej biologii, takie jak masa ciała czy układ odpornościowy mogą być modyfikowane przez mikroorganizmy jelitowe.

Można oczywiście dyskutować o tym, że skład naszej mikroflory jest w jakiś sposób z góry ustalony poprzez ludzki genom. Przecież to nasze geny tworzą środowisko, w którym mikroby żyją. Może rodzaje mikrobów, które rozgoszczą się w jelitach, w głównej mierze zależą od ludzkich genów, dziedziczonych po rodzicach, co sprawia, że skład mikroflory jest z góry określony? Jeśli tak by było, wtedy bliźnięta jednojajowe powinny mieć mikroflorę bardziej podobną do siebie niż bliźnięta dwujajowe. A tak w rzeczywistości nie jest. Okazuje się, że środowisko odgrywa olbrzymią rolę w tworzeniu naszej wewnętrznej kolekcji mikrobów, dużo większą niż ludzkie geny. Ponieważ mamy całkiem sporą kontrolę nad kształtowaniem środowiska jelitowego, mamy też kontrolę nad naszą mikroflorą, przez co możemy w pewien sposób zrekompensować sobie brak kontroli nad ludzkim genomem. Ludzki mikrobiom zawiera około 100 razy więcej genów niż ludzki genom, czyli w praktyce istnieje możliwość wpływu na 99 procent powiązanego z nami materiału genetycznego i modyfikowania go na własną korzyść.

Sama wiedza, że mikroflora ma zdolności adaptowania się do warunków środowiska, nie wystarczy. Musimy jeszcze nauczyć się, jak wyegzekwować właściwą zmianę w naszym mikrobiomie, aby zmaksymalizować pozytywny wpływ na zdrowie. W tym rozdziale omówimy pewne nawyki, które możemy wyrobić, by poprawić zarówno stan naszej mikroflory, jak i ogólnie zdrowia. My i nasze dzieci korzystamy z wszystkich przedstawionych tu zaleceń. Każde z nich opiera się na badaniach naukowych prowadzonych w naszym laboratorium i pracowniach innych naukowców zajmujących się tą dziedziną w czasach bezprecedensowego zainteresowania mikroflorą.

ZDROWA MIKROFLORA – JAK ZACZĄĆ?

W okresie noworodkowym i niemowlęcym w jelitach dziecka zachodzi mikrobowy odpowiednik kolonizacji nowego lądu. Gatunki, które z sukcesem zasiedlą jelito jako pierwsze, pozostaną w nim przez dziesiątki lat, a może nawet przez całe życie. Istnieje wiele czynników wpływających na to, jakie mikroby znajdą się tam jako pierwsze, na przykład sposób porodu i karmienia niemowlęcia, dieta, stosowanie antybiotyków i kontakt z mikrobami ze środowiska. Pielęgnowanie mikroflory na samym początku życia człowieka może pomóc w skierowaniu tego symbiotycznego związku od razu na właściwe tory.

Sposób porodu jest wynikiem działania wielu czynników, z których nie wszystkie można kontrolować. Priorytetem jest oczywiście bezpieczeństwo dziecka i matki, ale warto się zastanowić, jak samo istnienie możliwości wyboru różnych sposobów porodu wpływa na decyzje przyszłych rodziców. Z punktu widzenia mikroflory poród naturalny wystawia noworodka na kontakt z grupą mikrobów bardzo różniących się od tych żyjących na skórze, które kolonizują dziecko podczas porodu przez cesarskie cięcie. Skład mikroflory matki zmienia się wraz z postępem ciąży, prawdopodobnie w taki sposób, by lepiej dbać o rosnący płód i przygotować nasionka najlepszych „starterowych" mikroorganizmów dla dziecka po urodzeniu. Ale konieczność cesarskiego cięcia wcale nie niweluje możliwości wystawienia noworodka na mikroby, które by napotkał podczas porodu siłami natury. Porozmawiaj z lekarzem o „zaszczepieniu" dziecka przychodzącego na świat przez cesarskie cięcie wacikiem zwilżonym wydzieliną pochwową matki, aby pomóc młodziutkiej mikroflorze wkroczyć na właściwą ścieżkę jej rozwoju, zgodnie z wolą natury.

Najlepszym dostępnym narzędziem kontrolującym mikroflorę jest dieta. Pierwsze posiłki dziecka wpływają na to, jakie mikroby będą dominowały w jego jelicie podczas rozwoju i kształtowania się układu odpornościowego. Dopóki naukowcy nie odkryją, jaka dokładnie kompozycja mikrobów stwarza ryzyko zachorowania bądź też chroni przed alergiami, astmą czy nawet otyłością, najlepszym wyjściem jest dostarczenie dziecku takiej żywności, jaką przeznaczyła dla niego sama natura. Mleko matki zostało skomponowane przez siły ewolucji, które w trakcie tysięcy pokoleń ulepszały pokarm tak, aby dziecko miało jak największe szanse na przeżycie. To najlepsze z możliwych jedzenie dla malucha znacznie różni się od odżywek będących rezultatem zaledwie kilku dekad ludzkich wysiłków. Kobiece mleko, a zwłaszcza zawarte w nim MAC, czyli oligosacharydy ludzkiego mleka (HMO), przeznaczone do zjedzenia przez mikroflorę, są dla mikrobów jelitowych superodżywcze. Nawet jeśli niektóre sztuczne odżywki wzbogacimy w prebiotyki i probiotyki, żadna nie będzie tak idealnie dopasowana do potrzeb dziecka jak mleko matki. Dzieje się tak, dlatego że wciąż nie rozumiemy jeszcze wszystkich złożonych czynników wpływających na kształtowanie się mikroflory. Nauka nie potrafi więc zaprojektować i wyprodukować odżywki, która będzie kierowała rozwojem mikroflory w taki sposób, jak czyni to kobiece mleko. Karmienie piersią umożliwia niemowlęciu start w życie od razu na diecie bogatej w MAC.

Podobnie jak sposób porodu, także i sposób karmienia dziecka czasem zależy od czynników, na które nie mamy wpływu. Ale karmienie piersią nie musi być decyzją typu „wszystko albo nic". Każda, nawet najmniejsza ilość mleka matki dostarczy mikroflorze dziecka oligosacharydy mleka ludzkiego oraz występujące w mleku mikroorganizmy, które w obecnej chwili nie są dostępne w absolutnie żadnej innej formie. Nawet samo wieczorne karmienie może stać się świetną okazją, by po długim dniu ukoić zarówno matkę, jak i dziecko, a przy okazji zapewnić składniki odżywcze mikroflorze malucha. Gorąco namawiamy matki, które mają trudności w karmieniu piersią albo czują, że wytwarzają za mało mleka, by szukały pomocy w grupach wsparcia lub u konsultantek laktacyjnych. Karmienie piersią jest złożoną i niełatwą umiejętnością, a do jej opanowania potrzeba czasu i ćwiczeń. Z początku wprawdzie wymaga to wiele pracy, ale wysiłek, który włożysz w karmienie piersią, zostanie sowicie wynagrodzony niższym ryzykiem zachorowania malucha na alergie, astmę, otyłość czy nawet cukrzycę. Twoje dziecko, jego mikroflora i kolejne pokolenia, które ją odziedziczą, będą ci dozgonnie wdzięczne!

KŁOPOTY WYNIKAJĄCE Z NADMIERNEGO POZBYWANIA SIĘ MIKROBÓW

Antybiotyki są podstawą współczesnej medycyny. Ocaliły niezliczone rzesze ludzi i wciąż pozostają jedną z najbardziej skutecznych grup leków. Ale ich efektywność jest jak obosieczny miecz, co czyni je też związkami potencjalnie niebezpiecznymi. Większość antybiotyków nie potrafi odróżnić „złych" bakterii, do których eliminacji zostały stworzone, od „dobrych" bakterii, które także trafiają pod obstrzał. Takie niezamierzone zniszczenia mogą być coraz trudniejsze do naprawy, a każda kolejna porcja antybiotyków zbiera żniwo, zmniejszając różnorodność mikroflory i dając szansę na oportunistyczne zakażenia patogenami takimi jak *C. difficile* czy *Salmonella*.

Owszem, są momenty w życiu, kiedy kuracja antybiotykowa jest nieunikniona, ale – przyznajmy to uczciwie – nasze społeczeństwo bardzo nadużywa tych leków, zwłaszcza u dzieci. Jedna seria antybiotyku rocznie, którą otrzymuje przeciętne amerykańskie dziecko, może trwale zmienić jego mikroflorę i wpłynąć na zdrowie małego człowieka w dłuższej perspektywie. Jeśli chcemy zarówno chronić zdrowie mikroflory, jak i zmniejszyć ryzyko powstania opornych na leki superbakterii, musimy używać antybiotyków znacznie rzadziej i tylko wtedy, gdy jest to absolutnie konieczne. Za każdym razem, kiedy stajemy przed decyzją o podaniu antybiotyków, przeprowadzamy wraz z naszym lekarzem analizę zysków i strat. Jeśli doktor powie, że można bezpiecznie zastosować metodę „poczekamy – zobaczymy", robimy tak. Jeżeli zaś oceni, że antybiotyki są konieczne, zażywamy je. W dwóch przypadkach, gdy kuracja antybiotykowa okazała się niezbędna, nasze dzieci dostawały w jej trakcie i po niej probiotyki: w formie suplementu dla noworodka, a u starszej córki – w postaci jogurtów.

Żeby stosowanie antybiotyków stało się rzadkością, koniecznie należy zwrócić uwagę na profilaktykę. Nasze dzieci są w wieku szkolnym, a więc w domu nieustannie pojawiają się katarki i chrypki. Spożywanie odżywczych produktów i probiotyków może pomóc ograniczyć liczbę zachorowań i skrócić czas ich trwania. Zdrowa dieta w połączeniu z dużą ilością snu może skutecznie odstraszać choroby. Sezon grypowy to jedyny czas, gdy zwracamy szczególną uwagę na dokładne mycie rąk, dbając, by dzieci sięgały po mydło, zawsze gdy wracają ze szkoły, dzięki czemu ograniczamy rozprzestrzenianie się chorobotwórczych mikrobów (głównie wirusów) przyniesionych od rówieśników z klasy. Ale równie ważne, jak ograniczanie kontaktu z patogenami, jest dostarczanie organizmowi korzystnych bakterii. Rozpoczynanie każdego dnia szklanką kefiru czy jogurtu zapewni dostawę miliardów mikrobów, które pomogą zwiększyć siły obronne organizmu.

POSZERZANIE KRĘGU ZNAJOMYCH TWOJEJ MIKROFLORY

Współczesny zachodni styl życia wytworzył niesprzyjające dla flory jelitowej środowisko. Na skutek nadmiernej sterylizacji otoczenia mamy znacznie mniejsze szanse na kontakt z mikrobami w porównaniu z czasami, kiedy podłogą w domu było klepisko, a mycie jedzenia polegało na strzepaniu brudu ręką. Ale istnieją sposoby dostarczenia towarzystwa naszym jelitowym rezydentom bez konieczności rezygnacji z udogodnień, jakie daje nowoczesna higiena. Zwierzęta są świetnym źródłem mikrobów równoważącym nasze superczyste życie. W wiejskich domach jest znacznie większa różnorodność drobnoustrojów niż w miejskich mieszkaniach. Dzieci wychowywane na wsi rzadziej chorują na astmę i alergie, prawdopodobnie dzięki częstszym kontaktom z mikrobami środowiskowymi.

Chociaż nie każdy z nas może wyprowadzić się na wieś, istnieje kilka innych sposobów, by nawet w mieście otoczyć się większą liczbą mikroorganizmów. Nawet maleńki ogródek może być platformą zapewniającą częstsze kontakty z mikrobami. Jeśli nie masz ogródka, wykorzystaj kreatywnie przestrzeń, którą dysponujesz. Doniczki na balkonie czy skrzynka z ziołami pod oknem stwarzają możliwość spotkania drobnoustrojów żyjących w glebie i na roślinach. Mieszkając nad Zatoką San Francisco, gdzie przestrzeń jest wyjątkowym luksusem, przekształciliśmy część naszego podjazdu pod domem w ogródek ze skrzynkami. Nasze dzieci uwielbiają grzebać rękami w ziemi przy wyrywaniu chwastów, bawić się robakami i pędrakami, wyrywać wszelkie warzywa, które akurat dojrzeją. Ponieważ nie stosujemy herbicydów, pestycydów ani sztucznych nawozów, czujemy się zupełnie bezpiecznie, pozwalając dzieciom jeść lunch po przyjściu z ogródka bez wcześniejszego mycia rąk. Jeśli nie masz takich możliwości, zorganizuj wycieczkę na farmę ekologiczną czy do ekologicznego gospodarstwa agroturystycznego – chodzi nie tylko o edukację, ale też o szansę dla twojej mikroflory na spotkanie nowych znajomych. Wielu ekologicznych hodowców, sprzedających na miejscu to, co wyprodukują, oferuje także wycieczki po swoim gospodarstwie. Czasem pozwalają nawet mieszczuchom wyrywać chwasty czy zebrać plony. Takie doświadczenia dają możliwość kontaktu z mikrobami środowiskowymi, z którymi raczej trudno byłoby się spotkać w centrum miasta czy na przedmieściach.

Dzieci dorastające w towarzystwie zwierząt są (tak jak dzieci wychowywane na wsi) lepiej chronione przed infekcjami górnych dróg oddechowych oraz alergiami i rzadziej zażywają antybiotyki niż dzieci niemające w domu żywego stworzenia. Zwierzęta mogą być świetnym źródłem korzystnych mikrobów, bo zbierają je z różnych miejsc i przynoszą do domu. Ciągle widzimy, jak nasz pies węszy w zakątkach ogrodu, wsadza nos w błoto, a potem biegnie polizać buzię którejś z naszych córek – to żywy przykład zwiększania dzięki zwierzakowi ekspozycji na mikroby. (Błoto jest tylko jednym z mnóstwa bogatych w mikroby miejsc, w których węszy nasz pies, a o innych wolimy nie myśleć). U nas głaskanie psa nie uruchamia automatycznie odruchu mycia rąk. Zwierzak nie jest zakraplany preparatami na pchły, regularnie przechodzi testy na obecność pasożytów jelitowych i spędza większość czasu w naszym, wolnym od pestycydów i herbicydów, ogródku. W takiej sytuacji wierzymy, że korzyści z kontaktu z większą liczbą psich mikrobów przeważają nad potencjalnym ryzykiem związanym z niedokładnym umyciem rąk.

Osoby nielubiące zwierząt wcale nie muszą z tego powodu być stratne. Inni ludzie także są dobrym źródłem dodatkowych mikrobów dla dzieci. Niedawne badanie pokazało, że maluchy, których rodzice czyszczą smoczek przez włożenie go we własne usta, zamiast polanie wodą lub sparzenie, znacznie rzadziej cierpią na egzemę, podrażnienie skóry lub jej stan zapalny. Dzieci dostające smoczek czyszczony w ustach matki rzadziej zapadały na infekcje górnych dróg oddechowych w porównaniu z tymi ssącymi dokładniej oczyszczone smoczki. Wyniki tego badania stanowią świetny przykład, że nieprzesadzanie z czyszczeniem może dać lepsze rezultaty zdrowotne bez widocznych wad. Czy zasada ta może być stosowana nie tylko w stosunku do smoczków, ale także do sprzątania całego domu? Nie obawiaj się, nie będziemy cię zachęcać do wylizywania domu językiem. Ale może używanie antybakteryjnych płynów i wybielaczy jest odpowiednikiem wygotowywania smoczków, jeśli chodzi o nasze zdrowie? Bardziej przyjazne dla mikrobów podejście do porządków oznacza stosowanie mniej toksycznych związków, na przykład octu, mydła kastylijskiego[1] czy soku z cytryny. Zwiększy to kontakt z mikrobami środowiskowymi i może obniżyć ryzyko atakowania przez układ odpornościowy niewłaściwych wrogów, co obecnie jest zmorą zachodniego świata.

KARMIENIE MIKROFLORY

Najważniejszym celem naszych zaleceń dietetycznych jest zwiększenie różnorodności bakterii tworzących twoją mikroflorę i podwyższenie poziomu krótkołańcuchowych kwasów tłuszczowych (SCFA) produ-

[1] Mydło sporządzane z oliwy, oleju palmowego i kokosowego. Można je przygotować samodzielnie w warunkach domowych (przyp. tłum.).

kowanych w wyniku bakteryjnej fermentacji. Liczne badania naukowe pokazują, że osoby posiadające zróżnicowaną mikroflorę wytwarzającą większą ilość SCFA są zdrowsze i bardziej odporne na choroby cywilizacyjne niż osoby z mniejszą liczbą gatunków bakterii w jelitach. Ludzie prowadzący styl życia bardziej podobny do naszych prehistorycznych przodków posiadają większą różnorodność mikroorganizmów niż ludzie Zachodu. Nawet wewnątrz populacji zachodniej osoby szczupłe mają bogatszą florę niż osoby otyłe. Ludzie z nadwagą i otyłością o niższej różnorodności flory są bardziej narażeni na ryzyko rozwinięcia insulinooporności, podwyższonego poziomu cholesterolu i wystąpienia stanów zapalnych w porównaniu z ludźmi otyłymi o bardziej urozmaiconym składzie flory jelitowej. Rośnie liczba dowodów łączących lepszy stan zdrowia i złożoną mikroflorę. Jak zwiększyć jej różnorodność? Poprzez tworzenie środowiska w jelicie, w którym chętnie rozgoszczą się rozmaite gatunki bakterii, środowiska oferującego mikrobom smakołyki w formie MAC.

Dobre wieści są takie, że ponieważ mikroflora tak łatwo reaguje na zmiany w diecie, dokonywanie mądrych wyborów żywieniowych może być niezwykle prostym i skutecznym sposobem na poprawę stanu mikroflory. Trzeba zrozumieć, że ta zdolność do adaptacji dotyczy zarówno krótkiej, jak i długiej perspektywy czasowej i że może zmienić kierunek swojego rozwoju w zależności od zmian modyfikujących dietę. Zwiększenie spożywania MAC wywoła gwałtowny przechył w mikroflorze, ale zmniejszenie ilości pokarmowych MAC również spowoduje zmianę kursu, lecz prawdopodobnie na mniej zdrowy. Najważniejsze jest lepsze odżywianie mikroflory i utrzymanie diety bogatej w MAC przez dłuższy czas. Długoterminowe wzorce żywieniowe stanowią główny czynnik wpływający na osiągnięcie i utrzymanie różnorodności mikroflory. Opracowaliśmy nasze zalecenia z myślą o przebudowie fundamentów sposobu odżywiania się na taki, w którym na pierwszym miejscu stawia się właściwe odżywianie mikroflory jelitowej. Nie istnieje coś takiego jak szybka dieta cud ratująca mikroflorę, bo choć zmiany we florze jelitowej zachodzą szybko, celem jest odpowiednio długie utrzymanie tego wzorca żywieniowego, bo dopiero wtedy można odnieść trwałe korzyści zdrowotne.

Istnieją cztery podstawowe założenia diety pożytecznej dla mikroflory. Pierwsze to konsumpcja pokarmów bogatych w MAC. Bakterie żyjące w naszym jelicie potrzebują jedzenia, a najbardziej smakują im węglowodany. Są dwa główne źródła tych węglowodanów: MAC obecne w błonniku zjadanych przez nas pokarmów oraz mucyna, czyli węglowodany tworzące ochronną warstwę jelita. Zdecydowanie lepiej jest, gdy bakterie żywią się pokarmowym MAC, a nie mucyną, która przecież stanowi funkcjonalną barierę (pewnego rodzaju szlaban) trzymającą mikroby na bezpieczny dystans. Jeśli zmuszamy bakterie do przyklejenia się do tej bariery w celu żywienia się nią (co następuje, gdy w diecie mamy za mało błonnika), ryzykujemy, że w mikroflorze pojawi się więcej mikrobów specjalizujących się w zjadaniu mucyny, przez co ta warstwa ochronna może stać się niebezpiecznie cienka.

Decydując o zawartości talerza, musimy mieć na uwadze, co z tych produktów będzie nadawało się dla bakterii czekających na końcu naszego jelita. Śniadanie złożone z jajek, bekonu, tostu z białej mąki i klarownego soku pomarańczowego nie daje mikrobom praktycznie nic do jedzenia, nic, z czego bakterie mogłyby wytworzyć nam SCFA. Jeśli na drugie śniadanie spałaszujemy kanapkę z białego chleba, czipsy i wypijemy napój gazowany, bakterie dalej będą głodować. Zjedzony na kolację kawałek mięsa, purée z ziemniaków i kilka zwiędłych różyczek rozgotowanych brokułów oznacza, że przez cały dzień mikroflora dostawała nędzne ilości MAC. W takich warunkach jest zmuszona do korzystania z rezerw, czyli zjadania ciebie. Konsumuje węglowodany obecne w warstwie mucyny, a wyjadając je, zbliża się nieuchronnie do komórek nabłonka i zmniejsza barierę, którą organizm stworzył, by trzymać mikroorganizmy w bezpiecznej odległości. Jeśli scenariusz powtarza się następnego dnia i jeszcze następnego – powstaje ryzyko, że twój układ odpornościowy zostanie zaalarmowany i zemści się w postaci stanu zapalnego jelit.

Uchronienie warstwy mucyny przed zjadaniem przez mikroby jest zaledwie jednym z wielu powodów, dla których należy spożywać więcej MAC. Inna przyczyna polega na tym, że dieta bogata w MAC pomaga utrzymać większą różnorodność populacji mikrobów. Jeśli głównym posiłkiem mikrobów jest ciągle ten sam rodzaj węglowodanów obecnych w warstwie mucyny, liczba gatunków mikroorganizmów zostanie ograniczona wyłącznie do tych, które potrafią tę mucynę zjadać. Ale jeśli dostarczysz rozmaitych węglowodanów z diety bogatej w warzywa, owoce i ziarna, nagle asortyment węglowodanów stanie się tak szeroki, że wiele różnych szczepów mikrobów będzie się mogło nimi żywić. Doprowadzi to do powstania licznej i stabilnej społeczności, która zapewni dobrą ochronę przed atakującymi patogenami i będzie zdolna do większej produkcji sprzyjających zdrowiu SCFA. Osoby z nadwagą i otyłe, będące na diecie ubogiej w kalorie i bogatej w błonnik (zawierającej 30 procent więcej błonnika pokarmowego i 130 razy więcej błonnika rozpuszczalnego w porównaniu z ich wcześniejszą dietą) tracą zbędne kilogramy i zyskują różnorodną florę. Wraz ze zwiększeniem się bioróżnorodności obniża się ryzyko cukrzycy, miażdżycy i nowotworów. Jedząc więcej owoców i warzyw (czyli dostarczając większą ilość zawartych w nich MAC), ludzie tworzą lepsze środowisko w swoich jelitach, sprzyjające bujnemu rozwojowi mikroflory. W zamian są wynagradzani wszelkimi przejawami dobrego zdrowia.

Drugą ważną zasadą diety przyjaznej mikroflorze jest zmniejszenie spożywania mięsa. Czerwone mięso zawiera składnik zwany L-karnityną, którą część mikrobów jelitowych może przekształcać w trimetylaminę (TMA), a ta następnie ulega utlenieniu do tlenku trimetyloaminy (TMAO). Regularni zjadacze mięsa mają wyższy poziom TMAO niż weganie i wegetarianie. Wysoki poziom TMAO zwiększa ryzyko zawału serca, udaru mózgu i innych schorzeń układu sercowo-naczyniowego. Długofalowe wzorce dietetyczne wpływają na zdolność mikroflory do wytwarzania tego niebezpiecznego składnika. Osoby, których dieta bazuje głównie na produktach roślinnych z niewielką ilością mięsa lub bez niego, wytwarzają mniej TMAO, nawet jeśli okazyjnie zjedzą mięso, bo nie mają w swoim jelicie przystosowanych do tworzenia TMA bakterii. Byłoby idealnie, gdyby można było ocenić, czy flora danego człowieka zawiera wiele rodzajów bakterii zdolnych do produkcji TMA – wtedy można by dopasować indywidualną dietę. Niestety, wiemy jeszcze za mało, by stawiać takie diagnozy. Zanim upewnimy się, czyja mikroflora jest odporna na wytwarzanie TMAO niezależnie od rodzaju diety, najbezpieczniejszym wyjściem będzie ograniczenie spożycia mięsa, zwłaszcza mięsa czerwonego, które ma najwyższą zawartość L-karnityny.

Trzecią zasadą diety korzystnej dla mikroflory jest ograniczenie spożycia tłuszczów nasyconych. Dieta bogata w tłuszcze nasycone pochodzenia zwierzęcego jest niezwykle szkodliwa dla różnorodności mikroflory. Bakterie dobrze sobie radzące na diecie bogatej w tłuszcze to gatunki przedstawione w poprzednim rozdziale, czyli patobionty, stali rezydenci jelita, którzy w sprzyjających im warunkach mogą wywołać i pogłębiać stan zapalny. Jednonienasycone tłuszcze roślinne nie przyspieszają tak łatwo rozwoju patobiontów. Spożywanie oliwy z oliwek i awokado zaspokoi twój apetyt na tłuszcz[2] bez ryzyka pobudzania patobiontów czających się w jelicie.

Ostatnim, czwartym filarem diety mikrobowej jest spożywanie pożytecznych mikrobów, czyli probiotyków. Ludzkość ma długą historię zjadania bakterii żyjących na naszym pożywieniu albo w nim. Zanim pojawiły się lodówki i sterylność stała się tak popularna, zjadanie mikrobów z psujących się, niedomytych produktów było codziennością. Dzisiaj możemy spożywać mikroby obecne w żywności fermentowanej, jak na przykład jogurty, co skutecznie obniża ryzyko chorób wywołanych patogenami pokarmowymi lub wziewnymi. Jednak mało restrykcyjny nadzór FDA nad probiotykami w połączeniu z wyolbrzymionymi obietnicami informacji na ich opakowaniach i reklam spowodował, że na rynku probiotyków panuje duży chaos, w którym konsumentom trudno się rozeznać. Na dodatek model „jeden produkt dla wszystkich" w przypadku probiotyków w ogóle nie ma sensu. W związku z tym znalezienie probiotyku dobrego właśnie dla ciebie wymaga nieco eksperymentowania. Najlepiej po prostu przetestuj różne probiotyki, aby odkryć, co działa najlepiej w twoim przypadku.

Jeśli cierpisz na jakiekolwiek schorzenie, skonsultuj się z lekarzem, by ustalić, który konkretnie wyrób mógłby być dla ciebie właściwy. Nasza

[2] Organizm człowieka potrzebuje też tzw. NNKT, czyli niezbędnych (wielo-)nienasyconych kwasów tłuszczowych, głównie z grupy omega-3. Osoby cierpiące na stany zapalne powinny zwiększyć spożycie przeciwzapalnych kwasów omega-3 i unikać spożywania prozapalnych kwasów omega-6 (przyp. tłum.).

rodzina spożywa mikroorganizmy głównie w postaci fermentowanych produktów mlecznych, jak niesłodzony jogurt czy kefir, ale smakują nam także fermentowane warzywa, na przykład ogórki kiszone czy kapusta. To są nasze osobiste preferencje. Istnieje bardzo szeroki asortyment fermentowanej żywności, listę produktów znajdziesz w załączniku. Na pewno nie jest ona kompletna, bo liczba wyrobów zawierających mikroby rośnie wraz ze wzrostem świadomości konsumentów, ale może być dobrym punktem wyjścia dla osób, które dopiero poznają świat fermentowanej żywności. Wypróbuj jak najwięcej z nich, by zobaczyć co najbardziej odpowiada twoim gustom i twojej mikroflorze, a potem włącz te składniki do codziennej diety.

Zawartość probiotyku, który okaże się dla ciebie najlepszy, prawdopodobnie okaże się tak unikatowa jak skład twojej mikroflory. Całkiem możliwe jest więc, że będziesz musiał poświęcić trochę czasu na poeksperymentowanie z różnymi probiotykami różnych producentów, zanim znajdziesz ten najpożyteczniejszy dla ciebie. Każdy probiotyk, który wywołuje bolesne przelewanie się w brzuchu bądź niestrawność, nie współgra z twoją mikroflorą. Probiotyk, który pomoże ci wyregulować i ułatwić wypróżnienia, najprawdopodobniej będzie tym właściwym. Uzbrój się jednak w cierpliwość, gdyż minie trochę czasu, zanim probiotyk wywoła odczuwalną przez ciebie zmianę.

Istnieje wiele rodzajów probiotyków dostępnych zarówno w postaci żywności fermentowanej, jak i w suplementach diety. Najlepszą metodą ustalenia, jaki produkt daje ci korzyści, jest systematyczne próbowanie konkretnego probiotyku, powiedzmy jogurtu danej marki, codziennie przez minimum tydzień. Jeżeli czujesz, że nie ma poprawy, przejdź do następnego artykułu lub innej firmy i znów testuj go przez co najmniej tydzień. Jeśli wolisz zażywać suplementy, kupuj je od zaufanych i znanych producentów, którzy muszą dbać o swój wizerunek, gdyż zazwyczaj oni mają dużo lepszą kontrolę jakości. Próbuj suplementów zawierających kilka szczepów bakterii, bo lepiej naśladują różnorodność mikrobiologiczną występującą naturalnie w fermentowanych produktach. Jeśli badasz różne wyroby, unikaj tych wysoko przetworzonych (najczęściej w błyszczących i kolorowych opakowaniach), które próbują naśladować zdrową żywność poprzez dodatek symbolicznej ilości jakichś kultur probiotycznych. Spożywanie produktów zawierających bakterie spowoduje, że do mikroflory będzie napływał ze środowiska stały strumień mikrobów, co będzie najbardziej przypominało dietę naszych przodków.

Czasem dobrze jest wręcz napchać się korzystnymi bakteriami. Jeśli w naszym domu pojawi się zatrucie pokarmowe lub tak zwana jednodniowa jelitówka albo czujemy nadchodzące przeziębienie czy ból gardła, zwiększamy liczbę zjadanych mikrobów, co zazwyczaj oznacza dodatkową szklankę kefiru dziennie. Oczywiście więcej mikrobów dostarczamy także, gdy zachodzi konieczność antybiotykoterapii.

Przedstawione powyżej informacje o tym, jak nasza rodzina korzysta z probiotyków, stanowią tylko przykład sposobu zastosowania ich w życiu codziennym. W zasadzie nie ma żadnych dowodów na to, żeby jakiś konkretny szczep bakterii probiotycznych był lepszy od innego, poza faktem, że w ogóle konsumpcja bakterii z fermentowanej żywności jest korzystna dla zdrowia. Pamiętaj jednak, że wiele probiotycznych produktów jest nafaszerowanych cukrem, chodzi zwłaszcza o te przeznaczone dla dzieci. Wybieraj wyroby z najmniejszą możliwą liczbą składników, zawierające cukier w niewielkich ilościach bądź wcale. Dobrze, gdy lista występujących szczepów jest dłuższa niż innych nierozpoznawalnych elementów. Jeśli w składzie produktu na pierwszych trzech miejscach znajduje się cukier trzcinowy, syrop kukurydziany czy jakikolwiek inny rodzaj substancji słodzącej – nie kupuj go! Jeżeli twoje dzieci nie dają się przekonać do gorzkawo-kwaśnego posmaku niesłodzonych fermentowanych wyrobów, możesz je na początek dosładzać miodem lub syropem klonowym i stopniowo zmniejszać ilość tych słodkich dodatków. Powolne ich redukowanie pozwoli dzieciom przyzwyczaić się, a z czasem polubić smak niedosładzanej fermentowanej żywności.

Jak pewnie zauważyłeś, taka dieta nakierowana na odżywianie mikroflory ma wiele wspólnego z dietą śródziemnomorską i tradycyjną dietą Japończyków. Sprzyjają one zachowaniu dobrego zdrowia i długowieczności i raczej nie jest zbiegiem okoliczności, że obie diety są bogate w błonnik, ubogie w tłuszcze nasycone i czerwone mięso oraz że uwzględniają regularne spożywanie produktów fermentowanych. Sposoby wpływania tych diet na zdrowie są niewątpliwie złożone, ale zaczynamy w końcu rozumieć, że jedną z ważniejszych ich zalet jest podtrzymywanie zdrowia mikroflory.

DIETA DLA MIKROFLORY W PRAKTYCE

Wiemy już, że mikroflora kwitnie na diecie bogatej w MAC, ubogiej w mięso i tłuszcze nasycone, zawierającej dużą liczbę probiotycznych bakterii, ale jak można to wcielić w życie? W części „Jadłospis i przepisy" przedstawiamy przykładowy tygodniowy plan posiłków odżywiających florę jelitową. Każdy dzień dostarcza 33–39 gramów błonnika pokarmowego z różnych źródeł, dzięki czemu zwiększa się różnorodność fermentowalnych przez mikroflorę MAC. Ilość ta oparta jest na zaleceniach żywieniowych USDA, które mówią, że na każde konsumowane 1000 kilokalorii powinno przypadać minimum 14 gramów błonnika. Dokładniej dopasowana ilość błonnika, uwzględniająca płeć i wiek, została podana przez Medicine of the National Academies i znajduje się w załączniku[3]. W każdym dniu dieta zawiera także przynajmniej jeden produkt z żywymi kulturami mikroorganizmów, aby zapewnić mikroflorze stałe odwiedziny gości ze środowiska zewnętrznego. Większość dni jest bezmięsna, aby ograniczyć potencjalne wytwarzanie TMAO, a tłuszcz pochodzi głównie ze źródeł roślinnych, co skłania mikroflorę do tworzenia społeczności bardziej skupionej na fermentacji MAC pochodzenia roślinnego (i przez to do zwiększonej produkcji SCFA). Na większość z dań podajemy szczegółowe przepisy. Niech ten tygodniowy jadłospis posłuży ci jako wzorzec, na bazie którego będziesz mógł stworzyć swoje własne menu.

Mamy dzieci w wieku szkolnym, doskonale więc wiemy, jak trudno jest przygotowywać im zdrowe i odżywcze drugie śniadania. Zamieściliśmy więc kilka naszych propozycji. Jeśli twoja pociecha nie chodzi do szkoły

[3] W Polsce obowiązują normy żywieniowe ustalone przez Instytut Żywienia i Żywności w Warszawie, znowelizowane w 2012 r. Ilość błonnika ustalono na 20–25 g dziennie dla osoby dorosłej, w kategorii AI (*adequate intake*), czyli wystarczającego spożycia. „Gawęcki określa zalecenia spożycia włókna jako 30–35 g/d u ludzi dorosłych. Z kolei Ziemlański wskazuje, że zalecenia na włókno pokarmowe nie są jeszcze dokładnie ustalone i sugeruje spożywanie tego składnika w granicach 20–40 g/os/d, wskazując równocześnie, że większe spożycie, to jest na poziomie 30–40 g/os/d, jest bardziej pożądane". http://www.izz.waw.pl/attachments/article/33/NormyZywieniaNowelizacja-IZZ2012.pdf (przyp. tłum.).

kładącej duży nacisk na zdrowe odżywianie (a takich szkół jest niestety bardzo mało), to przygotowywanie drugiego śniadania przez rodziców zapewni dziecku dostęp do pożywnego i odżywczego dla mikroflory jedzenia i pozwoli kontrolować, co zjadło (a czego nie). Stołówka w szkole naszych dzieci ma bar sałatkowy pełen bogatych w błonnik owoców i warzyw, ale póki ktoś nie nałoży im tego na talerz i nie przypomni o spożywaniu pokarmów, od których się rośnie, większość dzieciaków zupełnie je pominie. Nawet dorosłym, świadomym i rozumiejącym konsekwencje złych wyborów żywieniowych, czasami trudno jest rozpoznać zdrowe produkty. Jak więc możemy oczekiwać, że nasze dzieci same będą wybierały i zjadały talerz surówki, podczas gdy mają w stołówce do wyboru pizzę, zapiekankę czy frytki? Bardzo kibicujemy szkołom zapewniającym dzieciom zdrowsze jadłospisy, ale niestety prawda jest taka, że bez przyuczania i pilnowania w domu, nie będą wybierały tych wyrobów. Jeśli myślimy o długotrwałej zmianie mikroflory, spożywanie produktów korzystnych dla bakterii musi stać się zobowiązaniem na stałe.

Ostatnia uwaga będzie dotyczyła problemu, o którym rzadko mówi się głośno – chodzi o wzdęcia. Gdy zaczniesz zmieniać dietę na bogatą w MAC, często możesz doświadczać krótkotrwałego zwiększenia wydalania gazów. Jednak z czasem twoja mikroflora przyzwyczai się i ilość gazów zmaleje. Wiele osób, które przekonywaliśmy, jak ważna jest dieta bogatobłonnikowa, narzekało na niekomfortowe przelewania w brzuchu oraz nadprodukcję gazów i używało tego argumentu jako wymówki, by powrócić do starych nawyków. W celu złagodzenia początkowego dyskomfortu, zwiększaj ilość błonnika stopniowo, aby dać czas procesom fermentacyjnym na przystosowanie się do większej ilości błonnika trawionego przez bakterie. Wprowadzanie powolnych zmian spowoduje, że w końcu dojdziesz do docelowej zalecanej ilości błonnika, ale przy najmniejszym dyskomforcie. Gdy osiągniesz optymalny poziom spożycia błonnika, ważne jest, abyś utrzymał go już na stałe. Tempo komfortowego dla ciebie zwiększania ilości błonnika zależy od wielu czynników, na przykład od tego, ile wcześniej spożywałeś pokarmów bogatoresztkowych i jaki jest twój indywidualny skład mikroflory. Zwracaj uwagę na to, jak reaguje twoje ciało na tę dietetyczną zmianę, i wprowadzaj ją tak wolno, jak tego potrzebujesz (albo tak szybko, jak możesz tolerować). Utrzymaj tylko kierunek, który doprowadzi cię do docelowych 25–38 gramów błonnika na dzień. Może zajmie to kilka tygodni, a nawet kilka miesięcy, ale prędzej czy później twoja mikroflora dopasuje się do nowego sposobu odżywiania. Najwięcej korzyści uzyskasz wtedy, gdy utrzymasz taką dietę już na zawsze.

Bądź więc cierpliwy, ale wytrwale dąż do celu. Podobnie jak Eskimosi każdego roku doświadczają pewnych niedogodności przy wprowadzaniu błonnika, tak i ty na początku możesz czuć się niekomfortowo. Ale w przeciwieństwie do Eskimosów, my mamy dostęp do produktów bogatoresztkowych przez cały rok, więc wystarczy wytrzymać tę zmianę tylko raz. Jeśli nowe rzeczy będziesz wprowadzał powoli i w małych ilościach, to flora stopniowo się przystosuje, a przejście będzie łagodniejsze

Wykorzystanie metodologii naukowej (np. sprawdzanie różnych produktów po kolei, notowanie efektów) w celu zwiększenia ilości MAC w diecie może ci pomóc rozpoznać dobre źródła MAC i probiotyków najlepiej dopasowanych do twojej mikroflory oraz możliwości układu trawiennego. Niektórzy ludzie cierpią na nadwrażliwość na pewne pokarmy, co różnie się może objawiać: przelewaniem w brzuchu, wzdęciami, bólami głowy czy apatią. Jeśli zauważyłeś nadwrażliwość na przykład na gluten, spróbuj jeść zboża bezglutenowe: komosę ryżową, proso czy grykę. Indżera to fermentowany płaski placek (podpłomyk) przyrządzony z mąki zboża etiopskiego teff – jest bogaty w błonnik, bezglutenowy i zawiera związki wytworzone przez bakterie podczas fermentacji (same mikroby są zabijane w trakcie pieczenia). Tolerancja nasion roślin strączkowych jest także bardzo indywidualną sprawą. Jeżeli zobaczysz, że nasiona ciecierzycy wywołują u ciebie zbyt duży dyskomfort, spróbuj czarnej fasolki lub soczewicy.

Zachęcamy cię, abyś wraz z wprowadzaniem zmian w diecie uczestniczył w projekcie American Gut (Amerykańskie Jelita)[4]. Co prawda,

---

[4] W projekcie American Gut (www.humanfoodproject.com/americangut) mogą uczestniczyć wszyscy, nie tylko Amerykanie, ale całkowita cena za badanie może zwiększyć się o koszty wysyłki poza USA. Osoby mieszkające w Europie mogą włączyć się do projektu British Gut – www.fundrazr.com/campaigns/4sSf3/ab/5qJ7f (przyp. tłum.).

nie jesteśmy zaangażowani w to finansowane ze środków społecznych badanie, ale jest ono prowadzone przez zespół szanowanych naukowców i tysiącom ludzi przyniosło już informacje o ich mikroflorze. Możesz zsekwencjonować swoją mikroflorę przed podjęciem działań mających na celu poprawę jej stanu i w ich trakcie, aby zobaczyć na własne oczy, jaki wpływ wywiera na nią zmiana diety i stylu życia. Otrzymasz raport wyszczególniający rodzaje mikrobów, składających się na twoją florę, porównanie ich z mikrobami innych ludzi, którzy uczestniczyli w projekcie, jak i ludzi żyjących w krajach rozwijających się (Malawi i Wenezuela). Takie informacje nie tylko pozwolą ci inaczej spojrzeć na własną mikroflorę, lecz także przyczynisz się do lepszego naukowego zrozumienia funkcjonowania tych społeczności. Proponujemy, abyś w ramach rewitalizacji mikroflory oddał kilka próbek kału (pierwszą, by udokumentować stan początkowy, a potem kolejną lub kilka kolejnych, żeby sprawdzać, jak zmiana diety wpływa na tę jelitową społeczność). Dostarczy to ważnych danych, ale też może zmotywuje cię do dalszego poprawiania zdrowia swojej mikroflory.

BAKTERIE NIE TYLKO JELITOWE

Jeśli dotarłeś do tego miejsca w książce, o wiele lepiej już rozumiesz, jak funkcjonuje ta kolekcja bakterii, które zadomowiły się w naszych jelitach i jak duży jest ich wpływ na nasze zdrowie. Jelito stanowi schronienie dla największego zbioru bakterii, jaki posiadamy, ale także i inne części naszego organizmu są przez nie zamieszkane. Usta, nos, uszy, skóra, płuca, pochwa, a nawet pępek są wyspami zasiedlanymi przez mikroby. Wszystkie mikroorganizmy żyjące w tych różnych miejscach stanowią integralną część superorganizmu zwanego człowiekiem. Chociaż badania dotyczące tych pozajelitowych kolonii bakterii są jeszcze mniej zaawansowane niż te obejmujące mikroflorę jelitową, wszystkie odgrywają ważne role w utrzymaniu naszego zdrowia.

W obecnych czasach nasza mikroflora doświadcza ogromnej zmiany warunków środowiskowych, której nie zaznała od momentu narodzin rolnictwa ponad 10 000 lat temu. Współczesny zachodni sposób odżywiania się, z malejącą ilością MAC i konsumowanych mikrobów, w połączeniu z rosnącym używaniem antybiotyków i środków antybakteryjnych, staje się sporym zagrożeniem dla mikroflory. Za sprawą tych czynników społeczność mikroflory jelitowej stała się mniej zróżnicowana. Wydaje się, że brakuje w niej najważniejszych gatunków, które znajdują się jeszcze u współcześnie żyjących ludzi zachowujących dietę zbliżoną do diety przodków – to właśnie oni cieszą się najniższym ryzykiem zapadania na choroby cywilizacyjne. Na szczęście podobna elastyczność, która wywołała zaburzenia flory Zachodu w tak krótkim czasie, może pomóc w jej odbudowie. Pielęgnując swoje mikroby jelitowe dzięki dostarczaniu im lepszego jedzenia, ograniczeniu stosowania antybiotyków i zwiększeniu kontaktu z naturą (i wszystkimi innymi niepatogennymi mikrobami), możesz wspomóc zdrowie i rozwój tej mikroskopijnej społeczności.

Wraz z pojawianiem się nowych informacji dotyczących skomplikowanych, przeplatających się ze sobą, wielogatunkowych interakcji zachodzących w naszym organizmie, pojawia się potrzeba zmiany definicji, co to znaczy być istotą ludzką. Definicja ta powinna brać pod uwagę fakt, że na sprawnie funkcjonujący organizm człowieka składają się nie tylko komórki ludzkie, ale też całkiem spora liczba komórek rozmaitych innych form życia. Człowiek to organizm złożony, ekosystem. Jeśli myślimy więc o naszym zdrowiu, musimy być świadomi, że udział w nim mają także mikroorganizmy, które w nas żyją, i należy brać pod uwagę, że takie czynniki jak dieta, styl życia i stosowane terapie medyczne mają realny wpływ na mikrobową część składową naszego organizmu.

7-DNIOWY JADŁOSPIS PRZYJAZNY DLA MIKROFLORY JELITOWEJ

W nawiasach podano przybliżone ilości błonnika pokarmowego na porcję. Gwiazdką oznaczono posiłki, na które przepisy znajdziesz w tej książce.

Poniedziałek – 35,5 g błonnika

ŚNIADANIE (8 g błonnika)
granola dająca bakteriom moc*
czarne jagody
LUNCH (16 g błonnika)
sałatka grecka z ciecierzycą*
PRZEKĄSKA (2,5 g błonnika)
japoński popcorn*
OBIADOKOLACJA (9 g błonnika)
pełna błonnika pizza na cienkim cieście*

Wtorek – 39,5 g błonnika

ŚNIADANIE (7,5 g błonnika)
muesli dla mikrobów*
LUNCH (19 g błonnika)
sałatka z jarmużem, z nasionami chia (szałwia hiszpańska), granatem i pistacjami

PRZEKĄSKA (3 g błonnika)
nerkowce dla twoich małych współbiesiadników*
OBIADOKOLACJA (10 g błonnika)
parówki, cebula, ziemniaki i kapusta kiszona
garść malin

Środa – 36 g błonnika

ŚNIADANIE (9 g błonnika)
bliskowschodnia owsianka*
LUNCH (6 g błonnika)
kanapka z chleba z mąki pszennej z pełnego przemiału z fermentowanym serkiem, wędzonym łososiem, marynowanym karczochem, plasterkami pomidora i kaparami
OBIADOKOLACJA (21 g błonnika)
jęczmienne risotto dla mikroflory*
2 kostki gorzkiej czekolady

Czwartek – 33 g błonnika

ŚNIADANIE (10 g błonnika)
tost pełnoziarnisty
masło migdałowe* i kawałki truskawek
poranny koktajl dla mikroflory*
LUNCH (7 g błonnika)
tabbouleh pełne MAC *
PRZEKĄSKA (3 g błonnika)
banan
OBIADOKOLACJA (13 g błonnika)
łosoś smażony w sezamie z zieloną fasolką szparagową i pomarańczowym sosem miso* podany z brązowym ryżem

Piątek – 34 g błonnika

ŚNIADANIE (7 g błonnika)
chrupiące jogurtowe parfait*
LUNCH (11 g błonnika)
sałatka z makaronem gryczanym i probiotycznym sosem miso z orzeszków ziemnych*

PRZEKĄSKA (8 g błonnika)
korzonkowy przysmak łowców i zbieraczy*
OBIADOKOLACJA (8 g błonnika)
śródziemnomorska mutualistyczna zupa*

Sobota – 36 g błonnika

ŚNIADANIE (9 g błonnika)
naleśniki Tarahumara *
LUNCH (10 g błonnika)
wielozbożowe chrupkie chlebki przełożone szpinakiem, sardynkami, czerwoną papryką, szczypiorkiem, polane sokiem ze świeżo wyciśniętej cytryny
pół filiżanki czarnych jagód
PRZEKĄSKA (4 g błonnika)
jabłko
OBIADOKOLACJA (13 g błonnika)
indyjski dal z brązowym ryżem*
kefir z mango*

Niedziela – 34,5 g błonnika

ŚNIADANIE (17 g błonnika)
symbiotyczna jajecznica*
gorąca czekolada Azteków*
LUNCH (5 g błonnika)
sałatka nicejska[1]
PRZEKĄSKA (3,5 g błonnika)
daktyle nadziewane twarożkiem*
OBIADOKOLACJA (9 g błonnika)
pesto z jarmużu z makaronem z pszenicy z pełnego przemiału
figi

---

[1] Sałatka nicejska: sałata (zwykła, rzymska, lodowa itp.), pomidory, ogórki, oliwki, kapary, papryka, cebula, zielona fasolka szparagowa lub strączki młodego groszku, ugotowane jajko, tuńczyk, sos winegret (przyp. tłum.).

JAK ODŻYWIAĆ MIKROFLORĘ

Mamy nadzieję, że poniższe przepisy utorują ci drogę do wprowadzenia nowych potraw podtrzymujących zdrowie mikroflory. Są to zwykłe proste i szybkie dania, które przygotowujemy w naszej rodzinie na co dzień, także w dni, gdy pracujemy. W naszych przepisach podaliśmy, zamiast tradycyjnej liczby kilokalorii czy trudnej do oszacowania ilości MAC, liczbę gramów błonnika pokarmowego na porcję. Uważamy, że jest to dość dobry wskaźnik ilości węglowodanów dostępnych dla mikroflory (MAC), jego ilość jest też podana na opakowaniach produktów spożywczych, co ułatwi ci robienie zakupów.

Przedstawione receptury zawierają minimalną ilość cukrów prostych. W ciągu ostatnich kilku lat celowo znacznie je zredukowaliśmy na rzecz węglowodanów, które są korzystniejsze dla flory jelitowej. Część z dań może ci się wydawać początkowo za mało słodka w porównaniu z tym, do czego jesteś przyzwyczajony. Ograniczenie cukrów wymaga przystosowania się do tego także podniebienia. Na początku możesz dodać nieco więcej substancji słodzących, zwłaszcza jeśli próbujesz skłonić swoje dzieci do zdrowszego jedzenia. Ale z czasem zmniejszaj ich ilość, a zwiększaj udział nieprzyswajalnych węglowodanów złożonych. Po jakimś czasie okaże się, że nawet mała ilość cukru zaspokoi twoje zmysły, a sklepowe słodkości staną się niesmacznie ulepkowate i może nawet sam wprowadzisz kilka zmian do domowych przepisów. Jednocześnie większa ilość błonnika da ci uczucie sytości na dłużej i nie będziesz już miał ochoty na przekąski pełne cukrów prostych oraz pustych kalorii.

Niestety w typowej restauracji wśród potraw wymienionych w menu dla dzieci nie znajdziesz nic dobrego. Właściwie oprócz stołówek szkolnych nigdzie nie ma dań przeznaczonych specjalnie dla nich. To celowa działalność. Większość komercyjnych produktów i dań dla dzieci zawiera bardzo mało (jeśli w ogóle) błonnika pokarmowego, za to mają dużo cukru, soli, sztucznych dodatków, żółtego sera i/lub wędlin, co się katastrofalnie odbija na mikroflorze. Zainteresowanie dzieci zdrowym jedzeniem może początkowo okazać się trudnym zadaniem. Przedstawimy ci kilka sztuczek, dzięki którym nasze dzieci polubiły posiłki korzystne dla mikroflory.

Po pierwsze, nie zniechęcaj się, jeśli dzieci na początku odmówią nawet skosztowania nowych potraw. Zazwyczaj potrzeba wielu prób i przykładów (czasem 10 i więcej), aby zaakceptowały i w końcu zaczęły lubić niektóre warzywa czy fasolki. Nasze doświadczenie pokazuje, że w tworzeniu zdrowych nawyków żywieniowych najważniejsza jest cierpliwość. Oczywiście nie wolno zapominać o dawaniu dobrego przykładu – chodzi o to, aby dzieci widziały ciebie zajadającego się zdrowym pożywieniem. Wspominanie po takim posiłku o uszczęśliwianiu mikroflory na pewno nie zaszkodzi. Uprawianie ogródka i wspólne przygotowywanie posiłków z dziećmi zmotywuje je do próbowania nowych potraw. W końcu warto pamiętać o tym, jak istotne dla naszego zdrowia jest żywienie utrzymujące mikroflorę w dobrej kondycji. Podchodź do posiłków z taką samą stanowczością i konsekwencją jak do każdego innego przedsięwzięcia ważnego dla zdrowia i rozwoju twoich dzieci. Tak jak nie pozwalasz im wagarować ani codziennie chodzić późno spać, głodzenia ich mikroflory też nie powinieneś akceptować. Pewność, że dajesz swojej rodzinie (i jej mikrobom jelitowym) dobre, zdrowe jedzenie, oraz świadomość, jakie to oznacza korzyści na całe życie, doda ci sił, gdy dziecko będzie się krzywić i pluć na widok serwowanego pożywnego posiłku.

Na koniec kilka rad dotyczących sposobu gotowania. Zazwyczaj mamy pod ręką jakiś mikser czy robot kuchenny. Przy niektórych przepisach dobrze jest użyć takiego urządzenia do posiekania czy zmiksowania składników. Jeśli w przepisie występują fasolki (nasiona roślin strączkowych), proponujemy raczej ugotowanie ich w domu, zamiast korzystanie z puszkowanych. Wymaga to nieco dokładniejszego planowania dnia, choć nie jest wcale aż tak czasochłonne, a wyśmienity smak stanowi wystarczającą nagrodę. Zazwyczaj duży garnek wybranych strączków gotujemy w weekendy (większość suchych nasion roślin strączkowych wymaga kilku godzin gotowania). Po ugotowaniu i osuszeniu można je przechowywać w szczelnym słoiku w lodówce lub zamrozić. Przygotowanie wcześniej takich półproduktów ułatwia dorzucanie strączków do zielonych sałatek, razem z innymi ziarnami i nasionami, albo do zupy, by wzbogacić posiłek w błonnik. Oczywiście, gdy brakuje czasu, można użyć strączków z puszki.

ŚNIADANIE DLA TWOICH JELITOWYCH ROBACZKÓW

Babcina wiedza (poparta solidnymi naukowymi dowodami) głosi, że śniadanie jest najważniejszym posiłkiem dnia. Ale większość z tego, co zazwyczaj ludzie jedzą na śniadanie, nie jest najzdrowsze ani dla nich, ani dla mikroflory. Na śniadanie najczęściej daje się do wyboru dwie możliwości. Jedną stanowią potrawy oparte na białej oczyszczonej mące: bułeczki, naleśniki, zazwyczaj posypane górą cukru czy utopione w słodkim syropie. Drugą jest śniadanie pełne produktów pochodzenia zwierzęcego, takich jak jajka i bekon, uzupełnione grzanką z białego chleba, posmarowaną masłem. Żadna z tych propozycji nie jest atrakcyjna, jeśli chodzi o węglowodany dostępne dla mikroflory. Wyobraź sobie, że jesteś bakterią jelitową, niecierpliwie czekającą rano na pierwszy posiłek i musisz czekać dalej, do pory lunchu, gdy zazwyczaj po raz pierwszy pojawia się nieco błonnika. Poniżej znajdziesz kilka propozycji uszczęśliwienia twojej mikroflory już na początku dnia.

Poranny koktajl dla flory

PORCJE: 2

(3,5–6 g błonnika na porcję, w zależności od wybranych owoców i warzyw)

Trudno będzie zjeść wystarczającą ilość warzyw w ciągu dnia, jeśli już pierwszy posiłek nie będzie ich wcale zawierał. Zielone koktajle są świetnym sposobem na rozpoczęcie dnia od warzyw. Zazwyczaj przygotowujemy wszystkie składniki poprzedniego wieczora i trzymamy w lodówce w pojemniku od miksera, aby rano tylko go wstawić do podstawy urządzenia i włączyć guzik.

SKŁADNIKI

1 gruszka (jesienią lub zimą) albo brzoskwinia (latem), pozbawione nasion i pestek, ale ze skórką
1 banan
2 szklanki[2] liściastych warzyw (szpinak, jarmuż, botwinka)
1 szklanka naturalnego jogurtu lub kefiru
1 łyżeczka ekstraktu waniliowego
$^1/_2$–1 szklanki wody
Jeśli lubisz:
kostki lodu (dodaj tuż przed miksowaniem)

[2] Amerykańska miara objętości *cup* (u nas: szklanka) to ok. 240 ml (przyp. red.).

Wykonanie

Zmiksuj razem wszystkie składniki aż do uzyskania gładkiej masy. Możesz dodać więcej wody lub kostek lodu, by uzyskać właściwą konsystencję.

Granola dająca bakteriom moc

Porcje: 8

(6 g błonnika na porcję, nie licząc dodatkowych owoców)

Sklepowa granola zawiera zazwyczaj zdecydowanie za dużo cukru, a szkoda, bo granola ma ogromne możliwości wspierania zdrowia mikroflory. Ten przepis zachowuje cenny błonnik pokarmowy, ale eliminuje dodane cukry. Aby ją urozmaicić, dodajemy różne owoce sezonowe w zależności od pory roku.

Składniki

4 szklanki mieszanki prasowanych płatków zbożowych (albo po 1 szklance płatków owsianych, żytnich, jęczmiennych, ugotowanej komosy ryżowej, lub innych)
1 szklanka niesłodzonych wiórków kokosowych
1 szklanka posiekanych migdałów
$^1/_2$ szklanki pestek dyni
$^1/_2$ szklanki purée z dyni
3 łyżki oliwy z oliwek
$^1/_2$ szklanki wody
2 łyżki syropu klonowego (lub miodu)
1 łyżeczka mielonego cynamonu
1 łyżeczka ekstraktu waniliowego
$^1/_2$ szklanki rodzynków

Wykonanie

Rozgrzej piekarnik do 180°C. W dużej misce zmieszaj razem suche składniki: płatki zbożowe, wiórki kokosowe, migdały i pestki dyni. W małej misce rozmieszaj purée z dyni, oliwę z oliwek, wodę, syrop klonowy (lub miód), cynamon i wanilię. Wlej mokre składniki do suchych płatków i mieszaj, aż się posklejają. Rozłóż masę na dużej blasze do pieczenia i piecz przez 40 minut (wymieszaj po ok. 20 minutach), aż będzie miała kolor złotobrązowy. Do upieczonej, jeszcze ciepłej granoli dodaj rodzynki. Gdy ostygnie, przełóż do szczelnego słoika i przechowuj w lodówce. Granola wytrzyma w niej jakiś miesiąc. Podawaj około $^1/_2$ szklanki granoli z kubeczkiem jogurtu lub kefiru i dodatkiem świeżych sezonowych bądź mrożonych owoców.

Muesli dla mikrobów

Porcje: 4

(7,5 g błonnika na porcję)

Szwajcarski lekarz, dr Maksymilian Oskar Bircher-Benner na przełomie XIX i XX wieku prowadził w Zurychu klinikę leczenia żywieniem. Wierzył, że dieta bogata w owoce, warzywa i orzechy pomoże jego pacjentom w wyzdrowieniu. Był pomysłodawcą muesli owocowo-zbożowego, które w niektórych krajach Europy wciąż jest nazywane muesli Birchera. Oryginalne płatki śniadaniowe Birchera zawierały świeże posiekane całe jabłko i zaledwie kilka łyżeczek płatków namoczonych w soku jabłkowym. Nieco zmodyfikowaliśmy jego przepis, ale staraliśmy się utrzymać wysoki współczynnik ilości owoców do zbóż, zgodnie z oryginalnymi zamysłami doktora Birchera.

Składniki

4 jabłka, starte wraz ze skórką na dużych oczkach tarki
2 szklanki naturalnego kefiru
½ szklanki mieszanych prasowanych płatków zbożowych
¼ szklanki siekanych orzechów laskowych
2 łyżeczki mielonego siemienia lnianego
2 łyżeczki soku z cytryny
¼ łyżeczki gałki muszkatołowej
¼ łyżeczki soli morskiej
miód naturalny

Wykonanie

Zetrzyj jabłka ręcznie lub w robocie kuchennym. Połącz w dużej misce starte jabłka, kefir, płatki, orzechy, mielone siemię, sok z cytryny, gałkę muszkatołową i sól. Włóż miskę do lodówki na noc. Podawaj z kapką miodu. Muesli można przechowywać w lodówce przez kilka dni.

Naleśniki Tarahumara

Porcje: 4

(9 g błonnika na porcję, nie licząc dodatkowych owoców)

W Ameryce niemal święta tradycja sobotniego poranka polega na jedzeniu na śniadanie naleśników i oglądaniu kreskówek. Większość dzieciaków uwielbia naleśniki i czy można je za to winić? Wysoko oczyszczona mąka i ogromne ilości syropu klonowego albo cukru pudru (lub obu tych składników!) sprawiają, że posiłek ten staje się zwykłym niezdrowym deserem, niemającym nic wspólnego z pożywnym śniadaniem. Nasz przepis był inspirowany kulturą plemienia Tarahumara z Meksyku. Indianie ci są znani z niesamowitej wytrzymałości fizycznej, dzięki której mogą biec przez wiele godzin, z dobrego zdrowia i... wysokiego spożycia błonnika pokarmowego. Przyrządzają potrawę zwaną pinole, zawierającą mielone w kamiennych żarnach ziarna kukurydzy, nasiona chia i nieco przypraw. Potrawa może być podawana jako kleik kukurydziany albo upieczona w formie małego placka. Grube zmielenie ziaren kukurydzy chroni je przed całkowitym strawieniem w jelicie cienkim i dostarcza węglowodany mikroflorze. Takie naleśniki robione pod upodobania mikroflory spowodują, że poczujesz sytość i będziesz mieć wystarczająco dużo energii do zabawy i pracy przez całą sobotę.

Składniki

¾ szklanki grubo zmielonej kaszy kukurydzianej
1 szklanka wrzątku
1 szklanka pełnoziarnistej mąki pszennej
¾ szklanki nasion chia (szałwia hiszpańska)
1 łyżeczka mielonego cynamonu
1½ łyżeczki proszku do pieczenia
½ łyżeczki sody oczyszczonej
½ łyżeczki soli morskiej
1½ szklanki maślanki
1 łyżeczka ekstraktu waniliowego
4 łyżki oliwy z oliwek
jogurt naturalny
jagody
syrop klonowy lub miód

Wykonanie

Do dużej miski wsyp kaszę kukurydzianą i zalej ją szklanką wrzątku. W drugiej misce zmieszaj razem mąkę, nasiona chia, cynamon, proszek do pieczenia, sodę i sól. Do napęczniałej kaszki kukurydzianej dodaj maślankę, wanilię i oliwę z oliwek. Dosyp suche składniki z drugiej miski i wymieszaj wszystko dokładnie. Podgrzej natłuszczoną patelnię i nałóż na nią ok. ¼ szklanki ciasta. Smaż naleśniki z obu stron na złoty kolor. Podawaj z jogurtem, jagodami i kapką syropu klonowego lub miodu.

Symbiotyczna jajecznica

PORCJE: 4

(13 g błonnika na porcję)

Ta zdrowsza wersja śniadaniowego burrito zawiera bardzo dużo odżywczych dla mikroflory fasolek i warzyw, a zamiast żółtego sera – jogurt grecki, zawierający probiotyki. Poszukaj w sklepie kukurydzianych placków (tortilla, wrap) bez żadnych dodatków. Najlepiej, aby w składzie były tylko mąka kukurydziana, woda, limonka i sól. Jeśli masz ochotę na eksperymenty, spróbuj zrobić tortille samodzielnie w domu, ale pamiętaj – jeśli zrobisz to choć raz, sklepowe tortille już nigdy nie będą ci smakowały. Musisz mieć jedynie torebkę mąki kukurydzianej i prasę do tortilli lub zwykły wałek kuchenny. Świeżo przyrządzona ciepła tortilla jest prawdziwym przysmakiem. Podaj ją z gorącą czekoladą Azteków na leniwe niedzielne śniadanie.

SKŁADNIKI

8 kukurydzianych tortilli
1 posiekana cebula
6 dużych jaj
2 szklanki ugotowanej czarnej fasolki
1 pokrojone w kostkę awokado
sól morska i czarny pieprz do smaku
sos salsa i jogurt grecki

WYKONANIE

Podgrzej natłuszczoną patelnię. Smaż cebulkę na miękko, przez jakieś 4 minuty. W misce rozbełtaj jajka z solą i pieprzem. Wlej jajka na patelnię z cebulką i smaż, ciągle mieszając. Gdy będą już prawie ścięte, dodaj czarną fasolkę i wymieszaj do pełnego ścięcia. Owiń tortille w zwilżoną szmatkę i podgrzej w mikrofalówce, aż będą miękkie i elastyczne, zajmie to około 30–60 sekund w mikrofali na najwyższym stopniu, po wyjęciu potrzymaj je jeszcze przez kilka minut w szmatce. Nałóż na talerz jajecznicę, posyp kostkami awokado, polej sosem salsa i jogurtem greckim. Podaj z dwiema ciepłymi tortillami.

Gorąca czekolada Azteków

PORCJE: 2

(4 g błonnika na porcję)

Starożytni Aztekowie pili napój czekoladowy przyrządzony z wody, kakao i papryczki chili, zwany *xocolatl*, co w wolnym tłumaczeniu oznacza „gorzka woda". Całkowicie różnił się on od przesłodzonego, ozdobionego masą bitej śmietany deseru, który my zwyczajowo nazywamy gorącą czekoladą. Nasz śniadaniowy napój jest przyjazny dla mikroflory, nie gorzki i świetny dla dzieci, a po dodaniu espresso – także dla dorosłych.

Składniki

2 szklanki mleka albo niesłodzonego mleczka roślinnego (np. migdałowego)
¼ szklanki niesłodzonego organicznego kakao w proszku
szczypta soli morskiej
1 łyżeczka melasy lub miodu
1 łyżeczka mielonego cynamonu
¼ łyżeczki ekstraktu z wanilii
szczypta pieprzu cayenne (jeśli lubisz)
starta skórka z pomarańczy (jeśli lubisz)

Wykonanie

Do małego rondelka dodaj mleko, kakao, sól, melasę, cynamon, wanilię i pieprz cayenne (jeśli go używasz). Mieszaj, aż kakao się rozpuści, i podgrzewaj przez jakieś 5 minut, aż napój będzie gorący. Uważaj, by mleko się nie przypaliło. Możesz także ten napój przygotować w mikrofalówce, używając odpowiedniego naczynia i co chwilę dokładnie mieszając. Posyp startą skórką z pomarańczy (jeśli lubisz) i podaj.

SZKOŁA DRUGIE ŚNIADANIA, KTÓRE POKOCHA NAWET MIKROFLORA

Przygotowywanie zdrowego drugiego śniadania, które nasze dzieci chętnie zjedzą, wymaga nieco wyważonego i sprytnego podejścia, by ożenić wysoko odżywcze składniki oraz uwzględnić smaki, teksturę i kolory, które są atrakcyjne dla dzieci. Wiele szkół stara się poszerzyć swoją ofertę zdrowych przekąsek[3], ale duża część dzieci tak czy inaczej samodzielnie nie dokona zdrowych wyborów. I nie można ich za to winić – hamburger z serem w bułce, która smakuje jak ciastko, jest i zawsze będzie dla dziecka bardziej atrakcyjny niż sałata. Przygotowując naszym córkom drugie śniadania, dbamy przede wszystkim o to, by nauczyły się odróżniać zdrowy posiłek od niezdrowego. I zawsze używamy świeżych (przez to smaczniejszych) składników. Zamieściliśmy tutaj tylko kilka pomysłów na drugie śniadania, które dajemy do szkoły naszym dzieciom. Dzięki tak wczesnemu przyzwyczajaniu ich podniebienia do bar-

[3] W Polsce 1 września 2015 r. weszło w życie rozporządzenie ministra zdrowia o zakazie sprzedawania w szkolnych sklepikach tzw. śmieciowego jedzenia, regulujące też zasady żywienia zbiorowego w szkołach (przyp. tłum.).

dziej odżywczych produktów, dzieci przygotowują się do jedzenia potraw dla dorosłych, co zaprocentuje w przyszłości.

Kanapka PB&J[4] wersja 2.0

(6–8 g błonnika na kanapkę, w zależności od użytych owoców)

Oto przepis na zmodyfikowaną pod kątem potrzeb mikroflory wersję słynnej kanapki PB&J, łatwą do zapakowania na drugie śniadanie. Kupując masło orzechowe, dokładnie sprawdź listę składników i unikaj tych z dodatkiem cukru, oleju palmowego lub zbyt dużej ilości soli. Znalezienie takiego, które spełnia te kryteria, może być niezwykle trudne. Ale masło orzechowe czy migdałowe bardzo łatwo da się zrobić w domu, dzięki czemu zyskasz gwarancję, że jest świeże i nie zawiera żadnych niechcianych składników. Robimy je regularnie, często eksperymentujemy z nowymi kombinacjami orzechów i dodatków. Poniższa receptura jest naszą ulubioną.

Masło migdałowe

Składniki

1 szklanka niesolonych migdałów (surowych lub prażonych)
1 szklanka orzechów włoskich
1 łyżka oliwy z oliwek extra vergine

Wykonanie

Wszystkie składniki umieść w robocie kuchennym lub mocnym mikserze i dokładnie zmiksuj na gładką masę. Przechowuj w szczelnym słoiku w lodówce. Przyrządź kanapki z chleba pełnoziarnistego, masła migdałowego i plastrów świeżych sezonowych owoców zamiast dżemu. Owoce są źródłem słodkiego smaku i błonnika pokarmowego, dodadzą kanapce nieco świeżości, a nie zawierają tak dużej ilości cukru jak dżem czy galaretka owocowa. Dobór owoców zależy od tego, co jest dostępne na rynku. Cieniutkie plasterki nieobranych ze skórki jabłek czy gruszek będą świetnym dopełnieniem jesienią i w zimie. Na wiosnę i w lecie użyj plasterków truskawek, brzoskwiń lub

[4] PB&J, czyli *peanut butter and jelly*, to prosta kanapka z chleba, masła orzechowego i dżemu lub galaretki owocowej. Stała się niezwykle popularna w USA na początku XX w. „Pierwszy przepis na kanapkę z masłem orzechowym i dżemem prawdopodobnie pochodzi z 1901. Za autorkę pysznej kanapki uważa się Julię Davis Chandler. Jej dzieło stało się obowiązkowym elementem podwieczorku amerykańskich wyższych sfer. W latach 20. XX w., wraz ze spadkiem ceny masła orzechowego, PB&J zyskała rzesze konsumentów także wśród przedstawicieli klasy średniej. Szybko podbiła serca amerykańskich dzieci". http://www.przyslijprzepis.pl/artykul/pb-j-3 (przyp. tłum.).

nektarynek. Całorocznym dodatkiem są na przykład banany. Jeśli twoje dzieci uwielbiają słodycz dżemu, możesz początkowo owoce smarować odrobiną miodu, ale z czasem zmniejszaj jego ilość – jeśli będziesz to robił stopniowo, dzieci nawet nie zauważą różnicy.

Sugestie podania

Razem z kanapkami przygotuj dziecku także słupki marchewkowe, kawałki czerwonej papryki, plastry ogórka albo selera i naturalny (niesłodzony) jogurt grecki jako sos. Unikamy nisko- lub beztłuszczowych jogurtów. Jogurt z pełnego mleka smakuje znacznie lepiej, a istnieją dowody na to, że tłuszcz mleczny, zwłaszcza z organicznego mleka, niesie korzyści zdrowotne i wspomaga utrzymanie szczupłej sylwetki dzieci w dłuższej perspektywie.

W ramach nagrody dla dziecka możesz zamiast niezdrowych ciastek czy batoników podać kawałek gorzkiej czekolady (najlepsza jest czekolada o zawartości kakao co najmniej 70%). Ciemna czekolada ma wiele zdrowych składników, a poza tym dostarcza około 1 g błonnika na kostkę.

Big MAC quesadilla

Porcje: 2

(9 g błonnika na 1 quesadillę)

Większość dzieciaków uwielbia quesadillę z tortilli z białej oczyszczonej mąki pszennej i dużą ilością roztopionego żółtego sera, co nie dostarcza prawie niczego dla mikroflory. Ale wystarczy użyć kilku sztuczek, by quesadille stały się rewelacyjnym pokarmem dla mikroflory. Tortillę można zrobić z grubo mielonej kaszy kukurydzianej, co dostarczy znacznie więcej błonnika niż oczyszczona mąka pszenna. Dodanie czarnej fasolki wyniesie zwykłą quesadillę na wyżyny smaku i zdrowia. Wiele osób namacza fasolkę na noc, zanim ją ugotuje, ale uważamy, że to niepotrzebne. Jeśli chcesz ugotować czarną fasolkę w domu (ok. 500 g), najpierw wysyp ją na stolnicę lub blat i oczyść z resztek pyłków czy kamyków, wsyp fasolkę do dużego garnka i wlej mniej więcej 10 cm wody, dodaj szczyptę soli. Doprowadź do wrzenia, po czym zmniejsz gaz i duś pod przykryciem przez jakieś 2 godziny, aż fasola zmięknie. Jeśli trzeba, dodaj wody. My przechowujemy ugotowane i osuszone fasolki w szczelnie zamkniętych słoikach w lodówce lub zamrażarce.

Składniki

1 szklanka ugotowanej i osuszonej czarnej fasolki
1 łyżeczka kminku
¼ szklanki startego sera żółtego
2 tortille z ziaren kukurydzy mielonych w żarnach kamiennych*
posiekana kolendra

Wykonanie

W małej misce wymieszaj fasolkę, ser i kminek. Na połowie tortilli rozsmaruj połowę masy z fasolki i zwiń ją na pół. Podgrzej natłuszczoną patelnię i smaż quesadillę z obu stron, aż ser się roztopi, zdejmij quesadillę z patelni i posyp kolendrą. Powtórz to samo z drugą quesadillą.

* Sklepowe tortille kukurydziane będą bardziej elastyczne i łatwiej można je zawijać, jeśli wcześniej podgrzejesz je na patelni albo zawiniesz w mokrą szmatkę i podgrzejesz w mikrofalówce.

Sugestie podania

Możesz podać z pokrojonymi w kostkę awokado lub pomidorkami koktajlowymi. Na deser zaserwuj garść sezonowych owoców.

PRACA lunch

Wiele miejsc pracy – nawet szkół medycznych, w których pracowaliśmy! – nie oferuje zbyt zdrowych posiłków. Lepiej będzie dla twojego zdrowia i portfela, gdy samodzielnie przygotujesz lunch – my to robimy niemal codziennie. Zwykle pakujemy go poprzedniego wieczora, tak jak drugie śniadanie dla dzieci, aby oszczędzić nieco czasu rano. Często nasz lunch składa się z resztek serwowanej dzień wcześniej kolacji. Ale jeśli nic nie zostało, przygotowujemy szybką sałatkę ze świeżych warzyw, zbóż, fasolek, orzechów i nasion. Tego typu potrawy można też włożyć do pudełka na drugie śniadanie dla dziecka.

Sałatka grecka z ciecierzycą

Porcje: 2

(16 g błonnika na porcję)

Ciecierzycę ugotuj tak samo jak opisaną wyżej czarną fasolkę.

Składniki

2 szklanki lub puszka (ok. 450 g) ugotowanej ciecierzycy
1 pokrojony w plastry ogórek ze skórką

1 szklanka pomidorków cherry (lub koktajlowych)
½ pokrojonej czerwonej cebuli
1 pokrojona zielona papryka
½ szklanki posiekanej świeżej pietruszki
¼ szklanki pokrojonych oliwek kalamata bez pestek
¼ szklanki sera feta w kostkach
sok z cytryny
oliwa z oliwek extra vergine
świeżo mielony czarny pieprz

Wykonanie

Zmieszaj ciecierzycę, ogórka, pomidory, cebulę, paprykę, pietruszkę, oliwki i fetę. Polej świeżo wyciśniętym sokiem z cytryny i oliwą z oliwek. Posyp świeżo mielonym pieprzem.

Sałatka z makaronem gryczanym i probiotycznym sosem miso z orzeszków ziemnych

Porcje: 4

(11 g błonnika na porcję)

Makaron gryczany soba[5] to rodzaj japońskich klusek sporządzonych z mąki gryczanej. Zrobiony ze 100% pełnoziarnistej mąki gryczanej, jest bardzo bogatym źródłem błonnika. Sos zawiera miso, które oryginalnie jest masą przygotowaną z fermentowanych ziaren soi z dodatkiem jęczmienia albo ryżu. Miso fermentują kultury starterowe, zawierające pewien rodzaj grzybka zwanego *Aspergillus oryzae*. Jeśli uda ci się znaleźć w sklepie niepasteryzowane miso, skorzystasz nie tylko z zawartych w nim produktów fermentacji, lecz także z żyjących w nim mikrobów (proces pasteryzacji zabija żywe organizmy). Danie to jest bardzo łatwe w przygotowaniu i stanowi świetny posiłek dla dziecka do szkoły. Można je podawać schłodzone albo o temperaturze pokojowej.

Składniki

1 opakowanie makaronu ze 100% pełnoziarnistej mąki gryczanej (ok. 200 g)
4 szklanki startej marchewki
4 szklanki obranego i ugotowanego edamame[6]
2 szklanki pokrojonej rzodkiewki

---

[5] W Polsce makaron gryczany niełatwo znaleźć w zwykłym markecie, ale jest dostępny w sklepach ze zdrową żywnością lub w sklepach internetowych, podobnie jak niepasteryzowane miso. Ewentualnie można użyć makaronu pszennego z mąki pełnoziarnistej (przyp. tłum.).
[6] Edamame to ugotowane w wodzie lub na parze całe zielone strąki soi. W Polsce można ją zastąpić ugotowaną zieloną fasolką szparagową albo strączkami zielonego groszku (przyp. tłum.).

1 szklanka pokrojonych szalotek
¼ szklanki nasion sezamu

Sos miso z orzeszków ziemnych

¼ szklanki oleju sezamowego
¼ szklanki wody
¼ szklanki sosu sojowego
4 łyżki masła z orzeszków ziemnych
2 łyżki niepasteryzowanego miso (białego lub żółtego)
1 łyżka świeżo startego imbiru*
1 łyżka cukru
sok wyciśnięty z 1 limonki

Wykonanie

Sos: połącz wszystkie składniki i zmiksuj na gładką masę.
Sałatka: ugotuj makaron gryczany na półtwardo (ok. 3–4 minut). Po ugotowaniu przepłucz go bieżącą zimną wodą i odsącz. W dużej misce połącz makaron, marchewkę, edamame (lub fasolkę szparagową), rzodkiewki i szalotki, polej sosem miso. Podawaj schłodzoną albo w temperaturze pokojowej, posypaną nasionami sezamu.

* Korzeń imbiru trzymamy w zamrażarce. Zamrożony imbir zachowuje świeżość przez długie miesiące i łatwo go zetrzeć na drobnej tarce.

Tabbouleh[7] pełne MAC

Porcje: 4

(7 g błonnika na porcję)

Kasza bulgur jest produkowana z odmian pszenicy twardej, o najwyższej zawartości błonnika. Przygotowuje się ją z rozdrobnionych ziaren, które wciąż zawierają trochę łusek. Jest łatwym i szybkim do przyrządzenia pełnoziarnistym zbożem. Twarde odmiany pszenicy są podstawą żywienia w diecie śródziemnomorskiej, która dzięki niskiej zawartości tłuszczów nasyconych, dużej ilości błonnika i produktów fermentowanych, wciąż utrzymuje się na szczycie listy najzdrowszych diet na świecie. Tabbouleh jest tradycyjnie serwowany jako sałatka albo przystawka, ale dodatek ciecierzycy przemienia go w sycący posiłek, który może być świetnym obiadem w upalny dzień. Chrupiące orzechy lub nasiona będą stanowiły kolejne źródło błonnika.

---

[7] Tabbouleh to potrawa kuchni arabskiej, zwana popularnie sałatką libańską. Jej podstawą jest kasza kuskus albo bulgur, do której dodaje się pomidory, ogórki, paprykę, cebulę, czosnek, zieloną pietruszkę. Można ją wzbogacić miętą, cytryną, posypać orzeszkami piniowymi (przyp. tłum.).

Składniki

1 szklanka kaszy bulgur
1 szklanka wrzątku
1 szklanka ugotowanej ciecierzycy
1 szklanka posiekanej świeżej pietruszki
1 pokrojony ogórek
2 pokrojone łodygi selera naciowego
2 pokrojone średnie pomidory
¼ szklanki posiekanej zielonej cebuli (młoda cebulka szczypiorowa)
jogurt naturalny, niesłodzony

Sos

sok z 1 cytryny
3 łyżki oliwy z oliwek extra vergine
1 zmiażdżony ząbek czosnku
1 łyżeczka zmielonego ziela angielskiego
świeżo mielony czarny pieprz

Wykonanie

Do rondelka wsyp kaszę bulgur, zalej ją wrzątkiem i poczekaj, aż cała woda zostanie wchłonięta (ok. 15 minut[8]). W dużej misce połącz ciecierzycę, pietruszkę, ogórek, seler, pomidory i cebulkę. Dodaj napęczniałą kaszę i dokładnie wymieszaj. W mniejszej misce połącz sok z cytryny, oliwę z oliwek, czosnek, ziele angielskie i czarny pieprz, dodaj do sałatki. Podawaj od razu albo po schłodzeniu w lodówce. Porcję udekoruj łyżką naturalnego jogurtu.

PRZEKĄSKI

Mamy mieszane uczucia, jeśli chodzi o przekąski dla dzieci. Z jednej strony rozumiemy, że dzieci mają mniejsze żołądki i trudno im wytrzymać do następnego posiłku bez podjadania. Jednak częściej widzimy, jak dzieci wykorzystują przekąski, aby uniknąć konieczności jedzenia zdrowszego posiłku serwowanego jako danie główne. Oto, jak poradziliśmy sobie z poszkolnym podjadaniem, by mieć pewność, że nasze dzieci będą wystarczająco głodne, gdy przyjdzie pora obiadu, ale będą miały też wystarczająco dużo siły, aby przetrwać popołudnie.

Po pierwsze, muszą zjeść do końca to, co zostało im ze szkolnego drugiego śniadania. Jeśli korzystasz z pudełek śniadaniowych wielokrotnego użytku, ła-

---

[8] Sposób i czas przygotowania kaszy może różnić się w zależności od jej producenta – zawsze przyrządzaj kaszę zgodnie z instrukcjami podanymi na opakowaniu (przyp. tłum.).

twiej zobaczysz, co dziecko zjadło, a co zostawiło. Zazwyczaj jeśli coś zostaje, są to warzywa. Samo skłonienie pociech do dokończenia drugiego śniadania wystarczy, by dzieci się najadły i wytrzymały do obiadu. Jeśli jednak wciąż są głodne, wtedy przygotowujemy przekąskę: zdrową, małą i niesycącą. Odkryliśmy, że ograniczanie przekąsek do minimum jest najważniejsze, jeśli chcemy, aby dzieci zjadły pożywny obiad bez marudzenia. Żadne dziecko nie zje chętnie obiadu, jeżeli wciąż ma brzuszek pełen przekąsek. Jak mówią, głodnemu wszystko smakuje lepiej. Dla dorosłych zabieranie do pracy przyrządzonych w domu przekąsek jest świetnym sposobem, by zapobiec desperackim popołudniowym wycieczkom do automatów z jedzeniem, w których przecież rzadko kiedy można kupić cokolwiek zdrowego. Zazwyczaj wystarcza kawałek owocu albo garść orzechów, ale są też inne pomysły na przekąski pożyteczne dla mikroflory.

Korzonkowy przysmak łowców i zbieraczy

Porcje: 8

(8 g błonnika na porcję)

Hummus domowej roboty jest świetny, zwłaszcza gdy zostanie przygotowany z ugotowanej w domu ciecierzycy, ale i w sklepach można czasem znaleźć dobry produkt, niezawierający w składzie wielu nierozpoznawalnych składników. Hummus jest zdrowym, odżywczym dla mikroflory sosem uwielbianym przez większość dzieciaków. Często używamy hummusu jako sosu do różnych warzyw, na przykład jicamy[9]. Kłącze jicama zawiera bardzo dużo błonnika (choć nie tak wiele, jak kłącza jedzone przez lud Hadza). Łącząc te kłącza z hummusem, zwiększasz ilość błonnika do ilości bliskiej temu, co jedli prehistoryczni łowcy i zbieracze. Jeśli powiesz swoim dzieciom, że kłącza pomagały odżywiać się łowcom i zbieraczom, zanim narodziło się rolnictwo, zobaczysz, że chętnie będą chrupały tę zainspirowaną ludem Hadza przekąskę.

Składniki

2 szklanki lub puszka (ok. 450 g) ugotowanej ciecierzycy
sok z 1 cytryny*
¼ szklanki tahini[10]
2–3 łyżki wody

---

[9] W Polsce jicama (kłębian kątowaty) może być trudno dostępna. Zamiast niej możesz użyć pokrojonego w słupki ugotowanego topinamburu albo surowej marchewki, ogórka, papryki czy innych dostępnych warzyw (przyp. tłum.).

[10] Tahini to pasta lub sos przyrządzony ze zmielonych nasion sezamu (przyp. tłum.).

1 zmiażdżony ząbek czosnku
sól morska do smaku
oliwa z oliwek extra vergine
szczypta papryki
obrana i pokrojona w słupki jicama

Wykonanie

Do robota kuchennego lub miksera wrzuć ugotowaną ciecierzycę, sok z cytryny, tahini, wodę, czosnek i sól, zmiksuj na gładką masę. Jeśli masa będzie zbyt gęsta, dodaj trochę więcej wody. Podaj hummus w miseczce, skropiony oliwą z oliwek i posypany szczyptą papryki wraz z talerzem pokrojonych w słupki kłączy jicama.

* Możesz dodać startą skórkę cytryny, wtedy smak stanie się intensywniejszy.

Japoński popcorn

Porcje: 4

(2,5 g błonnika na porcję)

Nawet jeśli twój mikrobiom nie zawiera zakodowanych porfirynaz, enzymów degradujących wodorosty, wciąż jest wiele innych powodów, dla których warto jeść „morskie warzywa". Są pełne różnego rodzaju minerałów i mają ciekawy posmak owoców morza. Bogatobłonnikowy popcorn (przyrządzony z pełnych ziaren kukurydzy) możesz posypać kawałkami nori (suszonych liści wodorostów), a otrzymasz przekąskę smakującą tobie i twojej mikroflorze.

Składniki

2 łyżki oleju sezamowego
⅓ szklanki ziaren popcornu
2 pokruszone listki nori
½ łyżeczki soli morskiej
1 łyżeczka proszku wasabi[11] albo pieprzu cayenne (jeśli lubisz)

Wykonanie

Do wysokiego garnka wlej 1 łyżkę oleju, podgrzej, wsyp ziarna popcornu i przykryj. Kiedy ziarna zaczną strzelać, zacznij wstrząsać garnkiem. Gdy strzelanie ustanie, od razu zdejmij garnek z ognia, by popcorn się nie przypalił. Przesyp go na rozłożony papier do pieczenia. Skrop drugą łyżką oleju sezamowego, posyp pokruszonymi listkami nori i, jeśli lubisz ostry smak, proszkiem wasabi lub pieprzem cayenne. Wymieszaj dokładnie i podawaj.

---

[11] Wasabi to japoński odpowiednik polskiego chrzanu; u nas dostępny jako pasta wasabi podawana do sushi. Zamiast wasabi w proszku można użyć pieprzu lub innej ostrej przyprawy (przyp. tłum.).

Nerkowce dla twoich małych współbiesiadników

PORCJE: 4 SZKLANKI

(3 g błonnika na szklankę)

Kurkuma, dzięki swoim właściwościom przeciwzapalnym, ma szerokie zastosowanie lecznicze. Próbujemy wkomponować tę przyprawę do każdej przygotowywanej potrawy. W połączeniu z nerkowcami, ta przekąska w bliskowschodnim stylu, jest zarówno smaczna, zdrowa, jak i pełna węglowodanów dostępnych dla mikroflory.

SKŁADNIKI

4 szklanki surowych orzechów nerkowca
1 łyżka oliwy z oliwek
1 łyżka kurkumy
1 łyżeczka soli morskiej

WYKONANIE

Rozgrzej patelnię z oliwą. Wrzuć nerkowce i posyp solą. Praż je, często mieszając, przez jakieś 5 minut, ściągnij z ognia i posyp kurkumą. Poczekaj, aż wystygną i podawaj. Można je przechowywać dłużej zamknięte w szczelnym słoiku.

Daktyle nadziewane twarożkiem

PORCJE: 4

(3,5 g błonnika na porcję)

Medjool często są zwane królami wśród daktyli. Mogą być drogie, ale są tak sycące, że wystarczy zaledwie kilka sztuk, by zaspokoić apetyt w oczekiwaniu na obiad. Daktyle nadziane kremowym twarożkiem, zawierającym probiotyki, będą także świetną przekąską, która uszczęśliwi twoją mikroflorę odwiedzinami nowych mikrobów.

SKŁADNIKI

8 daktyli medjool
3 łyżki fermentowanego kremowego twarożku[12]
8 połówek orzechów włoskich
mielony cynamon (jeśli lubisz)

---

[12] W tradycyjnej kuchni polskiej nie mamy fermentowanego twarożku. Zbliżonym produktem jest na przykład niemiecki czy holenderski kwark (quark). W Polsce można go zastąpić, mieszając tłusty lub półtłusty biały ser z naturalnym jogurtem albo kwaśną śmietaną (przyp. tłum.).

Wykonanie

Rozetnij wzdłuż daktyle i wyjmij pestkę. W jej miejsce włóż kopiastą łyżkę twarożku i udekoruj połówką orzecha włoskiego. Możesz posypać cynamonem.

Probiotyczna przekąska

Większość jogurtów dostępnych w sklepach jest nafaszerowana cukrem, co sprawia, że coś, co powinno być zdrową przekąską, staje się budyniowatym deserem. Często też jogurty bez dodatków są niestety dostępne w wersjach light, o obniżonej zawartości tłuszczu lub bez tłuszczu. Zwykły naturalny jogurt z pełnego mleka ma nie tylko wyrazisty smak, ale jest też bardziej sycący, dzięki czemu zjesz go mniej. Warto poszukać organicznego naturalnego jogurtu z pełnego mleka, albo (jeśli chciałbyś zostać praktykującym mikrobiologiem) możesz go sporządzić samodzielnie w domu. Poniżej prezentujemy nasz przepis na domowy jogurt – swoją drogą to świetny sposób zademonstrowania dzieciom magii działania mikrobów. Jeśli lubisz eksperymentować, wypróbuj rozmaite kultury starterowe z przeróżnych części świata, dostępne w sklepach internetowych, np. na stronie culturesforhealth.com.

Jogurt naturalny

Składniki

1 l organicznego pełnego mleka
ok. ¼ szklanki jogurtu albo zawartość saszetki z kulturami starterowymi

Wykonanie

Podgrzej mleko w rondelku do ok. 80°C, od czasu do czasu mieszając. Uważnie śledź temperaturę, by mleka nie zagotować (gotowanie zabije bakterie mleczne). Gdy tylko osiągnie właściwą temperaturę, zdejmij rondelek z gazu i poczekaj, aż wystygnie do 45°C. Do ciepłego mleka dodaj jogurt lub kultury starterowe, zamieszaj i przelej do litrowego słoika z szerokim otworem i szczelnie zakręć. Umieść słoik w jogurtownicy albo w podgrzewaczu, gdzie woda jest utrzymywana w temperaturze 40–45°C[13]. Zostaw słoik na noc do przefermentowania, a rano włóż do lodówki, by jogurt zgęstniał i kolejnego ranka był gotowy do jedzenia.

[13] Jeśli nie masz jogurtownicy ani podgrzewacza, wlej mleko z bakteriami do zwykłego termosu, owiń kocem i zostaw na noc (przyp. tłum.).

Chrupiące jogurtowe parfait[14]

PORCJE: 1

(7 g błonnika na porcję)

SKŁADNIKI

½ szklanki naturalnego niesłodzonego jogurtu

½ szklanki mieszanki owoców jagodowych, świeżych lub mrożonych

¼ szklanki posiekanych orzechów laskowych

WYKONANIE

Udekoruj jogurt owocami i orzechami. Możesz też wszystko dokładnie zmieszać.

OBIADOKOLACJA

Ten posiłek może być trudnym wyzwaniem dla rodzin. Pod koniec dnia każdy jest już zmęczony i rodzice nie mają ochoty na gotowanie skomplikowanych dań i walkę z dziećmi, by je zjadły. Poniżej przedstawiamy kilka przepisów, które pozwolą przyrządzić względnie szybki i prosty posiłek, odżywczy dla mikroflory i smakowity dla twoich pociech. Miej na uwadze, że warto serwować takie dania raz po raz, nawet jeśli początkowo nie przypadną do gustu dzieciom. Z czasem polubią zdrowe jedzenie – będzie to dla nich wspaniały prezent na całe życie.

Śródziemnomorska mutualistyczna zupa

PORCJE: 6

(8 g błonnika na porcję)

W zimniejszej połowie roku przygotowujemy zupy przynajmniej kilka razy w tygodniu. Są rozgrzewające i, jak wieści niosą, mają zdolności do odstraszania przeziębień. Zupa jest świetnym sposobem na włączenie do diety nasion roślin strączkowych, jeśli jeszcze ich tam nie ma. Możesz dostosować ten przepis, by powoli zwiększać ilość roślin strączkowych, co pozwoli na stopniowe przyzwyczajanie twojej mikroflory do lepszej ich fermentacji.

[14] Parfait to podawany w wysokich szklankach, francuski deser przygotowany z ułożonych naprzemiennie warstw lodów lub jogurtu i owoców (przyp. tłum.).

Składniki

2 łyżki oliwy z oliwek extra vergine
1 poszatkowana czerwona cebula*
1 posiekana bulwa kopru włoskiego (fenkuł)*
4 szklanki posiekanego jarmużu toskańskiego (jarmuż czarny, czarna kapusta), osobno liście i pędy*
4 zmiażdżone ząbki czosnku
4 szklanki wywaru z warzyw o niskiej zawartości soli
2 szklanki wody
1 liść laurowy
2 szklanki albo 1 puszka ugotowanych nasion białej fasoli
2 szklanki pokrojonych pomidorów
1 szklanka pokrojonej marchewki
sól morska i pieprz do smaku

Wykonanie

Wlej oliwę do patelni o wysokich ściankach i postaw na średnim ogniu. Dodaj cebulę, koper włoski, łodygi jarmużu i podsmaż, aż zmiękną – około 6 minut. Dodaj czosnek i smaż przez kolejną minutę. Dolej wywar z warzyw, wodę, liść laurowy, fasolkę, pomidory i marchewkę, duś pod przykryciem przez jakieś 15 minut. Dopraw solą i pieprzem do smaku. Podawaj posypaną parmezanem, świeżo zmielonym czarnym pieprzem i z grubą kromką pełnoziarnistego pszennego chleba na zakwasie skropionego oliwą z oliwek.

* Użycie robota kuchennego przyspieszy przygotowanie składników

Łosoś smażony w sezamie z zieloną fasolką szparagową i pomarańczowym sosem miso

Porcje: 4

(9 g błonnika na porcję; 13 g błonnika, jeśli do porcji dodasz 1 szklankę brązowego ryżu)

Nasiona są świetnym źródłem błonnika pokarmowego, zdrowego tłuszczu, białka i wielu mikroelementów. W naszej spiżarce trzymamy najróżniejsze nasiona, którymi posypujemy sałatki, gotowane warzywa, owsiankę, a nawet jogurt. Ten przepis jest łatwy do zastosowania w ciągu tygodnia pracy, ale może być to także wyszukane danie na eleganckie przyjęcie.

Składniki

4 filety dzikiego łososia (ok. 120 g każdy)
½ szklanki nasion sezamu
2 łyżki oliwy z oliwek
1 kg umytej i pozbawionej końcówek zielonej fasolki szparagowej

1 szklanka pokrojonych w słupki migdałów
sól morska i pieprz

Pomarańczowy sos miso

1 szklanka soku pomarańczowego
2 łyżki niepasteryzowanego miso (białego lub żółtego)
1 łyżka oleju sezamowego
1 łyżka startego imbiru
1 łyżka startej skórki pomarańczowej

Wykonanie

Obtocz filety z ryby w nasionach sezamu. Podgrzej patelnię z 1 łyżką oliwy i usmaż łososia, około 4 minut z każdej strony, aż białko mięsa całkiem się zetnie. Zdejmij ryby z patelni i owiń folią, by nie ostygły. Na patelnię wlej drugą łyżkę oliwy, wsyp fasolkę szparagową i migdały. Smaż około 5 minut na średnim ogniu, aż fasolka będzie miękka, ale wciąż chrupiąca, a migdały lekko podsmażone. Posyp solą i pieprzem.

Przygotowanie sosu: zmieszaj sok z pomarańczy, pastę miso, olej sezamowy, starty imbir i skórkę pomarańczową.

Podawaj łososia z fasolką, brązowym ryżem i sosem.

Pełna błonnika pizza na cienkim cieście

Porcje: 4

(9 g błonnika na porcję)

Wszystkie dzieci na świecie kochają pizzę, co ułatwi nam zadanie przemycenia w tej potrawie większej ilości warzyw. Możesz kupić gotowy pełnoziarnisty cienki spód do pizzy (my lubimy używać pełnoziarnistego naan, czyli rodzaju arabskiego drożdżowego podpłomyka). Posmaruj ciasto migdałowo-pietruszkowym pesto i dopraw według uznania. Poniżej przedstawiamy jeden z pomysłów na wysokobłonnikowe dodatki do pizzy. Upiecz pizzę na papierze do pieczenia lub na kamieniu do pizzy, by ciasto było bardziej chrupiące.

Migdałowo-pietruszkowe pesto

Składniki

2 szklanki świeżej naci pietruszki
2 ząbki czosnku
½ szklanki niesolonych migdałów
2–3 łyżki oliwy z oliwek extra vergine
1 łyżka soku z cytryny
sól morska do smaku

Wykonanie

Do miksera lub robota kuchennego włóż pietruszkę, czosnek, migdały, oliwę, sok z cytryny i sól, zmiksuj wszystko na gładką masę.

Pizza

Składniki

4 pełnoziarniste pszeniczne spody do pizzy*
migdałowo-pietruszkowe pesto (przepis powyżej)
1 szklanka pokrojonych suszonych na słońcu pomidorów
1 szklanka pokrojonych serc karczochów
1 posiekana średniej wielkości cebula
¼ szklanki oliwek kalamata
2 łyżki kaparów
starty parmezan do posypania

Wykonanie

Rozgrzej piekarnik do 280°C. Spody pizzy posmaruj cienko pastą pesto, ułóż pomidory, karczochy, cebulę, oliwki, kapary i posyp parmezanem. Ułóż pizzę na papierze do pieczenia, w foremce albo na kamieniu do pieczenia pizzy i wsuń na najniższą półkę piekarnika. Piecz około 8 minut, aż wszystkie składniki staną się gorące. Wyjmij pizzę, poczekaj chwilę, niech ostygnie, pokrój na kawałki i podawaj.

* Jeśli masz ochotę na zmiany, w internecie możesz znaleźć wiele przepisów na samodzielne wykonanie spodu do pizzy. Jeżeli kupione ciasto nie było wcześniej podpieczone, wydłuż czas pieczenia pizzy o 10 minut, zgodnie z zaleceniami na opakowaniu.

Jęczmienne risotto dla mikroflory

Porcje: 4

(19 g błonnika na porcję)

Risotto tradycyjnie jest przygotowywane z białego oczyszczonego ryżu, który ma wysoki ładunek glikemiczny i zawiera jedynie 1 g błonnika na porcję wielkości połowy szklanki. Jęczmień z kolei ma bardzo niski ładunek glikemiczny i zawiera niemal 5 g błonnika na porcję, a do tego jest pełen związków obniżających poziom cholesterolu. Nasze risotto ma także wiele innych wysokobłonnikowych dodatków, takich jak serca karczochów czy boczniaki.

Składniki

1 szklanka jęczmienia
1 łyżka oliwy z oliwek extra vergine
1 posiekana duża cebula

1 ząbek czosnku
1 szklanka pokrojonych boczniaków
1 szklanka pokrojonych serc karczocha
1 szklanka pokrojonych w kostkę pomidorów
1 szklanka wywaru warzywnego lub drobiowego
¼ szklanki startego parmezanu
świeże oregano
sól morska i pieprz do smaku

Wykonanie

W średniej wielkości rondelku zagotuj 2½ szklanki wody. Wsyp jęczmień i gotuj przez 10 minut. W tym czasie na dużej patelni podgrzej oliwę i usmaż cebulę, aż będzie lekko brązowa (ok. 5 minut). Dodaj czosnek i smaż kolejną minutę. Dodaj boczniaki, karczochy i pomidory i duś, aż grzyby będą miękkie. Wlej wywar warzywny lub drobiowy i gotuj przez jakieś 5 minut. Zmieszaj z ugotowanym jęczmieniem, serem, oregano i przyprawami.

Indyjski dal[15] z brązowym ryżem

Porcje: 4

(10 g błonnika na porcję)

W kuchniach różnych kultur tradycyjne potrawy z nasion roślin strączkowych często są przyprawiane na ostro, co ma ułatwić ich trawienie i zmniejszyć wiatropędność. Dal to potrawa z soczewicy, bardzo popularna w całej południowej Azji. Soczewica jest świetnym wyborem, jeśli chcemy włączyć strączki do menu w tygodniu pracy, bo w porównaniu z innymi strączkowymi gotuje się wyjątkowo szybko. Danie serwuj razem z dzikim ryżem, zmieszanym z kefirem z mango (następny przepis), a twoja mikroflora i podniebienie będą ci wdzięczne.

Składniki

3 łyżki oliwy z oliwek extra vergine
1 łyżeczka gorczycy
1 łyżeczka startego świeżego imbiru
2 zmiażdżone ząbki czosnku
1 posiekana cebula
5 pokrojonych w kostkę lub startych średnich marchewek
5 pokrojonych łodyg selera naciowego
2 łyżeczki zmielonej kolendry

[15] Dal – to indyjskie ogólne określenie nasion roślin strączkowych (groch, fasola, ciecierzyca, soczewica, soja, itp.) oraz na różne potrawy z nich przyrządzane (przyp. tłum.).

1 łyżeczka kurkumy
1 łyżeczka zmielonego kminku
1 łyżeczka pieprzu cayenne
½ łyżeczki zmielonego cynamonu
½ łyżeczki zmielonych goździków
1½ szklanki opłukanych suchych nasion czerwonej soczewicy
4 szklanki wywaru warzywnego lub drobiowego
2 szklanki lub puszka (ok. 500 g) pokrojonych pomidorów
1 łyżeczka soli morskiej
sok wyciśnięty z 1 limonki
½ szklanki posiekanej świeżej kolendry

Wykonanie

Rozgrzej oliwę na głębokiej patelni lub w garnku ze szczelną pokrywką. Dodaj nasiona gorczycy i praż je, aż zaczną podskakiwać (ok. 1 min). Zmniejsz ogień na średni, dodaj imbir, czosnek, cebulę, marchewki i seler. Smaż około 5 minut, aż warzywa zaczną mięknąć. Dodaj suchą kolendrę, kurkumę, kminek, pieprz, cynamon, goździki i dokładnie wymieszaj. Dodaj opłukaną soczewicę, bulion lub wodę, pomidory i sól. Wymieszaj i zagotuj. Zmniejsz ogień i duś pod przykryciem około 15–20 minut, od czasu do czasu mieszając, aż nasiona soczewicy zmiękną, a zupa zgęstnieje. Przed podaniem dodaj sok z limonki, świeżą kolendrę i szczyptę soli.

Kefir z mango

Porcje: 2

(3 g błonnika na porcję)

Składniki

2½ szklanki naturalnego niesłodzonego kefiru
2 szklanki mrożonego mango w kawałkach
1 łyżeczka mielonego kardamonu
1 łyżeczka posiekanych świeżych liści mięty
1 łyżka miodu
woda i/lub lód w zależności od pożądanej konsystencji

Wykonanie

W mikserze umieść kefir, mango, kardamon, miętę, miód i wodę; zmiksuj wszystko na gładką masę. Możesz dodać więcej wody, by kefir rozrzedzić, albo kostek lodu, by go zagęścić.

DESERY

Zazwyczaj po obiedzie zawsze jemy jakiś deser. Tak motywujemy nasze dzieci do zjadania do końca ich porcji zdrowego jedzenia; jest to też miłe zakończenie posiłku. Na co dzień dajemy jak najprostsze desery – miseczka świeżych jagód, kawałki gruszki czy po prostu kostka gorzkiej czekolady. Na specjalne okazje przyrządzamy bardziej wyrafinowane dania.

Ciasteczka owsiane dla mikrobów

Z PRZEPISU WYCHODZI OKOŁO 25 CIASTEK

(1 g błonnika na ciastko)

Ciasteczka te przygotowane są z tradycyjnego przepisu na ciastka owsiane z wiórkami czekoladowymi, który zmodyfikowaliśmy, aby lepiej nakarmiły naszą mikroflorę. Zamiast kawałków czekolady, używamy fermentowanych i prażonych kawałków ziaren kakaowca. (Nie są one źródłem żywych kultur bakterii, bo proces prażenia zabija wszelkie mikroorganizmy). Mają lekko orzechowy smak i nutę kawową. Do przygotowania ciastek używamy bardzo mało mąki, ponieważ główną masę tworzą prasowane płatki owsiane.

SKŁADNIKI

1 łyżka pełnoziarnistej mąki pszennej
1 łyżeczka proszku do pieczenia
¼ łyżeczki soli morskiej
1 łyżeczka mielonego cynamonu
2 łyżki prażonych kawałków ziaren kakaowca
¼ szklanki (lub pół kostki – 100 g) masła (niesolonego)
1½ szklanki prasowanych płatków owsianych górskich (nie błyskawicznych)
¼ szklanki oliwy z oliwek
⅛ szklanki cukru
1 duże jajko

WYKONANIE

Rozgrzej piekarnik do 180°C. Blachę wyłóż papierem do pieczenia. W małej misce połącz mąkę, proszek do pieczenia, sól, cynamon i kawałki ziaren kakaowca. W rondelku rozpuść masło, dodaj do niego płatki owsiane i oliwę z oliwek. W dużej misce zmiksuj na gładką masę jajko z cukrem. Dodaj mieszankę z małej miski do mieszanki z rondelka i dokładnie wymieszaj. Na blasze do pieczenia kładź ok. 1 łyżki ciasta, zachowuj między nimi odstępy. Piecz ciastka 8–10 minut, aż będą złotobrązowe.

Brownies dla mikroflory

Z PRZEPISU WYCHODZI OKOŁO 16 CIASTEK

(2 g błonnika na ciastko)

W pewnym momencie historii opinia o czekoladzie się popsuła, zwłaszcza o tej dodawanej do wszelkich wysoko przetworzonych wyrobów – mlecznej i przesłodzonej. Ale coraz więcej badań pokazuje, że gorzka czekolada zawierająca minimum 70% kakao, dzięki obecności korzystnych dla nas flawonoidów, może być zdrowym deserem. Czekolada ma jeszcze jeden magiczny składnik – błonnik. Porcja wielkości ok. 30 g (1/3 tabliczki) gorzkiej czekolady zawiera ok. 4 g błonnika pokarmowego. W naszym przepisie łączymy czekoladę z kolejną wschodzącą gwiazdą w kategorii zdrowej żywności, orzechami, by przyrządzić ciasto brownie, które dzieci, dorośli i ich mikroby po prostu pokochają.

Składniki

5 łyżek masła (niesolonego)
180 g gorzkiej czekolady (min. 70% kakao)
1 szklanka mąki z migdałów
1/3 szklanki cukru
1 łyżka prażonych kawałków ziaren kakaowca
2 duże jajka
1 łyżeczka ekstraktu z wanilii
1 łyżeczka mielonego cynamonu
1 łyżeczka soli morskiej
1 łyżka skórki z pomarańczy

Wykonanie

Rozgrzej piekarnik do 180°C. W rondelku (w kąpieli wodnej) rozpuść masło i czekoladę, często mieszając, by czekolada się nie przypaliła. Dodaj mąkę z migdałów, cukier, kawałki kakao, jajka, wanilię, cynamon, sól i skórkę z pomarańczy; mieszaj do połączenia wszystkich składników. Wlej masę do natłuszczonej foremki (ok. 20 × 20 cm). Piecz 30 minut albo tak długo, aż wbity patyczek nie będzie oblepiony surowym ciastem (po wyciągnięciu będzie suchy).

Odwrócone ciasto z Burkina Faso

PORCJE: 6

(4 g błonnika na porcję)

Ten przepis został zainspirowany badaniami naukowymi porównującymi florę bakteryjną dzieci z Burkina Faso we wschodniej Afryce z florą dzieci żyjących we Włoszech. Wiele osób w Burkina Faso stosuje dietę zdecydowanie bogatszą w błonnik niż przeciętny mieszkaniec Zachodu. Źródłami błonnika są proso, sorgo, rośliny strączkowe, orzechy, owoce i warzywa. W tym przepisie używamy prosa (kaszy jaglanej) jako podstawy ciasta pieczonego do góry nogami.

Składniki

½ szklanki kaszy jaglanej
1 szklanka wody
2 łyżki masła (niesolonego)
4 szklanki świeżych lub mrożonych jagód
¾ szklanki pełnoziarnistej mąki pszennej
1 łyżeczka proszku do pieczenia
¼ łyżeczki sody oczyszczonej
szczypta soli morskiej
¾ szklanki niesłodzonego kefiru lub maślanki
1 duże jajko
¼ szklanki melasy (lub miodu)
6 łyżek oliwy z oliwek extra vergine
1 łyżeczka ekstraktu z wanilii
¾ szklanki posiekanych niesolonych orzeszków ziemnych
jogurt naturalny do przybrania

Wykonanie

Rozgrzej piekarnik do 200°C. W małym rondelku zagotuj szklankę wody, wsyp kaszę jaglaną, doprowadź do wrzenia, zmniejsz gaz i gotuj pod przykryciem przez jakieś 15 minut. Na patelni rozgrzej masło, a gdy zacznie brązowieć, wrzuć owoce. Smaż, ciągle mieszając, aż owoce zmiękną (ok. 5 min w zależności od rodzaju owoców). Ułóż owoce na dnie natłuszczonej formy do pieczenia (możesz ją dodatkowo wyłożyć papierem, by nic nie wyciekło) albo w naczyniu żaroodpornym. W misce wymieszaj mąkę, proszek do pieczenia, sodę i sól. Dodaj ugotowaną kaszę jaglaną, kefir lub maślankę, jajko, melasę, oliwę i wanilię; wymieszaj do uzyskania jednorodnej masy. Wylej ją na owoce i piecz przez 25–30 minut, aż wbity patyczek będzie suchy. Po wyjęciu ciasta odczekaj 10 minut, niech ostygnie, po czym przykryj talerzem, szybko odwróć do góry nogami i wyjmij z formy. Posyp po wierzchu posiekanymi orzeszkami i podawaj udekorowane łyżką jogurtu.

Bliskowschodnia owsianka

PORCJE: 4

(9 g błonnika na porcję)

Grysik owsiany (owies łamany, kasza owsiana) jest jeszcze mniej przetworzonym kuzynem znanych prasowanych płatków owsianych górskich. Technologia produkcji polega po prostu na pokrojeniu całych ziaren owsa na mniejsze kawałki, podczas gdy płatki owsiane są poddawane parowaniu i prasowaniu. Płatki błyskawiczne są jeszcze bardziej rozdrobnione i cieniej prasowane. Choć zawartość błonnika podawana na opakowaniach wszystkich tych owsianych produktów jest taka sama, to w przypadku grysiku owsianego rzeczywista ilość błonnika dostarczanego mikroflorze jest największa. Poza tym grysik jest nieco twardszy i wymaga gryzienia, co według nas czyni go atrakcyjniejszym niż szybko połykana owsiana papka. Taka owsianka jest dobra nie tylko na deser, lecz także na śniadanie.

SKŁADNIKI

4 szklanki wody
1¼ szklanki grysiku owsianego
szczypta soli morskiej
1 szklanka rodzynek
1 szklanka posiekanych pistacji
1 łyżka masła (niesolonego)
½ łyżeczki mielonego kardamonu
1 łyżka miodu
jogurt lub kefir naturalny

WYKONANIE

W garnku zagotuj 4 szklanki wody, wsyp grysik owsiany i sól, i gotuj ok. 20 minut na średnim ogniu, mieszając od czasu do czasu. Dodaj rodzynki, pistacje, masło, kardamon i miód; gotuj jeszcze ok. 5 minut. Podawaj z jogurtem lub kefirem.

PODZIĘKOWANIA

Po pierwsze chcielibyśmy podziękować naszym wydawcom: Virginii „Ginny" Smith, Ann Godoff i całej ekipie wydawnictwa Penguin Press za ich ważną pomoc w przekształcaniu naszego wspólnego pomysłu w realną książkę. Ginny towarzyszyła nam na każdym kroku i w każdym pisanym słowie, ogromnie przysłużyła się do ostatecznego uformowania tej książki. Doktor Andrew Weil był katalizatorem całego pomysłu. To on dostrzegł, że istnieje potrzeba udostępnienia najnowszych badań naukowych szerszemu gronu czytelników. Dziękujemy mu za jego zachętę i przewodnictwo. Richard Pine, nasz agent, w istotny sposób pomagał poruszać się w nieznanym nam świecie wydawania książek. Jesteśmy mu niezmiernie wdzięczni za mądre rady udzielane w ciągu trwania całego przedsięwzięcia.

Dziękujemy wspaniałym kolegom z Uniwersytetu Stanforda i z całego świata za wiele inspirujących dyskusji oraz pomysłów. Lista naszych mentorów i nauczycieli jest zbyt długa, by wymienić wszystkich z imienia i nazwiska, ale jesteśmy ogromnie wdzięczni każdemu z nich, za wszystko, co dla nas zrobili. Badania naukowe, opisywane w tej książce, są zbiorowym wysiłkiem wielu naukowców pracujących nad rozszyfrowaniem tajemnicy ludzkiej mikroflory. Ich kreatywność, inteligencja i wytrwałość zainspirowały nas nie tylko do napisania tej książki, lecz także do kontynuowania badań w ramach tego intensywnie rozwijającego się działu nauk medycznych. Jesteśmy szczególnie wdzięczni naukowcom, których nazwiska przytaczaliśmy na kartach książki, za czas poświęcony na rozmowy z nami o ich pracy i ogólnie o badaniach obejmujących tę dziedzinę. Niektórzy nasi koledzy czytali fragmenty tej książki i dawali nam cenne komentarze oraz podsuwali aktualizacje do najnowszych osiągnięć naukowych. Należą do nich: Kristen Earle, Jon Lynch, Angela Marcobal, Katharine Ng, Sam Smits, Liz Stanley i Weston Whitaker.

Mamy ogromne szczęście zajmować się dziedziną nauki, w której jest niezwykle wielu genialnych, szlachetnych i chętnych do współpracy ludzi. Nasz mentor, doktor Jeffrey Gordon, zasługuje na wyrazy najwyższego uznania. Lata temu zaszczepił w nas pasję do badania mikroflory, a jego konsekwentna praca na tym polu stanowi dla nas źródło nieustannego podziwu i zachwytu. Pokornie dziękujemy dawnym i obecnym pracownikom laboratorium na Uniwersytecie Stanforda. Ich entuzjazm był niezwykle inspirujący, a ich odkrycia wpłynęły na nasz sposób myślenia o mikroflorze.

Ta książka nie mogłaby powstać bez wsparcia naszych przyjaciół i członków rodziny. Dennis i Bonnie Sonnenburgowie oraz Aime i Lisa Dutilowie – to nasi wspaniali rodzice, którym jesteśmy wdzięczni za tak wiele rzeczy, że nie da się wszystkiego tutaj wymienić. Dziękujemy za nieustanne wsparcie – od pomocy przy opiece nad dziećmi po stałą zachętę do dalszej pracy. Na końcu chcieliśmy podziękować największemu źródłu inspiracji – naszym dwóm córkom, Claire i Camille. Ich otwartość na próbowanie dziwnych fermentowanych produktów i jedzenie potraw zdrowych dla mikroflory nauczyła nas, że to kolejne pokolenie jest w stanie zatrzymać, a nawet odwrócić postępujące pogarszanie się sposobu żywienia ludzi Zachodu. Jesteśmy niezwykle dumni z rozkwitającej mądrości dziewczynek, objawiającej się za każdym razem, gdy proszą o dokładkę jarmużu, bo ich mikroflora jest głodna i… bo jest tak smaczny!

ZAŁĄCZNIK

LISTA PRODUKTÓW FERMENTOWANYCH

Szukaj takich, które na opakowaniu mają napis: „zawiera żywe kultury Fermentowane produktu mleczne bakterii".

Fermentowane produkty mleczne

fermentowany twarożek[1]
jogurt naturalny, niesłodzony[2]
kefir
lassi[3]
masło produkowane z kwaśnej śmietany
maślanka,
sery żółte (niektóre)
śmietana francuska[4]
śmietana kwaśna

---

[1] W Polsce nie ma takiego produktu, w Niemczech czy Holandii jest w sklepach pod nazwą kwark/quark. Zawiera żywe kultury bakterii i produkty fermentacji bakteryjnej, nie jest to więc to samo co biały ser czy serek wiejski (przyp. tłum.).
[2] Jogurt naturalny, z pełnotłustego mleka, ale także jogurty o wyższej zawartości tłuszczu (jogurt grecki, bałkański – ok 10% tłuszczu). Dobry jogurt nie zawiera dodatku mleka w proszku.
[3] Indyjski napój przygotowywany z jogurtu, wody i dodatków, np. soli, mięty lub innych ziół, cytryny albo innych owoców (przyp. tłum.).
[4] Świeżo ukwaszona, słodka, ok. 35% zawartości tłuszczu (przyp. tłum.).

Fermentowane produkty warzywne*

buraki kiszone
kapusta kiszona
kimchi[5]
kwas chlebowy
ogórki kiszone
sok z kiszonej kapusty
sok z kiszonych ogórków
zakwas na żurek

Fermentowane nasiona roślin strączkowych*

miso[6]
natto[7]
tempeh[8]

Inne produkty fermentowane

jogurt z mleka roślinnego
kombucha – fermentowana herbata
napoje owocowe wzbogacane probiotykami

* Zwróć uwagę, że podgrzewanie lub gotowanie tych produktów znacznie zmniejszy liczbę probiotycznych mikroorganizmów w nich obecnych.

[5] Tradycyjne danie kuchni koreańskiej z kiszonych warzyw, np. kapusty pekińskiej, rzepy, rzodkiewki, papryki, cebuli, ogórka i innych (przyp. tłum.).
[6] Japońska pasta z fermentowanych ziaren soi (przyp. tłum.).
[7] Japońskie fermentowane całe ziarna soi (przyp. tłum.).
[8] Indonezyjski ser z fermentowanej soi; tofu – typowy serek sojowy – nie jest produktem fermentowanym (przyp. tłum.).

ZALECANE DZIENNE SPOŻYCIE BŁONNIKA WG FDA[9]

Dzieci	
1–3 lat	19 g
4–8 lat	25 g
Chłopcy/mężczyźni	
9–13 lat	31 g
14–18 lat	38 g
19–30 lat	38 g
31–50 lat	38 g
51–70 lat	30 g
>70 lat	30 g
Dziewczynki/kobiety	
9–13 lat	26 g
14–18 lat	26 g
19–30 lat	25 g
31–50 lat	25 g
51–70 lat	21 g
>70 lat	21 g
Kobiety w ciąży	28 g
Kobiety karmiące piersią	29 g

---

[9] Zalecane normy spożycia błonnika w Polsce – patrz przypisy na str. 115 i 210.

ADNOTACJE

Wstęp

s. xvii **W jelicie statystycznego dorosłego Amerykanina...**: T. Yatsunenko i in., *Human Gut Microbiome Viewed across Age and Geography*, „Nature" 486, 2012, s. 222–227.

s. xvii **Na dodatek statystyczny Amerykanin rocznie wydaje...**: *Consumer Expenditures in 2009. U.S. Department of Labor. U.S. Bureau of Labor Statistics*, May 2011, Report 1028.

Rozdział 1: Czym są drobnoustroje i dlaczego należy się nimi przejmować?

s. 2. **Jako przykład szybkiego przystosowania weźmy fakt...**: K.L. Robertson i in., *Adaptation of the Black Yeast* Wangiella Dermatitidis *to Ionizing Radiation: Molecular and Cellular Mechanisms*, „PLoS One" 11, 2012.

s. 9. **Mikroflora Hadza zawiera znacznie większą różnorodność...**: S.L. Schnorr i in., *Gut Microbiome of the Hadza Hunter-Gatherers*, „Nature Communications" 5, 2014.

s. 10. **Mikroflora osób prowadzących tradycyjny...**: T. Yatsunenko i in., *Human Gut Microbiome Viewed across Age and Geography*, „Nature" 486, 2012, s. 222–227.

s. 10. **Dzieci żyjące w rolniczej wiosce...**: C. de Filippo i in., *Impact of Diet in Shaping Gut Microbiota Revealed by a Comparative Study in Children from Europe and Rural Africa*, PNAS USA 107 (33), 2010, s. 14691–14696;

A. Lin i in., *Distinct Distal Gut Microbiome Diversity and Composition in Healthy Children from Bangladesh and the United States*, „PLoS One" 8, 2013.

s. 13. **Owe brakujące geny znaleziono…:** F. Husnik i in., *Horizontal Gene Transfer from Diverse Bacteria to an Insect Genome Enables a Tripartite Nested Mealybug Symbiosis*, „Cell" 7, 2013, s. 1567–1578.

s. 15. **Wysokie temperatury i fermentujące ścieki…:** J.D. Thompson, *The Great Stench or the Fool's Argument*, Yale J. Biol. Med. 64, 1991, s. 529–541.

s. 17. **Jednym z najbardziej niedocenionych odkryć…:** A.I. Kendall, *The Bacteria of the Intestinal Tract of Man*, „Science" 42, 1915, s. 209–212.

s. 18. **Jedno z jej najważniejszych odkryć…:** A.A. Salyers i in., *Fermentation of Mucin and Plant Polysaccharides by Strains of Bacteroides from the Human Colon*, Appl. Environ. Microbiol. 33 (2), 1977, s. 319–322.

s. 21. **Jeśli porównać bakterie fekalne…:** P.B. Eckburg i in., *Diversity of the Human Intestinal Microbial Flora*, „Science" 308, 2005, s. 1635–1638.

s. 23. **Pomimo otaczania ich ogromną troską…:** F. Backhed i in., *The Gut Microbiota as an Environmental Factor That Regulates Fat Storage*, Proc. Natl. Acad. Sci. USA, 101, 2004, s. 15718–15723.

s. 23. **Ponadto zauważyli, że otyłe myszy…:** R.E. Ley i in., *Obesity Alters Gut Microbial Ecology*, Proc. Natl. Acad. Sci. USA, 102, 2005, s. 11070–11075.

s. 24. **Nagle okazało się, że…:** P.J. Turnbaughal. i in., *An Obesity-Associated Gut Microbiome with Increased Capacity for Energy Harvest*, „Nature" 444, 2006, s. 1027–1031.

Rozdział 2: Pierwsze etapy formowania się mikroflory jelitowej

s. 28. **Myszy pozbawione mikroflory:** J. Petersson i in., *Importance and Regulation of the Colonic Mucus Barrier in a Mouse Model of Colitis*, Am. J. Physiol. Gastrointest. Liver Physiol. 300 (2), 2011, s. 327–333.

s. 30. **W porównaniu z dziećmi rodzonymi naturalnie:** M.G. Dominguez-Bello i in., *Delivery Mode Shapes the Acquisition and Structure of the Initial Microbiota across Multiple Body Habitats in Newborns*, Proc. Natl. Acad. Sci. USA, 107 (26), 2010, s. 11971–11975.

s. 31. **Gdy proces nekrozy już się rozpoczął…:** P.W. Lin i B.J. Stoll, *Necrotising Enterocolitis*, „Lancet" 368, 2006, s. 1271–1283.

s. 32. **Wciąż nie wiadomo…:** E.C. Claudal i in., *Bacterial Community Structure and Functional Contributions to Emergence of Health or Necrotizing Enterocolitis in Preterm Infants*, „Microbiome" 1, 2013, s. 20.

s. 32. **A wszystkie przedwcześnie urodzone dzieci…**: Y. Wang i in., *16S rRNA Gene-Based Analysis of Fecal Microbiota from Preterm Infants with and without Necrotizing Enterocolitis*, ISME J. 3 (8), 2009, s. 944–954.

s. 32. **Okazuje się, że u wcześniaków…**: K. Alfaleh i D. Bassler, *Probiotics for Prevention of Necrotizing Enterocolitis in Preterm Infants*, Cochrane Database Syst. Rev. 1, 2008.

s. 32. **Bakterie tego typu wysyłają sygnały…**: W. Tarnow-Mordi i R.F. Soll, *Probiotic Supplementation in Preterm Infants: It Is Time to Change Practice*, J. Pediatr. 164 (5), 2014, s. 959–960.

s. 34. **Zespół badawczy Ruth…**: O. Koren i in., *Host Remodeling of the Gut Microbiome and Metabolic Changes During Pregnancy*, „Cell" 150, 2012, s. 470–480.

s. 36. **W 2007 roku na Uniwersytecie Stanforda…**: C. Palmer i in., *Development of the Human Infant Intestinal Microbiota*, PLoS Biol. 5 (7), 2007, s. 177.

s. 38. **Nieprzypadkowo najsprawniej trawiącymi HMO…**: C. de Filippo i in., *Impact of Diet in Shaping Gut Microbiota Revealed by a Comparative Study in Children from Europe and Rural Africa*, Proc. Natl. Acad. Sci. USA, 107, 2010, s. 14691–14696.

s. 38. **Ale HMO robią znacznie więcej…**: A. Marcobal, *Bacteroides in the Infant Gut Consume Milk Oligosaccharides via Mucus-Utilization Pathways*, „Cell Host Microbe" 10 (5), 2011, s. 507.

s. 38. **Co ciekawe, w mleku matki…**: R. Cabrera-Rubio i in., *The Human Milk Microbiome Changes over Lactation and Is Shaped by Maternal Weight and Mode of Delivery*, Am. J. Clin. Nutr., 96 (3), 2012, s. 544–551.

s. 40. **Grupa naukowców z Holandii…**: C. de Weerthal i in., *Intestinal Microbiota of Infants with Colic: Development and Specific Signatures*, „Pediatrics" 131 (2), 2013, s. 550–558.

s. 41. **Dokumentuje to naukowy opis przypadku…**: J.E. Koenig i in., *Succession of Microbial Consortia in the Developing Infant Gut Microbiome*, Proc. Natl. Acad. Sci. USA, 108, suppl 1, 2011, s. 4578–4585.

s. 47. **Stosowanie antybiotyków u dzieci…**: L. Trasande i in., *Infant Antibiotic Exposures and Early-Life Body Mass*, Int. J. Obes. 37 (1), 2013, s. 16–23; L. Hoskin-Parr i in., *Antibiotic Exposure in the First Two Years of Life and Development of Asthma and Other Allergic Diseases by 7.5 Yr: A Dose-Dependent Relationship*, Pediatr. Allergy Immunol. 24 (8), 2013, s. 762–771.

s. 47. **U myszy laboratoryjnych…**: I. Cho i in., *Antibiotics in Early Life Alter the Murine Colonic Microbiome and Adiposity*, „Nature" 488, 2012, s. 621–626.

s. 48. **Porównanie ponad 11 000 brytyjskich dzieci…**: L. Trasande i in., *Infant Antibiotic Exposures and Early-Life Body Mass*, Int. J. Obes. 37 (1), 2013, s. 16–23.

Rozdział 3: Regulowanie układu odpornościowego

s. 53. **Mazmanian wraz z ekipą wykazał…**: Y.K. Lee i in., *Proinflammatory T-Cell Responses to Gut Microbiota Promote Experimental Autoimmune Encephalomyelitis*, Proc. Natl. Acad. Sci. USA 108, suppl. 1, 2011, s. 4615–4622.

s. 56. **W 1989 roku David Strachan…**: D.P. Strachan, *Hay Fever, Hygiene, and Household Size*, BMJ 299, 1989, s. 1259–1260.

s. 57. **…hipoteza nadmiernej czystości…**: G. Wlasiuk i D. Vercelli, *The Farm Effect, or, When, What and How a Farming Environment Protects from Asthma and Allergic Disease*, Curr. Opin. Allergy Clin. Immunol. 12 (5), 2012, s. 461–466.

s. 58. **Kontakt z triclosanem jest…**: J.H. Savage i in., *Urinary Levels of Triclosan and Parabens Are Associated with Aeroallergen and Food Sensitization*, J. Allergy Clin. Immunol. 130 (2), 2012, s. 453–460.

s. 58. **Co jeszcze gorsze…**: T. Frieden, *Antibiotic Resistance and the Threat to Public Health*, *Energy and Commerce Subcommittee on Health 2010 of United States House of Representatives.*

s. 59. **Ale w domach, gdzie jest pies…**: A.L. Kozyrskyj, P. Ernst i A.B. Becker, *Increased Risk of Childhood Asthma from Antibiotic Use in Early Life*, „Chest" 131 (6), 2007, s. 1753–1759.

s. 59. **Natomiast myszy skolonizowane…**: T. Herbst in., *Dysregulation of Allergic Airway Inflammation in the Absence of Microbial Colonization*, Am. J. Respir. Crit. Care Med. 184 (2), 2011, s. 198–205.

s. 65. **Jeśli przywrócenie mikroflory nastąpi zbyt późno…**: T. Olszak i in., *Microbial Exposure During Early Life Has Persistent Effects on Natural Killer T Cell Function*, „Science" 336, 2012, s. 489–493.

s. 66. **Grupa badawcza Kenyi Hondy…**: K. Atarashi i in., *Treg Induction by a Rationally Selected Mixture of Clostridia Strains from the Human Microbiota*, „Nature" 500, 2013, s. 232–236.

s. 67. **Substancje te pomagają jelitom…**: P.M. Smith i in., *The Microbial Metabolites, short-chain fatty acids, regulate colonic Treg homeostasis*, „Science" 341, 2013, s. 569–573.

s. 69. **Jak pokazały badania prof. Blasera…**: J.C. Atherton i M.J. Blaser, *Coadaptation of Helicobacter Pylori and Humans: Ancient History, Modern Implications*, J. Clin. Invest. 119 (9), 2009, s. 2475–2487.

s. 72. **Właściciele psów mają na swojej skórze...**: S.J. Song i in., *Cohabiting Family Members Share Microbiota with One Another and with Their Dogs*, „Elife" 2, 2013, s. 458.

Rozdział 4: Chwilowi goście

s. 78. **Najwcześniejsze ślady spożywania fermentowanej...**: P.E. McGovern i in., *Fermented Beverages of Pre-and Proto-Historic China*, Proc. Natl. Acad. Sci. USA, 101 (51), 2004, s. 17593–17598.

s. 79. **W 1908 roku zebrał swoje dokonania...**: E. Metchnikoff i P. Chalmers-Mitchell, *The Prolongation of Life: Optimistic Studies*, Heinemann, Londyn 1908.

s. 82. **Aby sprawdzić tę hipotezę...**: D. Merenstein i in., *Use of a Fermented Dairy Probiotic Drink Containing Lactobacillus Casei (DN-114 001) to Decrease the Rate of Illness in Kids: The Drink Study. A Patient-Oriented, Double-Blind, Cluster-Randomized, Placebo-Controlled, Clinical Trial*, Eur. J. Clin. Nutr. 64 (7), 2010, s. 669–677.

s. 82. **Liczne eksperymenty udowodniły...**: S.J. Allen i in., *Probiotics for Treating Acute Infectious Diarrhoea*, Cochrane Database Syst. Rev. 11, 2010.

s. 83. **Inne badania, w których uczestniczyły tysiące...**: Q. Hao i in., *Probiotics for Preventing Acute Upper Respiratory Tract Infections*, Cochrane Database Syst. Rev. 9, 2011.

s. 90. **W wielu wypadkach rodzaj i liczba...**: M.E. Sanders i J.T. Heimbach, *Functional Foods in the USA: Emphasis on Probiotic Foods*, Food Sci. Technol. Bull. 1 (8), 2004, s. 1–10.

s. 95. ***Faecalibacterium Prausnitzii...***: Y. Cao, J. Shen i Z.H. Ran, *Association between Faecalibacterium Prausnitzii Reduction and Inflammatory Bowel Disease: A Meta-Analysis and Systematic Review of the Literature*, Gastroenterol. Res. Pract. 2014; T. Fujimoto i in., *Decreased Abundance of Faecalibacterium Prausnitzii in the Gut Microbiota of Crohn's Disease*, J. Gastroenterol. Hepatol 28 (4), 2013, s. 613–619; K. Machiels i in., *A Decrease of the Butyrate-Producing Species Roseburia Hominis and Faecalibacterium Prausnitzii Defines Dysbiosis in Patients with Ulcerative Colitis*, Gut. 63 (8), 2014, s. 1275–1283; R. Balamurugan i in., *Real-Time Polymerase Chain Reaction Quantification of Specific Butyrate-Producing Bacteria, Desulfovibrio and Enterococcus Faecalis in the Feces of Patients with Colorectal Cancer*, J. Gastroenterol. Hepatol. 23 (8), 2008, s. 1298–1303.

s. 95. **U myszy posiadających tę bakterię...**: H. Sokol i in., *Faecalibacterium Prausnitzii Is an Anti-Inflammatory Commensal Bacterium Identified by Gut*

Microbiota Analysis of Crohn Disease Patients, Proc. Natl. Acad. Sci. USA 105 (43), 2008, s. 16731–16736.

s. 96. **W praktyce geofagia może być...**: R.M. Reid, *Cultural and Medical Perspectives on Geophagia*, Med. Anthropol. 13 (4), 1992, s. 337–351.

s. 96. **Istnieje nieco dowodów...**: A.C. Bittner, R.M. Croffut i M.C. Stranahan, *Prescript-Assist Probiotic-Prebiotic Treatment for Irritable Bowel Syndrome: A Methodologically Oriented, 2-Week, Randomized, Placebo-Controlled, Double--Blind Clinical Study*, Clin. Ther. 27 (6), 2005, s. 755–761.

Rozdział 5: Miliardy gęb do wykarmienia

s. 102. **Termin „błonnik pokarmowy" jest dosyć nieścisły...**: E.D. Sonnenburg i J.L. Sonnenburg, *Starving Our Microbial Self: The Deleterious Consequences of a Diet Deficient in Microbiota-Accessible Carbohydrates*, Cell Metab., 2014.

s. 106. **Nieustannie wydłuża się lista sposobów...**: W.R. Russell i in., *Colonic Bacterial Metabolites and Human Health*, Curr. Opin. Microbiol. 16 (3), 2013, s. 246–254.

s. 108. **Już niemal 100 lat temu...**: J.C. Torrey, *The Regulation of the Intestinal Flora of Dogs through Diet*, J. Med. Res. 39 (3), 1919, s. 415–447.

s. 108. **W swojej książce *The Saccharine Disease*...**: T.L. Cleave, *The Saccharine Disease: Conditions Caused by the Taking of Refined Carbohydrates, Such asSugar and White Flour*, Keats Publishing, 1975.

s. 109. **Prace Burkitta i wielu innych...**: H.C. Trowell i D.P. Burkitt, *The Development of the Concept of Dietary Fibre*, Mol. Aspects Med. 9 (1), 1987, s. 7–15.

s. 111. **W pokarmie roślinnym zjadanym przez człowieka...**: E.C. Martens i in., *The Devil Lies in the Details: How Variations in Polysaccharide Fine-Structure Impact the Physiology and Evolution of Gut Microbes*, J. Mol. Biol., 2014.

s. 114. **Niektóre z tych definicji...**: K. Raninen i in., *Dietary Fiber Type Reflects Physiological Functionality: Comparison of Grain Fiber, Inulin, and Polydextrose*, Nutr. Rev. 69 (1), 2011, s. 9–21.

s. 114. **Według Organizacji ds. Wyżywienia i Rolnictwa...**: D. Dhingra i in., *Dietary Fibre in Foods: A Review*, J. Food Sci. Technol. 49 (3), 2012, s. 255–266; S. Westenbrink, K. Brunt i J.W. van der Kamp, *Dietary Fibre: Challenges in Production and Use of Food Composition Data*, Food Chem. 140 (3), 2013, s. 562–567.

s. 115. **W okresach, gdy spożywamy mało błonnika...**: J.L. Sonnenburg i in., *Glycan Foraging in Vivo by an Intestine-Adapted Bacterial Symbiont*, „Science" 307, 2005, s. 1955–1959.

s. 116. **Mimo że nieznane są jeszcze długoterminowe skutki...:** M.E. Johansson i in., *Bacteria Penetrate the Normally Impenetiable Inner Colon Mucus Layer in Both Murine Colitis Models and Patients with Ulcerative Colitis*, „Gut" 63 (2), 2014, s. 281–291.

s. 117. **W 2010 roku grupa naukowców...:** J.H. Hehemann i in., *Bacteria of the Human Gut Microbiome Catabolize Red Seaweed Glycans with Carbohydrate--Active Enzyme Updates from Extrinsic Microbes*, Proc. Natl. Acad. Sci. USA 109 (48), 2012, s. 19786–19791.

s. 118. **W badaniu opublikowanym w 2013 roku...:** E. Le Chatelier i in., *Richness of Human Gut Microbiome Correlates with Metabolic Markers*, „Nature" 500, 2013, s. 541–546.

s. 119. **W podobnym badaniu przeprowadzonym we Francji...:** A. Cotillard i in., *Dietary Intervention Impact on Gut Microbial Gene Richness*, „Nature" 500, 2013, s. 585–588.

s. 119. **W 2013 roku dr Jeffrey Gordon z Uniwersytetu w Waszyngtonie...:** V.K. Ridaura i in., *Gut Microbiota from Twins Discordant for Obesity Modulate Metabolism in Mice*, „Science" 341, 2013, s. 12412–12414.

s. 123. **Eskimosi z okręgu Angmagssalik dostają bólów brzucha...:** K.E. Kuoliok, *Food and Emergency Food in the Circumpolar Area*, Almquist och Wiksell 1969.

s. 125. **Już w ciągu czterech tygodni...:** W.R. Russell i in., *High-Protein, Reduced--Carbohydrate Weight-Loss Diets Promote Metabolite Profiles Likely to Be Detrimental to Colonic Health*, Am. J. Clin. Nutr. 93 (5), 2011, s. 1062–1072.

s. 125. **Mikroflora mięsożerców...:** R.A. Koeth i in., *Intestinal Microbiota Metabolism of L-Carnitine, a Nutrient in Red Meat, Promotes Atherosclerosis*, Nat. Med. 19 (5), 2013, s. 576–585.

Rozdział 6: Podszepty wewnętrznego głosu

s. 130. **Badacze spostrzegli, że sterylne myszy...:** K.M. Neufeld i in., *Reduced Anxiety-Like Behavior and Central Neurochemical Change in Germ-Free Mice*, Neurogastroenterol. Motil. 23 (3), 2011, s. 255–264.

s. 131. **Obserwując te wyjątkowo odważne sterylne myszy...:** R. Diaz Heijtz i in., *Normal Gut Microbiota Modulates Brain Development and Behavior*, Proc. Natl. Acad. Sci. USA 108 (7), 2011, s. 3047–3052.

s. 131. **Pewna grupa badaczy przeprowadziła testy na pamięć...:** M.G. Gareau i in., *Bacterial Infection Causes Stress-Induced Memory Dysfunction in Mice*, „Gut" 60 (3), 2011, s. 307–317.

s. 132. **W 2011 roku grupa naukowców z kanadyjskiego Uniwersytetu McMaster…**: P. Bercik i in., *The Intestinal Microbiota Affect Central Levels of Brain-Derived Neurotropic Factor and Behavior in Mice*, „Gastroenterology" 141 (2), 2011, s. 599–609.

s. 136. **Jeśli wątroba przestaje funkcjonować prawidłowo…**: S.M. Riordan i R. Williams, *Gut Flora and Hepatic Encephalopathy in Patients with Cirrhosis*, N. Engl. J. Med. 362, 2010, s. 1140–1142.

s. 136. **Zanim laktuloza i rifaksimina stały się dostępne…**: G.W. Johnston i H.W. Rodgers, *Treatment of Chronic Portal-Systemic Encephalopathy by Colectomy*, Br. J. Surg. 52, 1965, s. 424–426.

s. 136. **Nerki także eliminują z krwi…**: P.A. Aronov i in., *Colonic Contribution to Uremic Solutes*, J. Am. Soc. Nephrol. 22 (9), 2011, s. 1769–1776.

s. 137. **Naukowcy z Kliniki w Cleaveland w Ohio odkryli…**: Z. Wang i in., *Gut Flora Metabolism of Phosphatidylcholine Promotes Cardiovascular Disease*, „Nature" 472, 2011, s. 57–63.

s. 137. **W dalszych badaniach naukowcy odkryli…**: R.A. Koeth i in., *Intestinal Microbiota Metabolism of L-Carnitine, a Nutrient in Red Meat, Promotes Atherosclerosis*, Nat. Med. 19 (5), 2013, s. 576–585.

s. 139. **Jeśli wywołasz stres lub depresję u zwierzęcia…**: S.M. O'Mahony i in., *Maternal Separation as a Model of Brain-Gut Axis Dysfunction*, „Psychopharmacology" 214 (1), 2011, s. 71–88.

s. 140. **Stres wywołany odseparowaniem od matki…**: S.M. O'Mahony i in., *Early Life Stress Alters Behavior, Immunity, and Microbiota in Rats: Implications for Irritable Bowel Syndrome and Psychiatric Illnesses*, Biol. Psychiatry 65, 2009, s. 263–267.

s. 140. **Niemowlęta rezusów odseparowane od matek…**: M.T. Bailey i C.L. Coe, *Maternal Separation Disrupts the Integrity of the Intestinal Microflora in Infant Rhesus Monkeys*, Dev. Psychobiol. 35 (2), 1999, s. 146–155.

s. 140. **Myszy zainfekowane patogenami jelitowymi…**: M. Lyte i in., *Induction of Anxiety-Like Behavior in Mice During the Initial Stages of Infection with the Agent of Murine Colonic Hyperplasia Citrobacter Rodentium*, Physiol. Behav. 89 (3), 2006, s. 350–357; L.E. Goehler i in., *Campylobacter Jejuni Infection Increases Anxiety-Like Behavior in the Holeboard: Possible Anatomical Substrates for Viscerosensory Modulation of Exploratory Behavior*, Brain Behav. Immun. 22 (3), 2008, s. 354–366.

s. 141. **Wstępne badania na ludziach…**: A.V. Rao i in., *A Randomized, Double--Blind, Placebo-Controlled Pilot Study of a Probiotic in Emotional Symptoms of Chronic Fatigue Syndrome*, Gut Pathog. 1, 2009, s. 6; L. O'Mahony i in.,

Lactobacillus and Bifidobacterium in Irritable Bowel Syndrome: Symptom Responses and Relationship to Cytokine Profiles, „Gastroenterology" 128 (3), 2005, s. 54–51.

s. 141. **Nawet zdrowi ochotnicy…**: M. Messaoudi i in., *Assessment of Psychotropic-Like Properties of a Probiotic Formulation (Lactobacillus Helveticus R0052 and Bifidobacterium Longum R0175) in Rats and Human Subjects*, Br. J. Nutr. 105 (5), 2011, s. 755–764.

s. 142. **Chociaż zauważono pewne różnice…**: X. Cao i in., *Characteristics of the Gastrointestinal Microbiome in Children with Autism Spectrum Disorder: A Systematic Review*, Shanghai Arch. Psychiatry 25 (6), 2013, s. 342–353.

s. 142. **W 2013 roku grupa naukowców z Caltech…**: E.Y. Hsiao i in., *Microbiota Modulate Behavioral and Physiological Abnormalities Associated with Neurodevelopmental Disorders*, „Cell" 155, 2013, s. 1451–1463.

s. 146. **W 2013 roku grupa naukowców z UCLA…**: K. Tillisch i in., *Consumption of Fermented Milk Product with Probiotic Modulates Brain Activity*, „Gastroenterology" 144 (7), 2013, s. 1394–1401.

s. 150. **„Sposób, w jaki różnice w naszym mikrobowym świecie…**: T. Insel, *The Top Ten Research Advances of 2012*, National Institute of Mental Health Director's Blog 2012.

Rozdział 7: Zjedz kupę i żyj

s. 152. **W sumie Amerykanie doświadczają…**: H.L. DuPont, *Acute Infectious Diarrhea in Immunocompetent Adults*, New Engl. J. Med. 370, 2014, s. 1532.

s. 154. **CDAD jest odpowiedzialne za śmierć…**: L.C. McDonald i in., *Vital Signs: Preventing Clostridium difficile Infections*, MMWR Morb. Mortal Wkly. Rep. 61 (90), 2012, s. 157–162.

s. 154. **W warunkach szpitalnych liczba ta rośnie…**: M. Goudarzi i in., *Clostridium difficile Infection: Epidemiology, Pathogenesis, Risk Factors, and therapeutic options*, „Scientifica", 2014.

s. 155. **W 2013 roku grupa naukowców i lekarzy…**: E. van Nood i in., *Duodenal Infusion of Donor Feces for Recurrent Clostridium Difficile*, N. Engl. J. Med. 368 (5), 2013, s. 407–415.

s. 157. **W 1958 roku dr Ben Eiseman…**: B. Eiseman, B. i in., *Fecal Enema as an Adjunct in the Treatment of Pseudomembranous Enterocolitis*, „Surgery" 44 (5), 1958, s. 854–859.

s. 157. **...już w IV wieku w Chinach!**: F. Zhang i in., *Should We Standardize the 1,700-Year-Old Fecal Microbiota Transplantation?*, Am. J. Gastroenterol. 107 (11), 2012, s. 1755.

s. 159. **David Relman i Les Dethlefsen...**: L. Dethlefsen i D.A. Relman, *Incomplete Recovery and Individualized Responses of the Human Distal Gut Microbiota to Repeated Antibiotic Perturbation*, Proc. Natl. Acad. Sci. USA 108, suppl. 1, 2011, s. 4554–4561.

s. 162. **W zdrowej, odpornej na kolonizację mikroflorze...**: K.M. Ng i in., *Microbiota-Liberated Host Sugars Facilitate Post-Antibiotic Expansion of Enteric Pathogens*, „Nature" 502, 2013, s. 96–99.

s. 165. **Odkrył, że i biegunka, i zaparcia...**: P.C. Kashyap i in., *Complex Interactions among Diet, Gastrointestinal Transit, and Gut Microbiota in Humanized Mice*, „Gastroenterology" 144 (5), 2013, s. 967–977.

s. 166. **Większość lekarzy przeprowadza testy...**: M.B. Smith, C. Kelly i E.J. Alm, *Policy: How to Regulate Faecal Transplants*, „Nature" 506, 2014, s. 290–291.

s. 167. **Pilotażowe, przeprowadzone na małą skalę badanie...**: A. Vrieze i in., *Transfer of Intestinal Microbiota from Lean Donors Increases Insulin Sensitivity in Individuals with Metabolic Syndrome*, „Gastroenterology" 143 (4), 2012, s. 913–916.

s. 167. **Zastosowanie FMT u osób ze stanami zapalnymi jelit...**: E. van Nood i in., *Fecal Microbiota Transplantation: Facts and Controversies*, Curr. Opin. Gastroenterol. 30 (1), 2014, s. 34–39.

s. 170. **Grupa naukowców stworzyła mieszankę...**: E.O. Petrof i in., *Stool Substitute Transplant Therapy for the Eradication of Clostridium Difficile Infection: 'Repoopulating' the Gut*, „Microbiome" 1, 2013, s. 3.

s. 172. **Wstępne doniesienia wskazują...**: A. Vrieze i in., *Transfer of Intestinal Microbiota from Lean Donors Increases Insulin Sensitivity in Individuals with Metabolic Syndrome*, „Gastroenterology" 143 (4), 2012, s. 913–916 ; M. Nieuwdorp, A. Vrieze i W.M. de Vos, *Reply to Konstantinov and Peppelenbosch*, „Gastroenterology" 144 (4), 2013, s. 20–21.

s. 172. **Standardową terapię stanowi oczywiście podawanie antybiotyków...**: G.H. Rabbani i in., *Green Banana Reduces Clinical Severity of Childhood Shigellosis: A Double-Blind, Randomized, Controlled Clinical Trial*, Pediatr. Infect. Dis. J. 28 (5), 2009, s. 420–425.

Rozdział 8: Starzejąca się mikroflora

s. 176. **Jeśli pobrałbyś próbkę swojej mikroflory...:** J.J. Faith i in., *The Long-Term Stability of the Human Gut Microbiota*, „Science" 341, 2013.

s. 176. **Wydaje się, że jeśli pewne gatunki mikrobów...:** S.M. Lee i in., *Bacterial Colonization Factors Control Specificity and Stability of the Gut Microbiota*, „Nature" 501, 2013, s. 426–429.

s. 178. **W 2007 roku grupa naukowców z uniwersytetu College Cork...:** M.J. Claesson i in., *Gut Microbiota Composition Correlates with Diet and Health in the Elderly*, „Nature" 488, 2012, s. 178–184.

s. 180. **Podobne badania prowadzone na populacjach seniorów...:** S. Mueller i in., *Differences in Fecal Microbiota in Different European Study Populations in Relation to Age, Gender, and Country: A Cross-Sectional Study*, Appl. Environ Microbiol. 72 (2), 2006, s. 1027–1033.

s. 182. **Myszy laboratoryjne, karmione dietą...:** S. Devkota i in., *Dietary-Fat-Induced Taurocholic Acid Promotes Pathobiont Expansion and Colitis in Il10-/-Mice*, „Nature" 487, 2012, s. 104–108.

s. 183. **Badania na myszach laboratoryjnych...:** C.C. Evans i in., *Exercise Prevents Weight Gain and Alters the Gut Microbiota in a Mouse Model of High Fat Diet-Induced Obesity*, „PLoS One" 9 (3), 2014.

s. 184. **Naukowcy badający myszy, którym podawano...:** S. Viaud i in., *The Intestinal Microbiota Modulates the Anticancer Immune Effects of Cyclophosphamide*, „Science" 342, 2013, s. 971–976.

s. 185. **Grupa naukowców badała dwa leki...:** N. Iida i in., *Commensal Bacteria Control Cancer Response to Therapy by Modulating the Tumor Microenvironment*, „Science" 342, 2013, s. 967–970.

s. 188. **Przedawkowanie paracetamolu jest główną przyczyną...:** R.J. Fontana, *Acute Liver Failure including Acetaminophen Overdose*, Med. Clin. North. Am. 92 (2), 2008, s. 761–794.

s. 189. **Badając, jak szybko paracetamol jest wydalany...:** T.A. Clayton i in., *Pharmacometabonomic Identification of a Significant Host-Microbiome Metabolic Interaction Affecting Human Drug Metabolism*, Proc. Natl. Acad. Sci. USA 106 (34), 2009, s. 14728–14733.

s. 190. **Uważa się, że Vincent van Gogh cierpiał...:** P. Wolf, *Creativity and Chronic Disease: Vincent Van Gogh (1853–1890)*, West J. Med. 175 (5), 2001, s. 348.

s. 191. **Myszy mające bakterię *E. lenta* i będące na diecie wysokobiałkowej...:** H.J. Haiser i in., *Predicting and Manipulating Cardiac Drug Inactivation by the Human Gut Bacterium Eggerthella Lenta*, „Science" 341, 2013, s. 295–298.

s. 192. **Stulatkowie mają profil mikroflory…**: E. Biagi i in., *Through Ageing, and Beyond: Gut Microbiota and Inflammatory Status in Seniors and Centenarians*, „PLoS One" 5, 2010.

s. 192. **W praktyce zwiększenie konsumpcji błonnika u osób w przedziale wieku…**: A. Cuervo i in., *Fiber from a Regular Diet Is Directly Associated with Fecal Short-Chain Fatty Acid Concentrations in the Elderly*, Nutr. Res. 33 (10), 2013, s. 811–816.

Rozdział 9: Zarządzanie własnym bioreaktorem fermentacyjnym

s. 197. **A tak w rzeczywistości nie jest.**: P.J. Turnbaugh i in., *A Core Gut Microbiome in Obese and Lean Twins*, „Nature" 457, 2009, s. 480–484.

s. 200. **Z początku wprawdzie wymaga to wiele pracy…**: S. Ip i in., *Breastfeeding and Maternal and Infant Health Outcomes in Developed Countries*, Evid. Rep. Technol. Assess. 153, 2007, s. 1–186.

s. 201. **Dzieci wychowywane na wsi…**: G. Wlasiuk i D. Vercelli, *The Farm Effect, or, When, What and How a Farming Environment Protects from Asthma and Allergic Disease*, Curr. Opin. Allergy Clin. Immunol. 12 (5), 2012, s. 461–466.

s. 203. **Niedawne badanie pokazało, że maluchy…**: B. Hesselmar i in., *Pacifier Cleaning Practices and Risk of Allergy Development*, „Pediatrics" 131 (6), 2013, s. 1829–1837.

s. 206. **Osoby z nadwagą i otyłe, będące na diecie…**: A. Cotillard i in., *Dietary Intervention Impact on Gut Microbial Gene Richness*, „Nature" 500, 2013, s. 585–588.

BIBLIOGRAFIA

Alfaleh K. i Bassler D., *Probiotics for Prevention of Necrotizing Enterocolitis in Preterm Infants*, Cochrane Database Syst. Rev. 1, 2008.

Allen S.J. i in., *Probiotics for Treating Acute Infectious Diarrhoea*, Cochrane Database Syst. Rev. 11, 2010.

Alvarez-Acosta T. i in., *Beneficial Role of Green Plantain [Musa paradisiaca] in the Management of Persistent Diarrhea: A Prospective Randomized Trial*, J. Am. Coll. Nutr. 28 (2), 2009, s. 169–176.

Aronov P.A. i in., *Colonic Contribution to Uremic Solutes*, J. Am. Soc. Nephrol. 22 (9), 2011, s. 1769–1776.

Atarashi K. i in., *Treg Induction by a Rationally Selected Mixture of Clostridia Strains from the Human Microbiota*, „Nature" 500, 7461, 2013, s. 232–236.

Atherton, J.C. i Blaser M.J., *Coadaptation of Helicobacter Pylori and Humans: Ancient History, Modern Implications*, J. Clin. Invest. 119 (9), 2009, s. 2475–2487.

Backhed F. i in., *The Gut Microbiota as an Environmental Factor That Regulates Fat Storage*, Proc. Natl. Acad. Sci. USA 101 (44), 2004, s. 15718–15723.

Bailey M.T. i Coe C.L., *Maternal Separation Disrupts the Integrity of the Intestinal Microflora in Infant Rhesus Monkeys*, Dev. Psychobiol 35 (2), 1999, s. 146–155.

Balamurugan R. i in., *Real-Time Polymerase Chain Reaction Quantification of Specific Butyrate-Producing Bacteria, Desulfovibrio and Enterococcus Faecalis in the Feces of Patients with Colorectal Cancer*, J. Gastroenterol. Hepatol. 23 (8), 2008, s. 1298–1303.

Bercik P. i in., *The Intestinal Microbiota Affect Central Levels of Brain-Derived Neurotropic Factor and Behavior in Mice*, „Gastroenterology" 141 (2), 2011, s. 599–609.

Biagi E. i in., *Through Ageing, and Beyond: Gut Microbiota and Inflammatory Status in Seniors and Centenarians*, „PLoS One" 5, 2010.

Bittner, A.C., Croffut RM,. Stranahan M.C., *Prescript-Assist Probiotic-Prebiotic Treatment for Irritable Bowel Syndrome: A Methodologically Oriented, 2-Week, Randomized, Placebo-Controlled, Double-Blind Clinical Study*, Clin. Ther. 27 (6), 2005, s. 755–761.

Cabrera-Rubio R. i in., *The Human Milk Microbiome Changes over Lactation and Is Shaped by Maternal Weight and Mode of Delivery*, Am. J. Clin, Nutr. 96 (3), 2012, s. 544–551.

Cao X. i in., *Characteristics of the Gastrointestinal Microbiome in Children with Autism Spectrum Disorder: A Systematic Review*, Shanghai Arch. Psychiatry 25 (6), 2013, s. 342–353.

Cao Y., Shen J., Ran Z. H., *Association between Faecalibacterium Prausnitzii Reduction and Inflammatory Bowel Disease: A Meta-Analysis and Systematic Review of the Literature*, Gastroenterol. Res. Pract., 2014.

Cho I. i in., *Antibiotics in Early Life Alter the Murine Colonic Microbiome and Adiposity*, „Nature" 488, 2012, s. 621–626.

Claesson M.J. i in., *Gut Microbiota Composition Correlates with Diet and Health in the Elderly*, „Nature" 488, 2012, s. 178–184.

Claud E.C. i in., *Bacterial Community Structure and Functional Contributions to Emergence of Health or Necrotizing Enterocolitis in Preterm Infants*, „Microbiome 1.1", 2013, s. 20.

Clayton T.A. i in., *Pharmacometabonomic Identification of a Significant Host-Microbiom Metabolic Interaction Affecting Human Drug Metabolism*, Proc. Natl. Acad. Sci. USA 106 (34), 2009, s. 14728–14733.

Cleave T.L., *The Saccharine Disease: Conditions Caused by the Taking of Refined Carbohydrates, Such as Sugar and White Flour*, Keats Publishing 1975.

Cotillard A. i in., *Dietary Intervention Impact on Gut Microbial Gene Richness*, „Nature" 500, 2013, s. 585–588.

Cuervo A. i in., *Fiber from a Regular Diet Is Directly Associated with Fecal Short-Chain Fatty Acid Concentrations in the Elderly*, Nutr. Res. 33 (10), 2013, s. 811–816.

Dethlefsen L. i in., *The Pervasive Effects of an Antibiotic on the Human Gut Microbiota, as Revealed by Deep 16S rRNA Sequencing*, PLoS Biol. 6, 2008.

Dethlefsen L. i Relman D.A., *Incomplete Recovery and Individualized Responses of the Human Distal Gut Microbiota to Repeated Antibiotic Perturbation*, Proc. Natl. Acad. Sci. USA 108, Suppl 1, 2011, s. 4554–4561.

Devkota S. i in., *Dietary-Fat-Induced Taurocholic Acid Promotes Pathobiont Expansion and Colitis in Il10-/-Mice*, „Nature" 487, 2012, s. 104–108.

Dhingra D. i in., *Dietary Fibre in Foods: A Review*, J. Food Sci. Technol. 49 (3), 2012, s. 255–266.

Diaz Heijtz, R. i in., *Normal Gut Microbiota Modulates Brain Development and Behavior*, Proc. Natl. Acad. Sci. USA 108 (7), 2011, s. 3047–3052.

Dominguez-Bello, M.G. i in., *Delivery Mode Shapes the Acquisition and Structure of the Initial Microbiota across Multiple Body Habitats in Newborns*, Proc. Natl. Acad. Sci. USA 107 (26), 2010, s. 11971–11975.

Eckburg P.B. i in., *Diversity of the Human Intestinal Microbial Flora*, „Science" 308, 2005, s. 1635–1638.

Eiseman B. i in., *Fecal Enema as an Adjunct in the Treatment of Pseudomembranous Enterocolitis*, „Surgery" 44 (5), 1958, s. 854–859.

Evans C.C. i in., *Exercise Prevents Weight Gain and Alters the Gut Microbiota in a Mouse Model of High Fat Diet-Induced Obesity*, „PLoS One" 9 (3), 2014.

Faith J.J. i in., *The Long-Term Stability of the Human Gut Microbiota*, „Science" 341 (6141), 2013.

De Filippo C. i in., *Impact of Diet in Shaping Gut Microbiota Revealed by a Comparative Study in Children from Europe and Rural Africa*, Proc. Natl. Acad. Sci. USA 107 (33), 2010, s. 14691–1496.

Fontana R.J., *Acute Liver Failure Including Acetaminophen Overdose*, Med. Clin. North Am. 92 (2), 2008, s. 761–794.

Frieden T., *Antibiotic Resistance and the Threat to Public Health*, Energy and Commerce Subcommittee on Health 2010 of United States House of Representatives.

Fujimoto T. i in., *Decreased Abundance of Faecalibacterium prausnitzii in the Gut Microbiota of Crohn's Disease*, J. Gastroenterol. Hepatol. 28 (2), 2013, s. 613–619.

Gareau M.G. i in., *Bacterial Infection Causes Stress-Induced Memory Dysfunction in Mice*, „Gut" 60 (3), 2011, s. 307–317.

Goehler L.E. i in., *Campylobacter Jejuni Infection Increases Anxiety-Like Behavior in the Holeboard: Possible Anatomical Substrates for Viscerosensory Modulation of Exploratory Behavior*, Brain Behav. Immun. 22 (3), 2008, s. 354–366.

Goudarzi M. i in., *Clostridium difficile Infection: Epidemiology, Pathogenesis, Risk Factors, and Therapeutic Options*, „Scientifica" 2014.

Haiser H.J. i in., *Predicting and Manipulating Cardiac Drug Inactivation by the Human Gut Bacterium Eggerthella Lenta*, „Science" 341, 2013, s. 295–298.

Hao Q. i in., *Probiotics for Preventing Acute Upper Respiratory Tract Infections*, Cochrane Database Syst. Rev. 9, 2011.

Hehemann J.H. i in., *Bacteria of the Human Gut Microbiome Catabolize Red Seaweed Glycans with Carbohydrate-Active Enzyme Updates from Extrinsic Microbes*, Proc. Natl. Acad. Sci. USA 109 (48), 2012, s. 19786–19791.

Herbst, T. i in., *Dysregulation of Allergic Airway Inflammation in the Absence of Microbial Colonization*, Am. J. Respir. Crit. Care Med. 184 (2), 2011, s. 198–205.

Hesselmar B. i in., *Pacifier Cleaning Practices and Risk of Allergy Development*, „Pediatrics" 131 (6), 2013, s. 1829–1837.

Hoskin-Parr L. i in., *Antibiotic Exposure in the First Two Years of Life and Development of Asthma and Other Allergic Diseases by 7.5 Yr: A Dose-Dependent Relationship*, Pediatr. Allergy Immunol. 24 (8), 2013, s. 762–771.

Hsiao E.Y. i in., *Microbiota Modulate Behavioral and Physiological Abnormalities Associated with Neurodevelopmental Disorders*, „Cell" 155 (7), 2013, s. 1451–1463.

Husnik F. i in., *Horizontal Gene Transfer from Diverse Bacteria to an Insect Genome Enables a Tripartite Nested Mealybug Symbiosis*, „Cell" 153 (7), 2013, s. 1567–1578.

Iida N. i in., *Commensal Bacteria Control Cancer Response to Therapy by Modulating the Tumor Microenvironment*, „Science" 342, 2013, s. 967–970.

Insel T., *The Top Ten Research Advances of 2012*, National Institute of Mental Health Director's Blog 2012.

Ip S. i in., *Breastfeeding and Maternal and Infant Health Outcomes in Developed Countries*, Evid. Rep. Technol. Assess. (Full Rep.) 153, 2007, s. 1–186.

Johansson M.E. i in., *Bacteria Penetrate the Normally Impenetrable Inner Colon Mucus Layer in Both Murine Colitis Models and Patients with Ulcerative Colitis*, „Gut" 63 (2), 2014, s. 281–291.

Johnston G.W i. Rodgers H.W., *Treatment of Chronic Portal-Systemic Encephalopathy by Colectomy*, Br. J. Surg. 52, 1965, s. 424–426.

Kashyap P.C. i in., *Complex Interactions among Diet, Gastrointestinal Transit, and Gut Microbiota in Humanized Mice*, „Gastroenterology" 144 (5), 2013, s. 967–977.

Kendall, A. I., *The Bacteria of the Intestinal Tract of Man*, „Science" 42, 1915, s. 209–212.

Koenig J.E. i in., *Succession of Microbial Consortia in the Developing Infant Gut Microbiome*, Proc. Natl. Acad. Sci. USA 108, Suppl 1, 2011, s. 4578–4585.

Koeth R.A. i in., *Intestinal Microbiota Metabolism of L-Carnitine, a Nutrient in Red Meat, Promotes Atherosclerosis*, Nat. Med. 19 (5), 2013, s. 576–585.

Koren O. i in., *Host Remodeling of the Gut Microbiome and Metabolic Changes During Pregnancy*, „Cell" 150 (3) 2012, s. 470–480.

Kozyrskyj, A.L., Ernst P., Becker A.B., *Increased Risk of Childhood Asthma from Antibiotic Use in Early Life*, „Chest" 131 (6), 2007, s. 1753–1759.

Kuoliok K E, *Food and Emergency Food in the Circumpolar Area*, Almquist och Wiksell 1969.

Le Chatelier E. i in., *Richness of Human Gut Microbiome Correlates with Metabolic Markers*, „Nature" 500, 2013, s. 541–546.

Lee S.M. i in., *Bacterial Colonization Factors Control Specificity and Stability of the Gut Microbiota*, „Nature" 501, 2013, s. 426–429.

Lee Y.K. i in., *Proinflammatory T-Cell Responses to Gut Microbiota Promote Experimental Autoimmune Encephalomyelitis*, Proc. Natl. Acad. Sci. USA 108, Suppl 1, 2011, s. 4615–4622.

Lewis S.J. i Heaton K.W., *Stool Form Scale as a Useful Guide to Intestinal Transit Time*, Scand. J. Gastroenterol. 32 (9), 1997, s. 920–924.

Ley R.E. i in., *Obesity Alters Gut Microbial Ecology*, Proc. Natl. Acad. Sci. USA 102 (31), 2005, s. 11070–11075.

Lin A. i in., *Distinct Distal Gut Microbiome Diversity and Composition in Healthy Children from Bangladesh and the United States*, „PLoS One" 8 , 2013.

Lin P.W. i Stoll B.J., *Necrotising Enterocolitis*, „Lancet" 368, 2006, s. 1271–1283.

Lyte, M. i in., *Induction of Anxiety-Like Behavior in Mice During the Initial Stages of Infection with the Agent of Murine Colonic Hyperplasia Citrobacter Rodentium*, Physiol. Behav. 89 (3), 2006, s. 350–357.

Machiels K. i in., *A Decrease of the Butyrate-Producing Species Roseburia Hominis and Faecalibacterium Prausnitzii Defines Dysbiosis in Patients with Ulcerative Colitis*, „Gut" 63 (8), 2014, s. 1275–1283.

Marcobal A., *Bacteroides in the Infant Gut Consume Milk Oligosaccharides via Mucus--Utilization Pathways*, „Cell Host Microbe" 10 (5), 2011, s. 507–514.

Martens E.C. i in., *The Devil Lies in the Details: How Variations in Polysaccharide Fine--Structure Impact the Physiology and Evolution of Gut Microbes*, J. Mol. Biol., 2014.

McDonald L.C. i in., *Vital Signs: Preventing Clostridium difficile Infections*, MMWR Morb. Mortal Wkly. Rep. 61 (9) 2012, s. 1157–1167.

McGovern P.E. i in., *Fermented Beverages of Pre- and Proto-Historic China*, Proc. Natl. Acad. Sci. USA 101 (51), 2004, s. 17593–17598.

Merenstein D. i in., *Use of a Fermented Dairy Probiotic Drink Containing Lactobacillus Casei (DN-114 001) to Decrease the Rate of Illness in Kids: The Drink Study. A Patient-Oriented, Double-Blind, Cluster-Randomized, Placebo-Controlled, Clinical Trial*, Eur. J. Clin. Nutr. 64 (7), 2010, s. 669–677.

Messaoudi M. i in., *Assessment of Psychotropic-Like Properties of a Probiotic Formulation (Lactobacillus Helveticus R0052 and Bifidobacterium Longum R0175) in Rats and Human Subjects*, Br. J. Nutr. 105 (5), 2011, s. 755–764.

Metchnikoff É. i Chalmers Mitchell P., *The Prolongation of Life: Optimistic Studies*, Heinemann, Londyn 1908.

Mueller S. i in., *Differences in Fecal Microbiota in Different European Study Populations in Relation to Age, Gender, and Country: A Cross-Sectional Study*, Appl. Environ. Microbiol. 72 (2), 2006, s. 1027–1033.

Neufeld, K.M. i in., *Reduced Anxiety-Like Behavior and Central Neurochemical Change in Germ-Free Mice*, Neurogastroenterol. Motil. 23 (3), 2011, s. 255–264.

Ng K.M. i in., *Microbiota-Liberated Host Sugars Facilitate Post-Antibiotic Expansion of Enteric Pathogens*, „Nature" 502, 2013, s. 96–99.

Nieuwdorp M., Vrieze A., de Vos W.M., *Reply to Konstantinov and Peppelenbosch*, „Gastroenterology" 144 (4), 2013, s. 20–21.

van Nood E. i in., *Duodenal Infusion of Donor Feces for Recurrent Clostridium Difficile*, N. Engl. J. Med. 368 (5), 2013, s. 407–415.

van Nood E. i in., *Fecal Microbiota Transplantation: Facts and Controversies*, Curr. Opin. Gastroenterol. 30 (1), 2014, s. 34–39.

Olszak, T. i in., *Microbial Exposure During Early Life Has Persistent Effects on Natural Killer T Cell Function*, „Science" 336, 2012, s. 489–493.

O'Mahony L. i in., *Lactobacillus and Bifidobacterium in Irritable Bowel Syndrome: Symptom Responses and Relationship to Cytokine Profiles*, „Gastroenterology" 128 (3), 2005, s. 541–551.

O'Mahony S.M. i in., *Maternal Separation as a Model of Brain-Gut Axis Dysfunction*, „Psychopharmacology" (Berl.) 214 (1). 2011, s. 71–88.

Palmer C. i in., *Development of the Human Infant Intestinal Microbiota*, PLoS Biol. 5 (7), 2007.

Petersson J. i in., *Importance and Regulation of the Colonic Mucus Barrier in a Mouse Model of Colitis*, Am. J. Physiol. Gastrointest. Liver Physiol. 300 (2), 2011, s. 327–333.

Petrof E.O. i in., *Stool Substitute Transplant Therapy for the Eradication of Clostridium Difficile Infection: 'Repoopulating' the Gut*, „Microbiome" 1, 2013, s. 3.

Rabbani G.H. i in., *Green Banana Reduces Clinical Severity of Childhood Shigellosis: A Double-Blind, Randomized, Controlled Clinical Trial*, Pediatr. Infect. Dis. J. 28 (5), 2009, s. 420–425.

Raninen K. i in., *Dietary Fiber Type Reflects Physiological Functionality: Comparison of Grain Fiber, Inulin, and Polydextrose*, Nutr. Rev. 69 (1), 2011, s. 9–21.

Rao A.V. i in., *A Randomized, Double-Blind, Placebo-Controlled Pilot Study of a Probiotic in Emotional Symptoms of Chronic Fatigue Syndrome*, Gut Pathog. 1, 2009, s. 6.

Reid R.M., *Cultural and Medical Perspectives on Geophagia*, Med. Anthropol. 13 (4), 1992, s. 337–351.

Ridaura V.K. i in., *Gut Microbiota from Twins Discordant for Obesity Modulate Metabolism in Mice*, „Science" 341, 2013.

Riordan S.M. I Williams R., *Gut Flora and Hepatic Encephalopathy in Patients with Cirrhosis*, N. Engl. J. Med. 362 (12), 2010, s. 1140–1142.

Robertson K.L. i in., *Adaptation of the Black Yeast Wangiella Dermatitidis to Ionizing Radiation: Molecular and Cellular Mechanisms*, „PLoS One" 7 , 2012.

Russell W.R. i in., *High-Protein, Reduced-Carbohydrate Weight-Loss Diets Promote Metabolite Profiles Likely to Be Detrimental to Colonic Health*, Am. J. Clin. Nutr. 93 (5), 2011, s. 1062–1072.

Russell W.R. i in., *Colonic Bacterial Metabolites and Human Health*, Curr. Opin. Microbiol. 16 (3), 2013, s. 246–254.

Salyers A.A. i in., *Fermentation of Mucin and Plant Polysaccharides by Strains of Bacteroides from the Human Colon*, Appl. Environ. Microbiol. 33 (2), 1977, s. 319–322.

Sanders M.E., Heimbach J.T., *Functional Foods in the USA: Emphasis on Probiotic Foods*, Food Sci. Technol. Bull. 1, 2004, s. 1–10.

Savage J.H. i in., *Urinary Levels of Triclosan and Parabens Are Associated with Aeroallergen and Food Sensitization*, J. Allergy Clin. Immunol. 130 (2), 2012, s. 453–460.

Schnorr, S. L. i in., *Gut Microbiome of the Hadza Hunter-Gatherers*, Nat. Commun. 5, 2014.

Smith M.B., Kelly C., Alm E.J., *Policy: How to Regulate Faecal Transplants*, „Nature" 506, 2014, s. 290–291.

Smith P.M. i in., *The Microbial Metabolites, Short-Chain Fatty Acids, Regulate Colonic Treg Homeostasis*, „Science" 341, 2013, s. 569–573.

Sokol H. i in., *Faecalibacterium Prausnitzii Is an Anti-Inflammatory Commensal Bacterium Identified by Gut Microbiota Analysis of Crohn Disease Patients*, Proc. Natl. Acad. Sci. USA 105 (43), 2008, s. 16731–16736.

Song, S.J. i in., *Cohabiting Family Members Share Microbiota with One Another and with Their Dogs*, „Elife" 2, 2013.

Sonnenburg, E.D. i Sonnenburg J.L., *Starving Our Microbial Self: The Deleterious Consequences of a Diet Deficient in Microbiota-Accessible Carbohydrates*, Cell Metab., 2014.

Sonnenburg J.L. i in., *Glycan Foraging in Vivo by an Intestine-Adapted Bacterial Symbiont*, „Science" 307, 2005, s. 1955–1959.

Strachan D.P., *Hay Fever, Hygiene, and Household Size*, BMJ 299, 6710, 1989, s. 1259–1260.

Sudo N. i in., *Postnatal Microbial Colonization Programs the Hypothalamic-Pituitary--Adrenal System for Stress Response in Mice*, J. Physiol. 558, 1, 2004, s. 263–275.

Tarnow-Mordi W. i Soll R.F., *Probiotic Supplementation in Preterm Infants: It Is Time to Change Practice*, J. Pediatr. 164 (5), 2014, s. 959–960.

Thompson J.D., *The Great Stench or the Fool's Argument*, Yale J. Biol. Med. 64 (5), 1991, s. 529–541.

Tillisch K. i in., *Consumption of Fermented Milk Product with Probiotic Modulates Brain Activity*, „Gastroenterology" 144 (7), 2013, s. 1394–1401.

Torrey J.C., *The Regulation of the Intestinal Flora of Dogs through Diet*, J. Med. Res. 39 (3), 1919, s. 415–447.

Trasande L. i in., *Infant Antibiotic Exposures and Early-Life Body Mass*, Int. J. Obes. (Lond.) 37 (1), 2013, s. 16–23.

Trowell H.C., Burkitt D.P., *The Development of the Concept of Dietary Fibre*, Mol. Aspects Med. 9 (1), 1987, s. 7–15.

Turnbaugh P.J. i in., *An Obesity-Associated Gut Microbiome with Increased Capacity for Energy Harvest*, „Nature" 444, 2006, s. 1027–1031.

Viaud S. i in., *The Intestinal Microbiota Modulates the Anticancer Immune Effects of Cyclophosphamide*, „Science" 342, 2013, s. 971–976.

Vrieze A. i in., *Transfer of Intestinal Microbiota from Lean Donors Increases Insulin Sensitivity in Individuals with Metabolic Syndrome*, „Gastroenterology" 143 (4), 2012, s. 913–916.

Wang Y. i in., *16S rRNA Gene-Based Analysis of Fecal Microbiota from Preterm Infants with and without Necrotizing Enterocolitis*, ISME J. 3 (8), 2009, s. 944–954.

Wang Z. i in., *Gut Flora Metabolism of Phosphatidylcholine Promotes Cardiovascular Disease*, „Nature" 472, 2011, s. 57–63.

de Weerth C. i in., *Intestinal Microbiota of Infants with Colic: Development and Specific Signatures*, „Pediatrics" 131 (2), 2013, s. 550–558.

Westenbrink S., Brunt K., van der Kamp J.V., *Dietary Fibre: Challenges in Production and Use of Food Composition Data*, Food Chem. 140 (3), 2013, s. 562–567.

Wlasiuk G. i Vercelli D., *The Farm Effect, or, When, What and How a Farming Environment Protects from Asthma and Allergic Disease*, Curr. Opin. Allergy Clin. Immunol. 12 (5), 2012, s. 461–466.

Wolf P., *Creativity and Chronic Disease. Vincent van Gogh (1853-1890)*, West. J. Med. 175 (5), 2001, s. 348.

Yatsunenko T. i in., *Human Gut Microbiome Viewed across Age and Geography*, „Nature" 486, 2012, s. 222–227.

Zhang, F. i in., *Should We Standardize the 1,700-Year-Old Fecal Microbiota Transplantation?*, Am. J. Gastroenterol. 107 (11), 2012, s. 55–56.

INDEKS

C

Ć

D

E

F

G

H

R

S

Ś

T